라틴아메리카
환경이슈와 국제협력

"이 저서는 2009년도 정부(교육과학기술부)의 재원으로
한국연구재단의 지원을 받아 수행된 연구임(NRF-2009-413-B00004)"
"This work was supported by the National Research Foundation of
Korea Grant funded by the Korean Government
(NRF-2009-413-B00004)"

한국외국어대학교중남미연구소 라틴아메리카총서 10

Latin America
Environmental issues and International cooperation

라틴아메리카 환경이슈와 국제협력

정경원 외 지음

HU:iNE

저자서문

중남미지역을 대상으로 한 환경협력 연구는 상당히 힘든 일이다. 중남미 지역에 대한 정치경제/사회문화에 대한 일반적인 이해가 없이는 불가능하기 때문이다. 여기에 환경 이슈들, 예를 들어 지형, 기후, 대기 및 다양한 생태 환경까지 기본적인 정보가 갖추어져 있지 않으면 더욱 더 힘든 연구가 된다. 본 센터는 이러한 초기 연구의 어려움들을 단계를 두고 해결해 왔다. 2009년 9월에서 2012년 8월까지 1단계 연구가 중남미 환경에 대한 기초 정보 및 데이터 구축을 위한 연구였다면 2012년 9월에서 2015년 8월에 종료되는 2단계 연구는 축적된 데이터를 중심으로 실재 한-중남미 국제환경협력 이슈 개발과 접근방안의 틀과 모양을 디자인하고 협력의 틀(frame)을 완성해 가는 단계였다. 본서는 이러한 장기적 프레임을 구축하는데 많은 시료(試

과 물, 모래 그리고 다양한 목재 등) 역할을 한 글들의 종합이다. 그동안 인터넷을 통해 일반에 공개되었던 센터의 웹진 저널에서 가장 튼실한 시료들과 향후 양 지역의 국제협력에 정확한 방향을 제공하고 있는 자료들을 선별하여 단행본으로 만들어 보았다.

본서의 구성은 다음과 같다. 제1장에서는 '라틴아메리카의 환경협력'이라는 제목으로 현재 폭넓게 라틴아메리카 지역에서 논의되고 있는 다양한 환경 이슈들을 컬럼 형식으로 다루었다. 브라질 및 안데스 지역(콜롬비아, 에콰도르, 볼리비아) 아마존 지역에서의 현재 논쟁되고 있는 개발과 환경보존의 딜레마 이슈들이 중점적으로 다뤄지고 있다. 특히 이러한 딜레마를 해결할 방법으로 향후 우리나라의 국제환경협력 관련 개발협력은 어떻게 해야 하는지에 대한 현재의 진단과 미래 방향 및 사례도 제공된다.

제2장은 '라틴아메리카의 환경현황' 부분으로 다양한 환경 영역에서의 나타나는 환경악화 원인들과 이에 대한 관심 그리고 정책적 대안들에 대해 심층적 논의를 담고 있다. 농업, 에너지, 산림 개발에서 발생하는 환경오염의 정도를 진단하고 있으며 이에 대한 오염의 피해, 특히 대기오염 및 다양한 경제사회적 피해를 검토해 보고 향후 이를 해결할 방법들은 무엇인지를 고민해 내고 있다. 특히 이 장은 라틴아메리카 지역에서 새로운 환경위기로 부상하고 있는 대기오염에 대한 현황분석은 물론 이에 대한 해결방안으로 우리나라와의 대기과학기술 협력을 충분한 대안으로 제시하고 있다.

제3장은 '라틴아메리카의 기후변화'에 대한 이슈로 다양한 관점에서 기후변화에 원인과 이에 대한 라틴아메리카 국가들은 물론 국제사회의 다양한 노력들이 무엇인지를 살펴보았다. 글로벌 아젠다인 국제사회의 기후변화 협상 이슈들을 시작으로 산림 황폐화와 에너지 사용 증가에 따른 탄소배출 관계, 기후변화로 인한 자연재해 증가 및

다양한 경제사회적 피해(가뭄, 홍수 등 극심한 날씨변화), 이를 해결하기 위한 청정개발체제(CDM), 지속가능한 발전모델에 대한 제고, 기후변화 관련 제도발전 정도 및 기후투자 등이 분석되어 실질적으로 라틴아메리카 지역의 기후변화 원인과 실제 영향(impacts) 그리고 해결 메커니즘 순으로 정리되었다.

제4장은 '환경과 인문학', 생태비평 이슈로 환경파괴에 대한 인식론적 관점에서 접근이 시도되었다. 특히 라틴아메리카 지역에서 생태문학/생태비평 관점에서 가장 큰 인식론적 반향을 불러 온 "수탈된 대지", "진보와 빈곤(progress and poverty)" 등의 인문사회과학 논의를 시작으로, 한국의 중남미문학 연구에서도 다소 찾아보기 힘든 중남미 지역에서 탄생한 환경소설, 시 등의 사례를 통해 생태비평 문학의 흐름과 방향, 수요 논쟁들 그리고 이러한 문학시적의 영향 등에 대해 기술되었다.

제5장은 '라틴아메리카 지역의 주요 환경기구 및 이들의 국제 네트워크' 소개를 통해 현재 라틴아메리카 개별 국가들에서 환경보호를 위해 어떠한 제도적 노력들을 하고 있는 지를 다양한 기구 사례를 통해 분석하고 있다. 특히 이 기구들의 설립 이유와 목적 그리고 현재 이들 기구들의 주요 활동들과 영향력 분석 등이 주 내용들이다. 이러한 기구들의 이해 및 제도 발전을 이해한다면 향후 한-중남미 국제환경협력을 위한 네트워크 구축은 물론 상호 국제협력 아젠다 개발에도 좋은 정보가 될 것으로 보인다. 양 지역 간 글로벌 환경 거버넌스 구축을 위한 기본 네트워크 형성을 위한 초석이 될 것이다.

본서를 통해 현재 국제사회에서 논의되고 있는 라틴아메리카 지역의 다양한 환경이슈를 이해하는데 도움이 될 것으로 보인다. 라틴아메리카 환경에 관심이 많은 학술연구자 및 정책결정자들에게도 다양한 영역(지속가능한 발전, 기후변화, 국제개발협력 등)에서 새로운 관심을 불러 올 것으로 희망한다. 우리나라 환경기업 입장에서도 라틴아메리카 지역을 대상으로 환경산업 진출 시에 장기적 관점에서 비즈니스에 대한 거시적 시야 확보에 도움이 될 것이다. 저자로 참여해 주신 학계, 정부(외교부) 그리고 다양한 분야의 라틴아메리카 전문가 여러분께 지면을 통해 감사의 말씀을 드린다. 한국외국어대학교 지식출판원과 편집과정에서 수고를 아끼지 않았던 중남미연구소, 환경과학연구소 및 한·중남미녹색연구센터 조교님들에게 고마움을 전한다. 라틴아메리카 환경기구 분석에 적극 참여해 준 강민욱, 강성지, 박정은, 변은향, 오경미, 이지선, 정재호, 최다미, 최다혜의 수고와 노력이 값지고 소중한 책으로 보답되기를 희망한다.

2015년 6월

대표 저자 정경원

목차

01

라틴아메리카의 환경이슈와 국제환경협력

한-중남미 국제환경협력과 한중남미녹색융합센터의 역할[1)]

정경원(한국외국어대학교 중남미연구소 소장)

질문 1 글로벌 시대 한국외국어대학교 '중남미연구소'의 역할은 무엇인지요?

한국외대 중남미연구소(ILAS, HUFS)는 대부분 유엔 창립 회원국으로 구성된 방대한 중남미 지역에 대한 어문학, 정치경제, 사회문화, 환경 등을 연구하고 있습니다. 기본적으로 우리나라의 대중남미 관계를 더욱 긴밀히 하고 중남미 지역에 대한 미래 전문가 양성을 목적으로 1974년 7월에 개소했습니다. 사실 1970년까지 한국에서 중남미 지역 연구는 실질적으로 전인미답의 상태였으나 외대 중남미연구

1) 한국경제신문 발행 <함께하는 FTA> 2015년 5월호(Vol 36), pp. 16-7의 내용을 정리한 글임.

소 개소와 더불어 이 지역에 대한 점차적인 이해와 진출은 물론 우리나라의 정치외교, 무역과 투자 등 대외경제에 대한 관심이 증폭되어 왔다고 해도 과언이 아닙니다. 2014년 벌써 40주년을 맞이하는 동안 중남미연구소는 스페인어 및 포르투갈어를 매개로 한 다양한 지역 전문가 배출, 연구 영역의 다변화 및 역량 강화를 통한 지역연구를 리드해 오고 있습니다. 물론 성과를 정부(외교부, 환경부 등), 기업, 그리고 민간에 신속하고 정확하게 제공하여 중남미 지역 진출을 적극적으로 돕는 한편, 이를 구체적으로 실현할 다양한 한-중남미 민·관·학·연 네트워크 구축을 통해 글로벌 연구소로 성장 중에 있습니다.

2009년 이후에는 '저탄소 녹색성장을 위한 중남미 환경정보 인프라 및 네트워크 구축'이라는 대학중점 사업을 한국연구재단으로부터 수주를 받아 좀 더 실천적이고 국제화한 연구소로 발돋움 중에 있습니다. 인문학과 자연과학을 융합하여 학제간 연구라는 새로운 창조학문 분야를 개척하고 있으며 동시에 풍부한 중남미 지역연구 성과들을 사회에 적극적으로 환원함으로서 지역이해 및 진출을 독려 중에 있습니다. 예를 들어, 외교부에 상시 중남미 지역 자문을 하고 있으며, 자원 및 환경 관련 진출을 추진 중인 환경부, 환경공단, 환경산업기술원, 대외경제정책연구원 등에 중남미 지역에 대한 정책연구를 통해 도움을 주고 있음은 물론 이들 기관들이 적극 참여하는 국·내외 학술대회 및 다양한 협력 포럼을 개최하여 한-중남미 간 정책 결정자들이 만나서 상호 협력 아젠다를 창출해 내는 기회를 제공하고 있습니다. 개인적으로 자랑이기도하지만(웃음), 작년에는 이에 대한 공로를 인정받아 모든 연구원(현재 총 12명의 연구 인력 보유)과 함께 '대통령 표창'을 수상한 적도 있습니다. 저희 연구소의 모토는 사실 '협력'입니다. 어제(2015년 4월 23일) 칠레 순방 중 비즈니스 포럼에서 박근혜 대통령이 칠레 속담을 인용해 말씀하신 "한 손으로는 다른 손을 씻지만 양손으로는 얼굴을 씻는다(una mano lava la otra y las dos la cara)"는 말처럼 협력과 파트너십은 저희 연구소가 가장 중요시하는 덕목입니다. 이런 모토를 중심으로 향후에도 모든 분야에서 한-중남미 간 상생 협력이 이루어지도록 저희 연구소는 많은 열정과 노력을 쏟을 것입니다.

질문 2 한국 입장에서 중남미에 관심을 가져야 할 이유는 무엇일까요?

일단 중남미 지역은 미래 성장 잠재력을 보유한 거대시장이라는 특징이 있습니다. 2015년 현재 인 6억 3천만 명과 더불어 연 성장률이 6%에 달하고 있고 실질적인 시장 규모를 보면 중남미 총 GDP는 6조 달러 그리고 3조 5천억 달러에 달하는 소비시장이 존재합니다. 인적자원 면에서 인구 과반수가 30대 미만으로 젊은 노동의 존재는 물론, 점차적으로 중산층 비율이 해마다 증가해 현재 지역 전체 평균 40% 넘어섰으며 상품 소비(1인당 GDP가 1만 달러 이상 육박)은 물론 미래 소비 시장 잠재성과 더불어 풍부하고 젊은 노동력이 받쳐주는 생산 시장으로서 잠재성도 큽니다. 이러한 기반 위에 고도성장이 가능한 지역이며 21세기 들어 탄탄한 규모의 내수 시장 또한 보유하고 있습니다. 하지만 무엇보다 중남미 지역의 매력은 풍부한 자원 보유국이라는 데에 있습니다. 우리나라 미래 신성장 산업에 필요한 구리나 리튬 자원을 보면 세계 생산량 40%가 이 지역에 있습니다. 중동 지역에 이은 제2의 석유매장량 보유 및 세계 광물자원의 20% 이상을 생산하고 있습니다. 한 마디로 중남미는 우리나라의 자원 다각화 진출 전략지로서 충분한 조건을 가지고 있다고 할 수 있습니다. 이러한 자원보유와 더불어 현재 박근혜 대통령의 중남미 순방에서 보듯이 다양한 그리고 새로운 라틴 비즈니스 기회가 풍부합니다. 예를 들어, 대규모 인프라 개발 수요 등 외국인 직접투자 유치가 확대되고 있고 정보통신기술(ICT), 농업, 의료보건, 바이오산업 등 고부가가치를 창출하는 새로운 성장 동력 분야 투자협력이 가능해 지고 있습니다. 한국과 중남미 모두에게 기회이자 win-win 할 수 있는 시기입니다.

질문 3 현재 한국이 FTA를 맺은 중남미 국가들에 대해 간단한 평가를 부탁드립니다. 이들 국가들과의 FTA의 필요성 및 그간의 성과 측면에서 말씀 부탁드립니다.

우리나라는 역사상 처음으로 칠레(2004년)와 자유무역협정을 맺은 후 이후 페루(2011년), 콜롬비아(2015년 예정) 등과 FTA를 체결해 오고 있습니다. 한-칠레 FTA로 양국의 교역은 지난 10년 동안 거의 5배 신장했으며 이제는 양적 증가뿐만 아니라 협력 제2단계로 확대해 가고 있는데 대표적으로 교육 사업과 문화 그리고 신재생에너지 분야 등으로 양국 협력이 증가할 것으로 예상됩니다. 하지만 칠레가 우리에게 중요한 것은 우리나라 FTA 역사의 출발점이자 이웃 남미 지역으로 spill over(확산)하는 거점 국가라는 데에 있습니다. 예를 들어 칠레를 거점으로 한 남미 태평양 지역 경제공동체 진출(태평양동맹 혹은 TPP) 접근이 가능하다는 것입니다. 콜롬비아와는 아직 발효 단계는 아니지만 콜롬비아 국제조약 비준 관례상 6개월 정도 시간 행정부와 국회(2014년 12월 동의)가 지지하고 있고 조만간 헌법재판소의 결정만 내려지면 박근혜 대통령이 정상회의에서 언급하셨다시피 양국 간 win-win 할 수 있는 자본과 상품의 교류가 증대될 것으로 보입니다. OECD 가입을 염두에 두고 있는 콜롬비아와 마찬가지로 페루에서도 우리나라의 경제기회는 더욱 증폭될 것 같습니다. 특히 안보 차원에서 민감한 방산산업의 양국 협력이야말로 한-페루 FTA의 최대 수혜라고 생각합니다. 산업투자의 다양화와 다각화가 점차적으로 양국간 맺어진 FTA 울타리에서 발전해 가고 있고 사회인프라 구축 같은 큰 규모는 물론 상생 발전 산업이 서로 집중되면서 점차 양 국가간/지역간 경제 발전이 증진될 것으로 기대하고 있습니다. 여기에 문화협력(예를 들어 한류 및 문화콘텐츠)은 약방의 감초처럼 반드시 필요하며 이 부분에 대한 정부 차원 보다 세심한 지원과 시민사회 간 다양한 문화접근 전략이 요구됩니다.

질문 4 현재 한국과 FTA 논의 중인 국가들(중미, 에콰도르, MERCOSUR, 멕시코)과의 FTA의 필요성은 무엇인가요?

흔히 브라질을 '미래의 나라'라고 부릅니다. 인구 2억 1천만, 중남미의 40%를 대표하는 영토성과 BRICs로 불리는 신흥시장으로서 정체성, 그리고 가장 중요한 남미공동시장(MERCOSUR)의 맹주로서 브라질 등 오늘날 브라질을 부르는 다양한 수사들이 있습니다. 그동안 MERCOSUR와 FTA를 위해 많은 연구들이 진행되어 왔지만 아직 소강상태에 있습니다. 필요함에도 불구하고 돌파구를 못 찾고 있습니다. 국익 증진 차원에서 고려해야 하는 브라질은 그 규모와 더불어 우리가 인지하고 있듯이 2014년 월드컵, 2016년 올림픽 등으로 인한 사회 인프라 건설에 특화되어 있고 최근 석유 및 에탄올 개발, 재생에너지 개발 등 에너지 산업 진출에도 그리고 한국의 식량안보 차원에서도 반드시 자유무역이라는 카드가 필요한 국가이고 경제공동체입니다. 이미 조기 진출한 한국 대기업(삼성, LG, POSCO 등)과 더불어 한국 중소기업들에게도 새로운 비즈니스 기회가 주어질 수 있는 공동체이기도 합니다. 멕시코와 중미 지역 또한 반드시 관심을 가져야 하는 지역입니다. 미국시장으로 간접적 접근 차원에서 중미 지역은 물론 현재 NAFTA 회원국인 멕시코는 중요한 지정학적 위치를 접하고 있고 시장규모 면(1억 이상의 소비시장과 인근 미국의 3억 인구 고려)에서 이미 한중일(일본은 이미 멕시코와 FTA 체결로 경쟁력 확보) 각축장인 멕시코 시장에서 한국 제품들의 경쟁력 확보라는 차원에서 멕시코와의 FTA 협정 체결은 대안이 아니라 생존입니다. 현재 한국 정부는 에콰도르와 중미 지역과의 FTA 협상을 시작하고 있습니다. two-track으로 진행되고 있으며 FTA 경제성 평가는 물론 시민사회 참여 공청회가 국내에서 진행 중입니다. 이러한 대중남미 지역으로의 단계적인 차원의 지역확대, 공동연구, 협상참여, 비준을 통한 실질 협력 강화를 통해 보다 많은 한-중남미 관계가 발전하고 더 많은 '중남미 기회'가 발생하기를 희망해 봅니다.

질문 5 중남미 시장 진출을 염두에 둔 국내기업들에게 조언을 부탁드립니다.

현 정부의 대중남미 경제외교 강화와 더불어 기업들도 이 지역에 대한 인식 변화가 필요합니다. 기존의 저발전, 포퓰리즘, 빈곤 및 사회적 불평등 이미지, 치안불안 등 열악한 비즈니스 환경 등에 대한 비판과 이로 인한 진출 포기 혹은 보류 등은 이제는 바뀌어야 합니다. 물론 여전히 일부 국가들에서 치안문제 및 안보 불안의 문제는 있지만 2000년대 들어 많은 부분 해소되고 있습니다. 이 지역 진출을 위한 인적 차원 투자도 중요합니다. 기본적으로 스페인어 및 포르투갈어를 포함하여 특히 박근혜 대통령이 금번 순방을 통해 발굴해 내고 있는 새로운 투자 기회 및 산업 다각화 차원에서 강조하고 있는 인프라, ICT, 의료보건, 환경 및 신재생에너지, 문화 콘텐츠 등의 분야에서 미래 인재 개발에 역점을 두어야 합니다. 언어와 지역을 알고 있는 전문가 및 미래 창의 인재 개발에 기업이 적극 동참해야 합니다. 아울러 중남미 지역 노동시장의 특징상 한국 인재들의 중남미 진출에서 임금의 불균형, 정서적 측면의 사회적 불안, 현지 노동법(제도)의 경직성, 노사문화의 차이 등으로 대중남미 청년 해외 일자리 창출의 어려움이 상존해 있으며 이를 구조적으로 해결할 방안을 기업 차원에서 모색해야 할 것입니다. 향후 다양한 그리고 새로운 '중남미 기회'가 우리나라 기업에 있더라도 실질적으로 지역의 고용 조건(다수의 단기 계약성 취업)의 차이로 인하여 상시간 안정적 일자리를 원하는 이 시대 청년들에게 그리 큰 매력을 주지 못하기 때문입니다. 한-칠레 간 해외진출을 통한 청년 실업 문제 해결을 위한 아이디어가 나오고 있듯이 다양한 창의적 정책과 지혜가 모아져야 할 때입니다. 마지막으로 우리나라 기업들이 중남미지역 사업 진출 및 비즈니스 협상 시에 가장 중요한 것은 'amigo(친구)'가 되기 전에 너무 '빨리빨리'를 외치지 말아야 한다는 것입니다. 상호 다른 문화에 대한 이해와 인식전환이 사실 더 많은 기회를 만들어 줄 수 있습니다.

2015년 4월 박근혜 대통령 중남미 4개국 순방과 국제협력 이슈[1)]

정경원(한국외국어대학교 중남미연구소 소장)

2015년 4월 박근혜 대통령의 중남미 4개국 순방은 지난 중동 순방에 이어 우리나라의 경제외교를 더욱 강화하는 시험대가 될 것이다. 특히 중남미 국가들 중에서도 가장 큰 성장 잠재력을 보유한 거대 시장인 브라질, 콜롬비아, 칠레, 페루 방문은 대기업을 포함한 한국 중소기업들의 중남미 진출에 좋은 발판이 되어 줄 것이다. 2015년 4월 현재 중남미는 인구 6억 명을 넘어서 있으며 연평균 성장률이 6%로 3조 5,000억 달러의 소비시장을 보유하고 있으며 젊은 노동인력 보유 비율이 높아 향후 고도성장이 가능하며, 탄탄한 내수시장 또한 빠르게 성장 중에 있다. 특히 자원이 부족한 우리나라 입장에서 중남미는 중동에 이은 제2의 석유매장량 보유 국가들이며 세계 광물자

1) 본 글은 2015년 4월 16(목) 매일경제 A34면 분석과 전망에 실린 내용임.

원의 20% 이상을 생산하는 자원 부국들이다. 새로운 경제적 도약을 준비하는 중남미 지역에서 우리나라 기업들의 다양한 그리고 새로운 중남미 기회 창출이 가능하다. 현재 이들 국가들에서 대규모 인프라 개발 수요 등이 증가하고 있으며(브라질의 2016년 올림픽 개최, 콜롬비아의 대규모 지방발전 국가 계획 등) 이를 위한 외국인직접투자(FDI)가 증가하고 있는 추세이다. 브라질, 콜롬비아, 페루 그리고 칠레에서 점증하는 한국의 ICT 산업에 대한 관심, 경제 및 농업 발전에 대한 노하우(KSP사업)에 대한 관심, 재생에너지, 바이오테크놀로지 및 환경산업 등 고부가 가치 산업에 대한 한-중남미 국제협력 증가로 인하여 점차 우리나라의 새로운 성장 동력 분야의 중남미 지역과의 미래 협력도 조심스럽게 논의되고 있다(2015년 3월 IDB 부산 총회).

우리나라는 2015년 4월 현재 칠레(2004년), 페루(2011년)와는 자유무역협정(FTA)이 발효된 상태이고 콜롬비아(2014년)와는 서명을 통해 중남미 지역과의 무역 확대를 강화해 오고 있다. 금번 박근혜 대통령의 중남미 순방의 '중요성'과 '기회'는 서명 상태에 머물고 있는 콜롬비아와의 관계 증진에 관심이 모아지고 있으며 특히 마지막 순방국인 '미래의 나라', 남미공동시장(MERCOSUR) 맹주 브라질과의 새로운 경제관계(경제외교)를 만드는 것이다. 이미 2014년 월드컵을 개최하고 그리고 다가오는 2016년 올림픽 개초로 인해 사회인프라(SOC) 건설에 특화하고 있는 브라질 시장에 대한 한국 기업들의 진출을 견인해야 하는 역할도 중요하며 에너지안보 강화를 새로운 국가계획으로 내세운 브라질의 석유 및 재생에너지 개발 사업에 한국의 에너지 산업 진출은 물론 우리나라 기업들의 다양한 브라질 산업분야 진출을 위한 지렛대 역할도 요구된다. 물론 상품과 인력(청년들의 해외 일자리 창출) 교류가 함께 할 수 있는 지혜를 모아야 할 것이다.

역사적으로 2004년 한국과 처음으로 FTA를 체결한 칠레와의 새로운 'Post-FTA'를 논의하는 일도 중요하지만 안데스의 대표적인 광물국가들인 콜롬비아와 페루와의 다양한 분야에서 관계 증진도 중요하다. 중남미 국가들 중 브라질, 멕시코에 이어 콜롬비아는 현재 인구 규모 3위(5천만)로 부상해 있으며 이를 기반으로 한 내수시장의 규모도 빠르게 증가하고 있다. 특히 콜롬비아는 지난 세기 사회불안 및 정치경제 저발전의 주범이었던 게릴라 운동 세력과의 평화협상을 통해 국가이미지를 회복 중이며, 2016년 OECD 가입 추진을 위해 국제적 위상을 되찾겠다는 국가의지가 강한 중견국가이다. 이를 이루기 위한 현 산토스(Santos) 정부의 새로운 국가발전 전략 - 사회인프라 증진, 지속가능한 자원개발, 환경산업 강화(sin oro se vive, sin agua se muere: 금이 없어도 살지만 물이 없으면 죽는다), 현재의 광업과 농업경제 구조에서 제조업 및 금융서비스업 산업으로 경제 구조 재편 등의 전략을 충분히 이해하고 이 분야들에서 미래 경제협력 및 우리나라 기업들의 콜롬비아 진출 기회를 확보해야 한다. 하지만 난관도 있다. 페루와는 달리 콜롬비아는 아시아 국가들 중에 특히 일본보다 먼저 우리나라를 FTA 경제 파트너로 삼았다. 하지만 아직 서명 단계에 머물러 있는 것은 콜롬비아 국내 산업 경쟁력 강화 측면도 존재한다. 콜롬비아 국내 산업 발전을 대외무역 정책에 연결시켜 놓고 있는 것이다. 현실적인 FTA 발효와 양국간의 무역 증진을 위한 좀 더 많은 협상과 슬기로움이 요구된다.

현재 한-페루 FTA 4년에 대한 경제학자들의 평가는 고무적이다. 특히 민감한 산업인 우리나라 방산산업의 페루 진출은 향후 양국의 무역 및 경제협력 관계가 더욱 발전할 것이라는 긍정적 시나리오를 낳게 하고 있다. 페루의 농업과 광물자원 진출, 해양(중남미 해양산업 진출 거점화) 진출 등으로 다양한 분야에서 산업투자는 물론 경제협력이 증진되고 있다. 점차 다양한 품목에서 관세 완화가 완화되고 있지만 페루에 경쟁적으로 진출해 있는 일본과 중국의 견제도 무시할 수 없다. 투자 및 무역 경쟁은 사실 장기전이다. 페루 소비자들의 'hecho de corea'에 대한 신뢰 구축 혹은 이에 대한 장기적 경쟁 확보는 단순한 FTA 체결에서 끝나는 것이 아니다. 상호 신뢰 및 인식의 확대를 위해 문화외교를 강화해야 하는 것이 그래서 중요하다. 특히 환경협력 및 해양협력 차원에서 외교도 심화시켜야 한다. 페루가 직면한 태평양 유역에서 엘리뇨 문제 및 안데스 융빙현상 증가와 기후변화 대응 차원에서 양국이 함께 고민해야 한다. 마침 이들 국가들에서 환경협력, 문화협력 특히 '한류'에 대한 인기 소식이 들려오고 있다. 안데스 국가들에 우리나라의 오래된 전통이 가미된 한복외교와 더불어 드라마, 음악, 한글교육 등 다양한 문화콘텐츠의 상륙 소식도 들려오기 고대한다.

브라질 아마존 지역의 보존과 개발

장수환(한·중남미녹색융합센터 연구교수)

아마존유역은 남아메리카 면적의 44%(640만km^2)를 자지하는 방내한 강 유역이다. 전 지구 육지의 약 5%에 해당되는 면적으로 남아메리카 9개국에 유역생태계가 걸쳐있다. 유역 면적의 63%인 400만㎢는 브라질 내에 위치해있으며, 나머지 37%인 240만㎢는 페루(10%), 그리고 콜롬비아(7%), 볼리비아(6%), 베네수엘라(6%), 가이아나(Guyana, 3%), 수리남(2%), 에콰도르(1.5%)와 기아나(Guiana, 1.5%)순으로 걸쳐있다(그림 참조).

브라질 국가 내에서 보면, 아마존 유역은 브라질 국토 면적의 60%를 덮고 있다. 아마존 유역에 해당하는 9개 주, 아끄리(Acre), 아마빠(Amapá), 아마조나스(Amazonas), 마뚜 그로수(Mato Grosso), 빠라(Pará), 혼도니아(Rondônia), 호라이마(Roraima), 또깐찐스(Tocantins), 그리고 마랑

<그림 1> 아마존의 유역

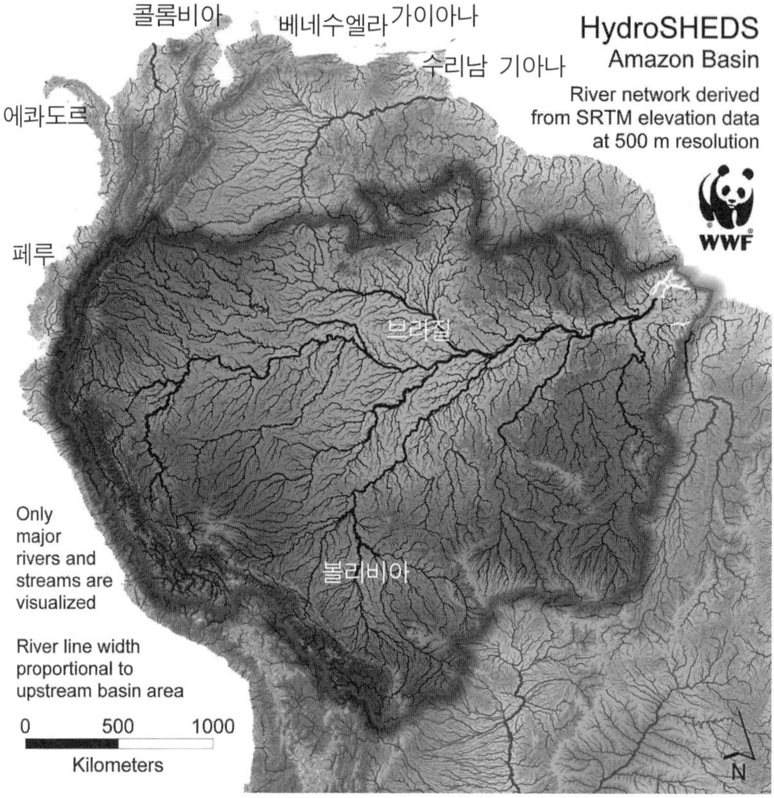

출처: http://assets.panda.org/img/original/hydrosheds_amazon_large.jpg

량(Maranhão)의 일부지역이 1953년 Brazilian Legal Amazon법에 의해 지정되었다.

브라질의 거시경제 측면에서 보면 아마존 지역이 국내 총생산에서 차지하는 부분은 극히 미미하다. 아마존 지역이 브라질 경제에 미치는 기여분을 살펴보면 2009년 기준 국내총생산의 8%에 해당된다. 이는 히우그란지 두 술(Rio Grande do Sul)주의 6.7%, 빠라나(Paraná)주의 5.9% 등 브라질의 다른 주들의 기여분과 비교해보면 매우 낮은 비율이다. 특히 아마존 지역의 빠라(Pará)주와 마뚜 그로수(Mato Grosso)주를 제외하면 나머지 주들은 무시할 만한 수준이다.

아마존 유역에는 브라질 인구의 13%인 2천 5백만 명이 거주하고 있다. 브라질 북동부의 빈곤지역에서 아마존 지역으로의 이주민 이동이 있었으며 대두, 목재, 쇠고기를 더 많이 공급하기 위해 농업지역이 확장되고 있다. 브라질 인구에서의 구조적 변화를 보면, 1970년대 이후로 농촌인구는 매년 감소했고, 1991년부터는 아마존 지역에서도 비슷한 패턴을 보이고 있다. 브라질 아마존 유역에서 인구의 75% 이상이 이미 도시에 살고 있다. 주별 도시화율을 보면 아마빠(Amapá) 89,74%, 마뚜 그로수(Mato Grosso) 81,71%, 호라이마(Roraima) 76,46%, 아마조나스(Amazonas) 79,05%, 또깐찐스(Tocantins) 78,75%, 빠라(Pará) 68,42%, 아끄리(Acre) 72,46%, 혼도니아(Rondônia) 73,35% 이다. 이렇게 증가하는 도시인구의 수요를 조달하기 위해 토지 및 노동생산성을 증가시킬 필요가 있었다. 브라질 총 곡물생산은 1991년 57.9백만 톤에서 2009년 137.6백만 톤으로 증가하였다. 반면에 재배 면적은 동일시기 동안에 37.9백만 헥타르에서 47.6백만 헥타르로 증가하였다. 이러한 수치는 농업생산성의 향상이 가져온 결과이다.

브라질의 농업비지니스는 현재 GDP의 33%를 차지하고 있다. 경제활동인구의 37%가 종사하며 수출액의 42%를 차지하고 있다. 이러한 농업기반 브라질 경제와 아마존 지역에서의 도시화를 고려해볼 때 국토의 60%를 차지하는 아마존 브라실 지역의 생산성 향상은 산림보존만큼이나 브라질에 중요한 국가적 사안이기도 하다.

아마존 지역의 산림벌목과 경작지 확대, 그리고 생태계 보존은 중요한 국제적 관심사이기도 하다. 특히 브라질의 히우그란지 두 노르치 주에서 히우그란지 두 술 주에 걸쳐있는 아틀란틱 열대우림 지역은 생물다양성이 풍부한 지역으로 열대와 아열대 기후 식물들이 펼

쳐져 있다. 지금으로부터 500년 전에 포르투갈 정복자들이 이 지역에 도착했을 당시의 열대우림 면적은 1,500,000km^{2}이었을 것으로 추정되는데, 지금은 브라질 해안과 파라과이, 아르헨티나의 일부에 4,000km^{2}만이 남아 있을 뿐이다. 1975년 아마존에 대한 초기의 벌목 면적 평가가 나왔을 당시, 벌목지역은 15만km^{2}이었는데, 2010년에는 74만km^{2}로 증가하였다. 이는 아마존 지역의 17%에 해당된다. 2006년 부터 주에 따라 다르긴 하지만 산림벌목은 전반적으로 줄어들고 있다. 최근 브라질 산림제거율이 꾸준히 감소해온 것은 브라질 산림보존정책이 성공적으로 실행될 수 있다는 것을 보여준다. 이러한 감소세를 유지하기 위해서 산림벌목지역을 통합 관리해야 하고 복원도 필요하다. 그러나 한편으로는 산림이 악화된 지역에서 농업이용으로의 전환도 다시 고려하여 토지이용변화를 최소화하면서 생산성을 늘리는 방법을 강구해야 한다. 아마존 지역에서 행해져 왔던 가축생산 및 경작은 브라질의 다른 지역에 비해 생산성이 매우 낮은 수준이다. 예를 들면 카사바, 쌀 등 주요작물의 평균 생산성은 15톤/ha인 반면에 남부 브라질 농부는 이보다 2 -3배 많은 양을 거두어들인다. 가축 두수규모를 유지하면서 방목지의 면적을 줄이고 동일 면적에서 더 많은 경작이 필요하다는 지적도 있다. 또한 이미 산림이 제거된 지역의 70%는 악화단계에 있는데 이 지역에 대한 재식림 계획에서 자생종을 도입할 수 있다. 특히 오늘날 아프리카와 아시아 국가들이 그 생산의 중심지가 된 코코아와 고무나무는 역사적으로 중요한 브라질 자생종이었음에도 불구하고 최근 브라질은 코코아 소비량의 1/3을 수입하고 있고 천연 고무 소비량의 75%를 수입하고 있다. 따라서 아마존 거주민의 직업과 소득창출 및 수입 대체를 위해 코코아와 고무나무 식림도 고려해 볼 수 있다. 브라질 아마존 지역에서의 가축생산과 농업발전을 도모하는 과정에서, 세하두 지역과 같이 대지주에 기반하고 외래 자본에 의한 농업보다는 아마존 지역 내 기존 소규모 자작농에 기반한 경제를 보호하면서 전통적인 화전식 농업에서 벗어나 생산성 증대를 가져올 수 있는 방안이 적극적으로 추구되어야 할 것이다

에콰도르의 야수니 국립공원 개발과 환경보존의 딜레마

하상섭(한·중남미녹색융합센터 연구교수)

21세기 라틴아메리카 지역의 '지속가능한 발전과 환경 거버넌스'의 가장 큰 실패 사례는 에콰도르 정부가 제안해 온 야수니 국립공원 유전지역의 지속가능한 개발과 환경보호 차원의 '야수니 ITT 이니셔티브'이다.

에콰도르 정부는 2010년 생물다양성 보호 지역인 야수니(Yasuni) 지역에서 탄화수소 개발 대신에 국립공원 보존을 선택하면서 국제 신뢰 펀드(Yasuni Ishpingo Tambococha Tiputini Trust Fund; Yasuni ITT Trust Fund) 조성을 유엔개발계획(UNDP)과 합의했다. 야수니-ITT(Ishpingo, Tambococha, Tiputini) 환경 거버넌스 계획은 야수니 국립공원에서 발견한 유전지대(이쉬핑고·탐보코차·티푸티니(ITT) 지역)를 미개발 상태로 남겨두어, 아마존 열대우림을 보호하는 대신 국제사회의 기부금으로 에콰도르의 재생에너지 개발과 만연한 빈곤퇴치에 힘쓰겠다는 일종의 국제 친환경프로젝트 기금이다. 서울의 16배나 되는 야수니 국립공원의 열대림에 묻혀있는 ITT 유전의 원유 매장량은 무려 8억 4,600만 배럴로 추정(약 9억 배럴)되나 지역의 생태계 보호를 위해 ITT 유전 개발수익의 절반인 35억 달러를 국제사회 정부·민간으로부터 기부를 받아 신재생에너지 개발과 교육 등 복지사업에 쓴다는 일종의 21세기 메가톤급의 지속가능개발을 위한 국제사회와 에콰도르 정부 간의 상생 계획이었다.

역사적으로 전례가 없었던 이 계획을 통해 에콰도르 정부는 글로벌 아젠다인 기후변화에 대응하며 지속가능한 발전 모델을 만들고 점진적으로 에너지 매트릭스에서 화석연료를 줄이고 재생에너지원을 늘려간다는 지속가능 발전 모델의 시험대가 되었다. 특히 이 지역에 존재하는 다양한 동식물의 보호 및 생물다양성 보존은 물론 원주민 공동체의 터전과 이들의 주거권과 환경권을 보호할 수 있는 다양한 효과를 낼 수 있다는 논리 하에 이루어진 정책 결정이었다. 이와 더불어 산림 황폐화를 줄이고 산림 복원에 투자를 진행할 경우에 약 8억 메트릭 톤의 이산화탄소 감소도 예상되었다.

국제 환경협력 차원에서 이 계획은 에콰도르같은 개발도상국 입장에서 기후변화 대응 조치로는 가장 효율적이며 가장 바람직한 구상이라는 국제사회의 긍정적인 평가들이 있었으며 탄화수소 자원에 의존하는 개별 국가 정체성 차원에서 보면 처음으로 이 계획을 입안했던 에콰도르의 라파엘 코레아(R. Correa) 정부의 제안은 가히 혁신적이었으며 새로운 지속가능발전 모델이라는 대안적 의미도 존재했다. 특히 글로벌 아젠다인 기후변화에 대한 적응과 대응 조치에서 그리고 환경 분야 지속가능한 발전 관련 국제협력 규모면에서 개도국과 선진국 사이 국제협력을 통해 가능하다는 논리의 타당성과 사업의 정당성이 존재했다.

하지만 결론적으로 이 계획은 실패했다. 초기 계획을 구상한 2008년 이후 이 계획의 실현을 위해 오랫동안 국제사회와 협상을 진행해 온 뒤 2013년 현재 에콰도르 코레아 정부는 이 계획의 거버넌스 과정에서 선진국들의 참여와 발언권 요구 그리고 기금 사용의 투명성 제안 등에 대해 지나친 내정 간섭 혹은 주권침해라고 주장하며 계획을 원점으로 돌렸다. 결국 많은 선진국들, 에너지개발 기업들의 참여와 국제협력 그리고 국제환경단체 등이 모금운동까지 폈던 '미래형 지속가능한 발전과 환경보호 이니셔티브'는 붕괴했다. 2013년 10월 10일 로이터 통신(Reuters)에 의하면, 결국 에콰도르 의회는 야수니 국립공원에서 석유개발을 요청한 에콰도르 정부 프로젝트를 허용했으며 에콰도르 정부의 유전개발 논리는 이제 바뀌어 친환경석 개발을 통해 에콰도르의 만연한 빈곤을 없애고 개발 과정에서 생물다양성을 훼손하지 않는 방법으로 접근해 아마존 밀림의 생태 피해를 최소화하기로 한다는 입장을 선언했다. 에콰도르 정부의 국제사회에 대한 불만으로는 "2020년까지 적어도 석유개발 수익의 절반인 36억 달러 정도의 투자를 받을 수 있을 것으로 기대했지만 지금까지 몇몇 유럽 국가와 국제환경기구에서 3억 3천만 달러를 지원받은 것이 전부다"며 실망을 표했으며, 이에 대한 국제사회(특히 국제환경기구)의 반응은 (예를 들어, 세계자연보호기금) 선진국들이 국제협력을 주장하고 있지만 에콰도르같은 사례에서 나타나듯이 실제 협력이 필요한 경우에는 적극적으로 참여하지 않아 '기후변화 대응 국제협력'이 얼마나 위선적인지를 잘 보여준다며 유감을 표명했다. 특히 에콰도르같은 개별국가에 있어 글로벌 환경 거버넌스의 실현이 상당히 어렵고 힘든 일임을 잘 보여주고 있다.

참고문헌

1) http://news.khan.co.kr/kh_news/khan_art_view.html?artid=201308162209045&code=970201, 아마존 유전 개발 대신 에콰도르에 수익 보전안, 기부금 안 모여 '물거품'

2) 무역환경정보: http://www.ten-info.com/Sub_Modules/tei/policyDailyView.asp?pg=1&dir=5&loc=02&kd=&ca=&ar=&ty=&su=&od=&col=&sw=&num=6615

3) http://skblog.tistory.com/1004

4) 좀 더 자세한 내용은 EMERICs 중남미(2013), "에콰도르의 환경 거버넌스의 딜레마: 야수니 국립공원 사례"(2013-10-29) 참고. 웹사이트: http://www.emerics.org

콜롬비아 야노 지방의 아프리카 팜 산업과 우리의 진출 가능성

추종연(전 콜롬비아대사)

콜롬비아에서 재배되는 아프리카 팜(Palma Africana de Aceite)은 열대 작물로 야노(Llano)라고 불리는 동부 평원지대에서 가장 많이 생산되고 중부 막달레나 강 하부 연안지역과 서부 태평양 연안의 나리뇨 주에서도 재배된다. 2012년 현재 45만ha에서 아프리카 팜이 재배되고 있다.

야노 평원은 보고타 시가 위치한 동부산지와 베네수엘라 및 브라질 국경사이에 위치한 광대한 평야지대로 목축 및 농업이 주산업이며 아울러 석유생산지역이다. 10년 전까지만 해도 이 지역에는 동부 산지에 근거를 둔 무장게릴라들이 자주 출몰하여 치안문제가 심각했으나 근년 들어 치안사정이 획기적으로 호전되면서 농업한계선이 국경방향으로 계속 확대되고 있다. 따라서 이 지역에서 팜 농장도 확대되고 있다.

서부아프리카가 원산지인 아프리카 팜 나무는 식민지 시절 포르투갈 노예상인들에 의해 중남미에 처음 도입되었다고 하며 콜롬비아에서는 미국의 유나이티드 푸루트 컴퍼니가 1945년에 팜 농장을 설립함으로써 본격적인 상업 재배가 시작되었다.

콜롬비아는 인도네시아, 말레이시아 및 태국에 이어 세계 4위 팜유생산국이며 세계 5위 수출국이다. 중남미 지역에서는 재배면적 및 생산량 면에서 모두 부동의 1위를 고수하고 있다. 콜롬비아는 2011년 통계로 456만 톤의 팜 열매와 94만 톤의 팜유를 생산하였으며 17만 톤의 팜유를 수출하였다. 2012년도에는 97만 톤의 팜유를 생산 전년도에 비해 3%늘었다.

팜유는 세계에서 가장 많이 생산 및 소비되는 유지류로 2011년에 대두유보다 1천만 톤 더 많은 5천만 톤이 생산되었다. 인도, 인도네시아, 중국, EU 등이 주요 소비국들이며 특히 중국과 인도의 급속한 경제성장으로 팜유 소비가 더욱 확대될 전망이다.

금년 1월말 메타(Meta) 주 수도인 비야비센시오(Villavicencio) 시에서 남쪽으로 100km 정도 지점에 위치한 1,300ha 규모의 산타마리아 팜 농장(Agropecuaria Santamaria)을 방문했다. 동 사는 3,700ha 규모의 또 다른 팜 농장을 운영하고 있으며 두 개 농장에서 연간 85,000톤의 팜 열매를 생산한다. 1ha 당 연간 17톤의 팜 열매를 생산하는 셈이다.

이 농장에서는 1ha 당 143그루의 팜 나무를 식목하며 일조(日照)범위를 감안 그루 당 9m 간격으로 묘목을 심는다고 한다. 팜 나무는 3년 되면서부터 생산을 시작한다. 수명은 50년 정도나 30년이 지나면 30m 이상 높게 성장하여 수확이 어렵게 되며 이에 따라 퇴출나무에 약물을 주입하여 고사(枯死)시킨 후 베어낸다. 한 그루 당 연간 7-8송이의 팜 열매를 생산하며 한 송이 무게는 10-40 kg 정도다. 팜 경작은 전문가인 농업기사가 담당하며 단순 노동력은 인근 마을에서 충원된다.

2007년 팜 생산자조합(Fedepalma) 통계에 의하면 팜 열매 1톤당 생산비가 140달러가 소요되며 팜유의 경우는 750달러 정도 든다. 팜유 생산비의 90%는 팜 열매 생산비용이며 나머지 10%는 공장에서 팜유를 짜는 데 드는 비용이다. 팜 생산자조합은 안정화기금(Fondo de Estabilizacion)을 통해 팜유 수출보조금을 지원하며 콜롬비아 농업은행은 팜 경작자들에게 저리의 융자를 해준다.

산타마리아 농장이 직접 운영하는 팜유 공장(planta extractora)에서는 동 사가 자체적 생산한 팜 열매로 연간 18,700톤의 팜유와 3,825톤의 팜 씨앗(Almendra)을 생산한다. 1ha 당 연간 3.7톤의 팜유를 생산하는 셈이다. 2012년 상반기 팜유 국제가격(CIF Rotterdam)이 톤당 1,097달러였던 만큼, 산타마리아 팜 농장은 팜유생산으로 2012년에 2천만 달러 이상의 매출액을 올린 것이다. 팜유 생산 공정에서 부수적으로 생산되는 복숭아 씨앗보다 조금 작은 크기의 팜 씨앗(팜유와 별도의 유지 생산)과 기타 부산물(발전소 연료나 여과기에 사용되는 찌꺼기)로 인한 수입은 별도다. 산타마리아 농장 관계자에 따르면 20년 정도 운영되어온 동 사는 그동안 한 해도 적자를 본 적이 없다고 한다.

산타마리아 팜유 공장은 다른 팜 농장에게 팜유를 짜주는 서비스도 제공한다. 메타 주에서는 팜 열매 무게의 22% 정도가 팜유로 추출된다고 한다. 팜유 공장이 팜유를 짜주는 서비스를 제공할 경우 서비스 비용으로 생산된 팜유의 일정부분을 요구한다고 한다. 팜유 공장은 최상급 팜 열매일 경우 마진을 4% 남기며(즉, 추출된 22% 중 4%를 징수하고 나머지 18%만 돌려줌), 질이 떨어질 경우 마진을 4% 이상 요구한다고 한다. 팜유로 서비스료를 징수함으로써 팜 농장주나 팜유 공장주 모두 가격 변동에 따른 리스크를 피한다는 것이다.

팜유 생산과정은 그렇게 복잡하지 않다. 우선 팜 송이를 객차 모양의 찜통에 넣어 최고 섭씨 130도로 가열된 증기로 쪄낸 후, 팜 송이에서 알갱이를 털어내는 과정을 거친다. 이어 알갱이를 으깨어 기름이 함유된 과육과 팜 씨앗을 분리해내고 과육을 압축하여 짜낸 주스에서 팜유를 분리해낸다. 팜 씨앗(Almendra)에서는 통상 팜유라고 불리는 붉은 색 기름과는 다른 색깔의 기름이 추출된다.

팜유는 식용, 동물사료, 알콜, 유화제, 빵 크림, 아이스크림, 비누, 마가린 등 매우 다양한 용도에 사용되며, 무엇보다도 바이오디젤의 주원료다. 화석연료 가격의 상승에 따라 범세계적으로 바이오연료의 수요가 급증하고 있다. 콜롬비아에는 현재 6개의 바이오디젤 공장이 가동 중이며 하루에 총 1만 리터를 생산한다. 이는 콜롬비아에서 소비되는 디젤의 9% 정도를 차지한다. 콜롬비아는 중남미 2위의 바이오연료 생산국가다.

2013년1월 현재 콜롬비아 대서양연안 및 동부지역에서는 바이오디젤이 10% 혼합된 디젤(B10)을 사용하고 있고 내부지역에서는 7% 혼합연료(B7)를 사용한다. 팜 생산자협회에서는 2015년까지 B15, 2020년까지 B20 사용을 정부에 권고하고 있으나 B10을 전국적으로 확대하는 조치가 우선 예상된다. 산타마리아 농장 관계자는 원유가격이 배럴당 70달러 이상이면 콜롬비아에서 바이오디젤의 경제성이 보장된다고 한다.

콜롬비아 팜 생산자조합은 최근 팜 농장주들을 대변하여 팜 산업이 직면한 7개 문제를 제시했다. 첫째는 병충해 문제다. 특히 팜 나무 싹이 썩는 병(pudricion de cogollo)으로 3만 ha가 심각한 피해를 입었다고 한다. 두 번째로는 국제가격의 하락으로 인한 수입 감소다. 2012년 팜유 국제가격이 28%나 하락했다고 한다. 세 번째로는 수송인프라 부족, 네 번째로는 콜롬비아 정부의 기대에 못 미치는 바이오연료 진흥정책을 지적하고 있다. 나머지 3개는 노동분쟁, 치안문제 및 콜롬비아 현지화(페소)의 평가 절상이다. 2012년 중 페소화가 7% 절상

됨에 따라 콜롬비아 팜유 수출업계는 울상이다.

팜 농장주들의 이와 같은 불만에도 불구하고 콜롬비아 팜 생산자조합은 금년도에 6% 정도 팜유 생산이 확대될 것으로 전망했다. 팜 농장주들의 주장에는 정부 보조금 확대가 필요하다는 요구가 깔려있다.

팜유의 콜롬비아 내부수요는 공업화, 국민소득 향상, 바이오연료 혼합비율 확대 추세 등에 비추어 점차 확대될 것임에 틀림없다. 콜롬비아 국민 1인당 팜유 수요는 2007년 10.1리터에서 점차 확대되어 2011년에는 19.1리터를 기록했다. 화석연료 가격의 상승으로 바이오 연료에 대한 국제 수요도 확대되는 추세다.

콜롬비아는 광활한 미개발의 야노 평원을 갖고 있어 팜 나무 재배 확대를 위한 토지는 충분하다. 치안상황이 호전됨에 따라 지방으로의 접근성이 확대되고 미개발 지역의 토지개발 움직임도 활발해지고 있다. 비야비센시오 시와 가까운 지역은 토지 가격이 6-7년 전보다 10배나 뛰었다고 한다. 이미 이태리, 브라질 등의 외국기업들이 팜 산업에 투자를 시작하고 있으며 이들은 토지가격 상승과 팜 재배로 인한 이중소득을 올리고 있다.

우리나라도 2007년부터 바이오디젤을 혼합하고 있고 2012년부터 B2를 의무화했다. 주로 폐식용유를 바이오디젤 원료로 사용하고 있지만 혼합비율이 확대되면 팜유 등 다른 원료를 외국에서 수입해야 할 것이다. 국내 바이오디젤 시장만 고려할 필요는 없다고 보며 이제 우리 대형 상사들이 콜롬비아에서 팜유를 생산하여 미국, 유럽, 중남미 인근국가에 파는 방안을 검토할 필요가 있다. 현지 사정을 잘 아는 콜롬비아 기업들과 합작은 필수다. 메타 주의 산타마리아 농장같이 팜 농장과 팜유생산 공장을 함께 보유한 현지기업의 일정지분을 구입하여 시장동향을 충분히 익힌 후 사업을 확대하는 것이 보다 안전할 것이다.

볼리비아에 부는 키누아 열풍, 황금이 될 것인가? 독이 될 것인가?

연정화[1)]

전 세계의 주목을 받고 있는 곡물이 있다. 슈퍼푸드(super-food) 혹은 안데스의 황금작물로 소개되는 키누아(quinua)가 바로 그 주인공이다. 키누아는 보통 곡물과는 다르게, 아미노산, 칼슘, 인, 마그네슘, 철, 아연 등 미네랄과 비타민을 함유하고 있으며, 14% 이상의 단백질을 포함하고 있다. 보통의 곡물이 탄수화물 섭취로 이해하고 있다면, 키누아야 말로, 인간에게 필요한 모든 영양소를 담고 있다고 해도 과언이 아닐 정도로 영양학적으로 매우 뛰어난 작물이다.

최근 한국에서 키누아 수입 및 재배에 관심을 가지면서 한국에도 볼리비아 및 페루의 키누아 상품이 소개되었다. 지구 반대편, 볼리비아에서 5000년 전부터 경작하고 소비하였던 키누아가 이제는 한국

1) 볼리비아, 따리하(Tarija)주정부 산하 기획-토지정비부

<표 1> 키누아 영양성분

<table>
<tr><td rowspan="6">끼누아</td><td colspan="7">일반성분</td><td rowspan="2">열량 (kcal/100g, DW)</td></tr>
<tr><td>탄수화물(g)</td><td>지방 (g)</td><td>단백질 (g)</td><td>당류</td><td>포화 지방</td><td>트랜스 지방</td><td>콜레스테롤</td></tr>
<tr><td>53-74</td><td>5.3-6.4</td><td>11-21.30</td><td>1.7</td><td>0.6</td><td>0.0</td><td>0.0</td><td>351</td></tr>
<tr><td colspan="8">무기성분(mg/100g)</td></tr>
<tr><td colspan="2">칼슘</td><td colspan="2">철</td><td colspan="2">마그네슘</td><td>칼륨</td><td>인</td></tr>
<tr><td colspan="2">66.60</td><td colspan="2">10.90</td><td colspan="2">204.20</td><td>1,040.20</td><td>408,30</td></tr>
</table>

출처: Guaderno Sectorales, 2007

에서도 경작되고 있다니, 그야말로 키누아 열풍이다. 이러한 열풍에 발맞춰, UN은 2013년을 키누아의 해로 지정하였다.

그 어느 국가보다도 볼리비아는 2013 키누아의 해를 맞이하여, 키누아를 국가의 농업성장 및 경제 발전의 주요 축으로 삼겠다는 포부가 대단하다. 남미 고지대에서만 경작 가능한 키누아는 볼리비아, 페루, 에콰도르, 콜롬비아의 고산, 건조 지역에서 경작된다. 특히 볼리비아는 전 세계 수출 1위 국가로서 키누아 생산에 박차를 가하고 있다.

01 볼리비아, "Quinua Real"을 세계에 알리다

키누아 전도사, 볼리비아의 대통령 에보 모랄레스는 파차마마의 선물인 이 황금 작물을 전 세계로 수출, 볼리비아 농업 발전의 핵심 사업으로 만들고자 계획하고 있다. 지난 2월 20일 에보 모랄레스는 UN본부를 방문, 키누아를 이용한 음식들이 선보이며, 키누아 프로모션을 가졌다. 전 세계의 기아 문제 해결을 키누아에서 찾아보자며, 키누아에 대한 자신감과 더불어, 향후 볼리비아 농업확대에 대한 포부를 확고히 한 행사였다.

볼리비아는 천연자원 수출 외에는 주요 수입원을 확보할 수 있는 수단이 그리 많지 않다. 이러한 상황에서 에보 모랄레스 정부는 키누아 수출을 통해 제2의 농업 부흥 및 경제성장, 빈곤감축, 농민들의 생활 개선을 확보하겠다는 의지를 강하게 드러내고 있다. 실제로 키누아 수요량이 점점 증가 하고 있으며, 볼리비아의 키누아 수출량은 2011년 38.257TM, 2012년 50.566TM 증가하였고, 올해는 58.040TM을 예상하고 있다.

볼리비아 키누아의 주요 수출국은 미국과 유럽, 일본 등이다. 맛과 영양적인 면을 고루 갖춘 키누아에 매료된 서양인들은 점점 수요를 늘리고 있으며, 키누아를 이용한 요리들이 미국 및 유럽 등지에서 선보이고 있다.

베네수엘라 정부는 어린이들의 영양균형을 위하여, 초등학교 아침대용으로 키누아를 이용한 음식을 제공할 계획으로 볼리비아로부터 키누아 수입을 확대하고 있다.

한국의 경우, 볼리비아 키누아 생산력을 높이기 위해 파종기 기증 및 키누아에 대한 농업연구를 확대 볼리비아의 키누아 생산 확대에 기여하고 있다. 더불어, 한국 내에서도 키누아 경작을 연구, 대관령과 강릉, 진부 지역에서 시험 경작을 하고 있다.

02 전통경작법 vs 대규모생산법

한국에서 고랭지역인 대관령과 강릉, 진부 지역에서 키누아 경작을 연구하는 것은, 키누아의 생육조건이 반사막, 건조, 고산 지역이기 때문이다. 볼리비아의 2500미터 이상 4000미터의 포토시주 Llica

지역, Daniel Campos 지역 및 오루로주의 Garci Mendoza 지역에서 주로 생산된다. 전통적으로 목초지역과 경작지역의 경계를 구분하지 않고, 키누아 경작과 야마, 알파카의 사육을 공존하면서, 동물의 분뇨를 거름으로 사용, 질 좋은 키누아를 생산하는 방식을 간직해 왔다. 그러나 1972년부터 현재까지 국제사회의 키누아 수요가 증가하고, 국제 가격 역시 급격하게 증가하면서, 기존의 전통 방식을 포기, 목초지를 엎고, 키누아 생산을 위한 대규모 단일경작 농토로 변화시켰다. 이 기간 동안 무려 키누아 농경지는 206% 확대되었다.

<그림 1> 키누아 가격 변동 달러/톤

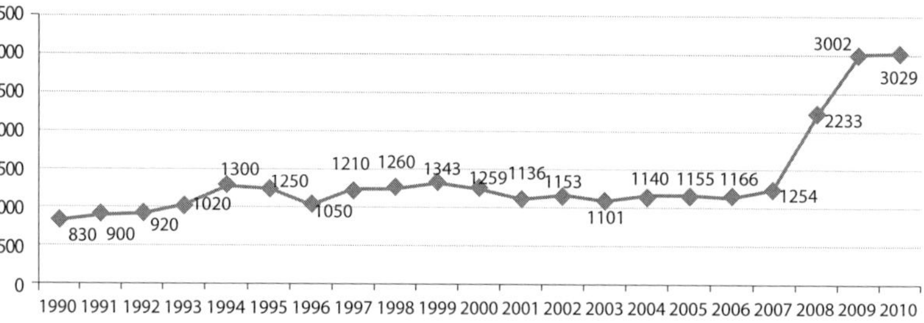

출처: INE, Katherine Antonio(2011)

1990년대 1톤당 830달러에서 2010년 3,029달러까지 급격하게 증가 된 가격 변동은 타 작물을 재배하던 농민들이 키누아 농사에 몰려드는 원인을 제공하였다. 또한 증가된 농경지를 관리하기 위해, 전통적인 방식 대신 화학비료를 사용하고, 일 년에 250일의 경작기간을 포기하고, 단기간의 급성장할 수 있는 영양제를 이용하며, 휴경기를 두지 않고, 지속적으로 파종, 추수를 반복하고 있다.

결국, 이러한 기존 전통방식을 버리고, 단기적, 대량 생산을 추구한 결과 점차 볼리비아의 사회-환경적 위협이 대두되고 있다.

03 더 많은 키누아를 확보하라! 환경보다는 성장이 우선!

대규모 수확을 위한 농지확대는 결국 목초지의 파괴와 동물들의 사육을 포기하면서 얻어졌다. 또한 동물의 분뇨 대신 화학 비료와 농기계를 통한 대량생산 시스템은 토지의 생물학적 재생산 기능을 마비시키는 결과를 야기했다.

특히 토지의 황폐화, 토지의 사화(소금화), 목초지의 파괴, 야마와 알파카 생육지 파괴, 단일 경작화 등 생태계 파계 및 기존의 전통 농업 생산방식에서 벗어나 자본화되고 있어, 소농들은 피해를 보는 사회적인 문제까지 유발되고 있다.

실제로, 토지의 황폐화로 인해, 페루와 에콰도르보다 볼리비아의 경작지 1ha당 생산되는 키누아의 양이 점점 떨어지고 있다. 이는 단순히 기술적이거나 부족한 기계문제가 아니라, 토지의 생물학적 기능이 점점 소실되고 있으며, 토지 황폐화가 급속도로 빠르게 진행되고 있다는 것이다. 이러한 상태로 지속된다면, 토지의 재생산 능력은 떨어지고, 점점 타작물의 농지를 키누아 농지로 바꿔야 하는 악순환이 시작될 것이다.

<그림 2> 평균 경작지 당 생산량, kg/ha

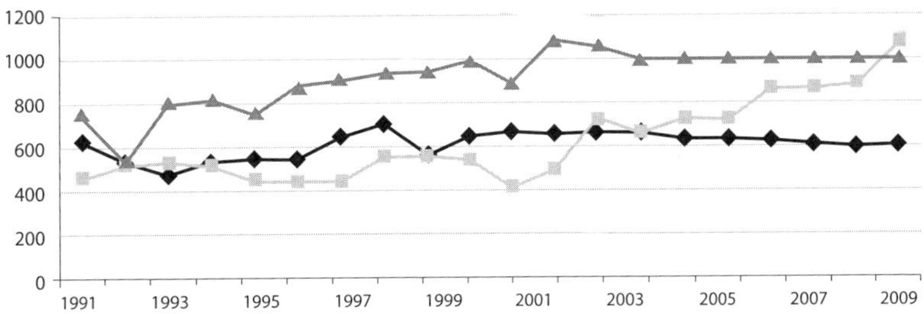

출처: INE, Katherine Antonio(2011)

키누아 생산을 연구하는 Vladimir Orsag박사는 키누아 생산에 적합하지 않은 토지 사용과 경작 방식은 환경문제 뿐 만 아니라, 키누아의 질, 농부들의 삶의 방식에도 문제를 가져 올 것이며, 기후변화에 대응하여 지속적으로 생산할 수 있는 능력도 무너질 것이라고 경고하고 있다.

04 포토시와 오루로, 부활을 꿈꿀 수 있을까?

포토시와 오루로는 볼리비아 내에서 낮은 소득 수준과, 보건, 위생시설의 부재 및 극심한 빈곤지역으로 잘 알려져 있다. 그러나, 사실 포토시와 오루로는 볼리비아 광산개발과 은 수출, 광물자원으로 과거 볼리비아 경제 붐을 가져왔던 주요 지역이였다. 그러나, 세계적인 광물 가격 폭등과 외국자본의 투자 중단 및 자본 유출로 인하여, 급격하게 도시 전체가 빈곤의 수령으로 빠져들었던 곳이다. 또한 고랭지역의 건조, 반사막화 기후로 인하여 인간이 살기에 척박한 땅으로 받아들여졌다. 이러한 포토시와 오루로는 다시 키누아라는 농업 작물로 부활을 꿈꾸고 있다.

볼리비아 농림부(Desarrollo Rural y Agropecuario) 차관 Víctor Hugo Vásquez는 볼리비아의 키누아 농부들의 수입이 지난 15년 동안 10배 이상 증가했다며, 포토시와 오루로의 키누아 소작농들의 삶이 개선되고 있다고 전했다. 그러나, 실제로 점점 황폐화되고 있는 농경지에서 기술 투자가 제대로 이루어지지 않아, 직접 경작하고 있는 소작농들의 삶이 오히려 더 어려워지고 있는 것이 현실이다. 수출업자와 중간상인들이 차지하는 인센티브는 소작농들에게 돌아가지 않고 있으며, 점점 키누아 생산으로 몰려들고 있는 농부들로 인해 토지소유

문제도 야기되고 있다. 또한 국제시장 가격의 상승으로 국내 시장 가격 역시 상승하는 결과를 가져왔다. 결국, 키누아를 생산하는 볼리비아 국민들은 비싸진 키누아를 소비하기 점점 어려워지고 있는 모순적인 상황이 발생하고 있는 것이다.

국제 수요와 가격에 민감하게 반응했던 광물자원으로 인해 웃고 울었던 포토시와 오루로의 광부들처럼, 포토시와 오루로의 키누아 농부들이 국제수요와 수출업자들에 의해 다시 울게 되는 일이 없도록 새로운 활로를 모색해야 할 때이다. 눈앞에서 이루어지는 국제수요 증가에 집중하기 보다는 향후 지속적으로 생산할 수 있는 사회-환경적 방안을 구축해야 할 때이다.

05 지속가능한 황금작물 재배, 볼리비아의 새로운 농업 도전

농업전문가 Vladimir Orsag 박사는 볼리비아 내 지속적인 키누아 생산을 위해서는 토지이용의 효율성을 높이고, 경작지 만큼의 목초지를 이용하여 전통적 방식에 현대적 요소를 첨가해야 한다고 강조한다. 국제수요를 맞추기 위해 키누아만 생산하고, 화학비료를 사용하면, 땅의 회전력이 떨어지고, 키누아의 질도 떨어지며, 생태계 파괴와 기후변화의 시련을 고스란히 떠안게 된다는 것이다.

즉, 지속가능한 황금작물 재배를 위해서는 볼리비아는 새로운 농업경영 방식을 고민할 것이 아니라, 친환경적인 생산 방식인 전통방식을 확대할 수 있는 방법을 강구해야 할 것이다. 농경지 만큼의 목초지, 경작되는 키누아의 질을 보장하는 야마와 알파카의 분뇨를 생산, 저장할 수 있는 기술의 확대, 단순하게 작물만을 생산하여 수출하는 것이 아니라, 키누아를 통해 부가가치를 창출 할 수 있는 연관상품의 개발, 품종 개발을 통한 경쟁력 확보, 국제 시장 및 국내 시장의 공고화 등 볼리비아 경제와 농민들에게 진정한 황금작물이 될 수 있도록 친환경적 지속가능한 방법을 고민해야 한다.

유기농산물, 공정무역, 직거래 등 대안 경제의 영향으로 미국과 유럽 수입업자들은 중간 상인을 배제하고 직거래를 활성화하기 위한 움직임을 보이고 있다. 서양의 소비자들의 변화 된 의식처럼, 키누아 생산에 혈안이 되어 오로지 수출만을 고민하는 것이 아니라, 새로운 농업의 활로를 개척할 수 있는 볼리비아의 현명한 지혜가 필요한 시점이다.

볼리비아 밖에 존재하는 금을 갖기 위해 볼리비아에서 자라고 있는 황금을 포기할 것인가, 지금 볼리비아는 선택의 기로에 있다.

참고문헌

1) La producción de quinua en Bolivia, sus potencialidades y riesgos, No.14, 2010, Boletín del programa de investigación estrategica en Bolivia, PIEB

2) Cristina Pabón, Cinetificos bolivianos alertan sobre cultivo de quinua, 2013, SciDev

3) Sunnai A. Alvéstegui Lavadenz, Cuadernos Sectoriales la Quinua, 2006, CAMEX Bolivia

4) Katherine Antonio, The Challenges of Developing a Sustainable AgroIndustry in Bolivia: the Quinoa Market, 2011, Duke University

5) QUINOA, Informative Newsletter about the golden crop of the Bolivian Andes, 2009, PROBIOMA

6) Vladimir Orsag, El cultivo de quinua bajo las condiciones actuales es insostenible, 2012, FOBOMADE

신문기사

1) Importadores buscan mejor contacto con quinueros, La Razon (2013년 3월 25일)

2) La quinua Boliviana, El Deber (2012년 6월 12일)

3) Quinua y preservación del medio ambiente, La Razon (2011년 12월 19일)

녹색 경제, 야수니-ITT 이니셔티브, 수막 카우사이(Sumak Kawsay)

김은중(서울대학교 라틴아메리카연구소 HK교수)

2013년 8월 15일 에콰도르 대통령 라파엘 코레아는 '야수니-ITT 이니셔티브'(Yasuní-ITT Initiative)의 공식적 종료를 선언했다.[1] 이로써 전지구적 환경 거버넌스를 위한 가장 혁신적이고 실천적 제안이자 포스트-석유(post-petroleum) 문명을 위한 선구적 대안이라는 평가를 받았던 '야수니-ITT 이니셔티브'는 별다른 소득 없이 미완의 기획으로 끝났다. '야수니-ITT 이니셔티브'를 지지했던 세계 언론과 정책 지도자들은 '작은 나라의 큰 제안'이었던 '야수니-ITT 이니셔티브'가 미완으로 끝나는 것에 대해 실망을 표시하면서 코레아 대통령의 일관성 없는 정책을 비난했다. 또한 코레아 대통령의 종료 선언에도 불구하

1) 야수니(Yasuní)는 에콰도르 북동쪽 아마존 지역의 국립공원이며 ITT는 Ishpingo, Tambococha, Tiputini 지역을 가리킨다.

고 에콰도르 국민 80% 이상이 '야수니-ITT 이니셔티브'의 지속적인 추진을 위해 국민투표를 요구하기도 했다.

2007년 에콰도르 에너지-광산 장관이 야수니 국립공원에 매장되어 있는 약 8억 5천만 배럴의 석유를 채굴하지 않고 그냥 땅 속에 두는 대신에 국제사회가 석유개발 수익의 절반을 보상할 것을 요구하는'야수니-ITT 이니셔티브'를 발표하자 세계 여론은 국가 예산의 35% 이상을 석유 생산에 의존하는 나라의 유토피아적 발상으로 받아들였다.[2] 그러나 에콰도르는 2008년 제정된 제헌헌법에 자연을 권리의 주체로 인정하는 수막 카우사이(Sumak Kawsay/buen vivir) 개념을 명문화함으로써 에콰도르의 마그나 카르타(Magna Carta)를 지구상에서 가장 뚜렷한 '녹색' 헌법으로 만들었다.[3] 또한 코레아 대통령이 2007년 석유수출국기구(OPEC) 회의에서 댈리-코레아 세금(Daly-Correa Tax)으로 불리는 환경세를 신설할 것을 요구했다는 사실을 염두에 둔다면 '야수니-ITT 이니셔티브'를 즉흥적인 유토피아적 발상으로 단정할 수 없다.[4]

'야수니-ITT 이니셔티브'는 지구상에서 가장 풍요로운 생물종다

---

2) '야수니-ITT 이니셔티브'가 제안한 다자간 트러스트 펀드(Multilateral Trust Fund)는 일 년에 3억 5천만 달러씩 10년 동안 35억 달러를 적립하는 것이다.

3) 수막 카우사이는 에콰도르 키추아(kichua) 원주민어이고, 볼리비아 아이마라 원주민어로는 수마 카마냐(Suma Qamaña)이다. 수막 카우사이는 스페인어로 buen vivir로 번역되고, 수마 카마냐는 vivir bien으로 번역된다. 중요한 것은 안데스 원주민 언어에 추상명사가 존재하지 않기 때문에 수막 카우사이/수마 카마냐를 동사로 이해해야 한다는 것이다. 이것은 생명(=산다는 것)이 고착된 존재(Being)가 아니라 창진적 생성(Becoming)이라는 것을 의미하는 것으로 안데스 원주민 우주론의 핵심적 요소이다.

4) 환경세(eco-tax)는 석유수출국가에 석유 1배럴 가격의 3%를 부과하는 세금으로 석유수출국기구가 관리할 것을 제안했다. 허먼 댈리(Herman Daly)는 2007년 발표한 논문에서 환경세의 기능에 대해 설명했고, 코레아 대통령은 같은 해 석유수출국기구 회의에서 이 문제를 공론화함으로써 '댈리-코레아 세금'이라는 명칭이 붙었다.

양성을 유지하고 있는 곳 중의 한 곳인 야수니 국립공원의 생태계와 자발적 고립을 선택한 두 원주민 부족의 생존권을 보호하려는 시도이다.[5] 그러나 더 중요한 것은 인간과 자연의 관계를 새롭게 설정함으로써 개발과 발전이라는 기존의 패러다임을 넘어서서 포스트-석유 문명 시대의 단초를 제공했다는 점이다. '야수니-ITT 이니셔티브'가 세계적으로 주목받게 된 또 다른 계기는 전지구적 의제로 등장한 기후변화 때문이다. 1992년 브라질 리우데자네이루에서 개최된 유엔환경개발회의(UNCED: United Nations Conference on Environment and Development)를 계기로 채택된 유엔기후변화협약(UNFCCC: United Nations Framework Convention on Climate Change)은 1997년 교토의정서로 구체화되었다. 교토의정서는 기후변화의 주된 요인인 온실가스 배출량을 1990년 대비 평균 5.2% 감축하는 규정을 마련하고, 이를 위해 청정개발체제(CDM: Clean Development Mechanism)와 배출권 거래제(ETS: Emission Trading Scheme) 같은 주요 정책을 도입했다. 또한 개도국에 대한 재정지원과 기술이전을 통해 유엔기후변화체제의 실천을 구체화했다. 그러나 교토의정서의 효력이 끝난 2012년까지 유엔기후변화협약은 큰 성과를 거두지 못했다. 같은 해 12월 도하에서 열린 18차 유엔기후변화협약당사국회의(COP 18)는 우여곡절 끝에 교토의정서의 효력을 2020년까지 연장하는 '도하 기후 게이트웨이'(Doha Climate Gateway)를 통과시켰다.

전문가들은 통계를 바탕으로 앞으로 16년 뒤에는 지구 온도가 섭씨 2도 상승하는 것을 막기 위한 마지노선인 565기가톤(gigaton)의 이

5) 1979년 유네스코에 의해 생태보존지역으로 지정된 야수니 국립공원 1헥타르에는 미국과 캐나다 전체보다 더 다양한 생물종이 존재하는 것으로 보고되었다. 야수니 국립공원이 위치한 아마존 지역의 ITT 구역에는 자발적 고립을 선택한 타로메나네(Taromenane) 부족과 타가에리(Tagaeri) 부족이 거주하고 있으며 우아오라니스(huaoranis) 민족도 거주하고 있다.

산화탄소 배출량을 넘어서게 될 것이라고 예측하고 있다. 이산화탄소 배출량은 전지구적으로 해마다 3% 증가하고 있으며 세계 1위 이산화탄소 배출국으로 세계 이산화탄소 배출량의 40%를 차지하는 중국은 2012년 9%의 증가율을 기록했다. 이러한 상황에도 불구하고 미국, 중국, 인도 등은 주요 개도국의 불참을 핑계로 의무감축국에서 빠져버렸고, 교토의정서에 합의했던 러시아, 일본, 뉴질랜드도 도하 기후 게이트웨이에 참여하지 않았다. 이런 상황으로 미루어 볼 때 "기후변화 협상의 속도는 빙하가 녹아내리는 속도보다 훨씬 느리다"는 자조 섞인 탄식처럼 교토의정서 협약은 기후변화를 막는 데 만족스러운 대안이 되지 못한다.

'야수니-ITT 이니셔티브'는 석유채굴 자체를 포기한다는 점에서 청정개발체제나 배출권 거래제와 같이 사후적 처방(end-of-pipe solution)과는 다른 생태학적 혁명이다. 그렇다면 왜 '야수니-ITT 이니셔티브'는 뚜렷한 성과를 거두지 못하고 실패한 혁명이 되었을까? '야수니-ITT 이니셔티브'의 실패의 원인은 무엇보다도 개념적인 요소와 정치적 요소가 혼합되어 있다는 데에서 찾을 수 있다.

'야수니-ITT 이니셔티브'(a Plan A)를 발표했을 때 코레아 대통령은 보완계획(a Plan B)을 세워두고 있었다. 보완계획은 '야수니-ITT 이니셔티브'를 위한 다자간 트러스트 펀드가 실패하는 경우에 ITT 구역의 석유를 채굴한다는 것이다. 독일이 제일 먼저 트러스트 펀드 지원을 발표했지만 우려했던 것처럼 이니셔티브의 종료를 선언했던 시점까지 몇몇 유럽 국가와 국제환경기구로부터 지원받은 금액은 요구액의 10분의 1에도 못 미치는 3억 3천만 달러가 전부였다. 이러한 상황에서 코레아 대통령은 2009년 10월 러시아와 경제협력을 체결했고 ITT 구역에 인접한 구역(Block 31)의 석유 개발권을 러시아에 양도했다. 2010년 3월에는 중국에 더 많은 시추 허가권을 부여하겠다고 발표했다. 에콰도르 국내에서는 이니셔티브 관리위원회와 재생불가능 자원부 간에 정책 엇박자가 불거졌다. 요약하자면, '야수니-ITT 이니셔티브'와 보완계획의 갈등은 여전히 화석연료를 바탕으로 하는 경제체제와 포스트-석유 사회와 국가를 위한 대안 사이에는 뛰어넘기 힘든 거리가 놓여 있음을 보여주었다.

국제적인 상황에서 보면 2008년 세계금융위기는 또 다른 요인으로 작용했다. 신흥시장경제의 선두를 차지한 중국의 에콰도르에 대한 금융원조와 차관 제공은 '야수니-ITT 이니셔티브'보다 석유개발을 부추기는 쪽으로 작용했다. 에콰도르는 2011년 에콰도르의 국내총생산(GDP)의 11%에 해당하는 70억 달러를 중국개발은행에게 빌렸는데, 차관의 일부는 원유로 갚기로 약속했다. 또한 베네수엘라와 더불어 에콰도르 정유 시설에 가장 많은 투자를 한 나라가 중국이었다.

정치경제학적 차원에서 본다면 '야수니-ITT 이니셔티브'를 위한 자금 모으기보다는 선진국의 청정개발체제 적용이나 탄소배출 완화와 같은 계획을 위한 자금 모으기가 훨씬 용이하다. 2010년 12월 칸쿤에서 열렸던 유엔기후변화협약당사국회의(COP 16)에서는 세계은행을 수탁자로 2020년까지 공동으로 1,000억 달러의 녹색기후기금(GCF: Green Climate Fund)을 모으기로 합의했다. 또한 세계은행은 다자간 은행들을 중심으로 4천만 달러의 청정기술기금(CTF: Clean Technology Fund)을 모아 이산화탄소 배출을 낮출 계획을 세웠다. 세계은행을 통한 남-남 트러스트기금(South-South Trust Fund)은 지속가능한 발전을 위해 개도국 간의 기술과 아이디어를 공유할 목적으로 조성되었다. 세계은행기후투자기금이 선진국으로부터 후원을 통해 모금한 60억 달러에 달하는 기금은 개도국의 기후 프로그램을 지원하고 있다. 이러한 모든 형태의 기금은 석유 사용에 의존하는 문명에서 벗어나지 않으면서 사후처방을 위한 기술개발과 적용에 사용될 뿐이다.

2008년에 시작된 유엔의 산림보호를 위한 이산화탄소 배출 감소 프로그램(UN REDD: United Nations Reducing Emission from Deforestation and Forest Degradation)은 화석연료의 사용을 원천적으로 금지하는 대신에 산림 보호와 산림을 통한 이산화탄소의 흡수를 통해 이산화탄소 배출을 완화시키는 것이 최선책이라고 생각한다. 그러나 유엔기후변화 프로그램은 산림을 보호하지만 산림 밑의 토양에 대한 국가 주권은 인정하지 않는다. '야수니-ITT 이니셔티브'를 위한 기금 모금에 제일 먼저 참여했던 독일은 2010년 태도를 바꿔 '야수니-ITT 이니셔티브'를 지원하는 대신에 UN REDD를 지원했다. 독일 정부의 태도 변화는 이산화탄소 배출 감소를 위해서는 수행에 기반을 둔(performance-based) 기금 모음이 더 중요하다는 생각이 깔려 있다.[6] 독일의 태도 변화는 '야수니-ITT 이니셔티브'의 실패의 개념적인 요인을 대변한다. 즉 '야수니-ITT 이니셔티브'에 대한 지원보다는 UN REDD에 대한 지원이 기회비용(opportunity costs)의 측면에서 더 합리적이고 효율적이라는 것이다.

볼프강 작스(Wolfgang Sachs)는 『반(反)자본 발전사전(The Development Dictionary)』(1992) 서문에서 "지난 40년은 발전의 시대로 불릴 만하다. 그런데 이 시대가 막을 내리려고 한다. 바야흐로 추도사를 쓸 때가 오지 않았나 싶다"라는 논쟁적인 선언을 했다. 발전의 시대를 주도했던

---

6) 독일의 태도 변화에는 독일 국내의 정치지형의 변동이 중요한 한 가지 요인으로 자리 잡고 있다. 2008년 6월 '야수니-ITT 이니셔티브'를 지원했던 독일의 정당은 연립정부를 구성하고 있던 기독민주당과 사민당, 그리고 연립정부 외부의 녹색당이었다. 2009년 선거에서 연립정부를 주도한 것은 기독민주당과 자유당이었다. 자유당이 경제 부문의 결정권을 행사하면서 '야수니-ITT 이니셔티브'에 대한 지원이 철회되었다. 독일 자유당은 '야수니-ITT 이니셔티브'에 대한 지원에 다른 산유국들에 대해 나쁜 선례가 될 수 있으며, REDD가 효율적이고, 석유개발 중지로 석유가 오랫동안 땅 속에 남아 있으리라는 보장이 없다고 주장했다. 그러나 2013년 선거에서 정권이 바뀌면서 독일은 다시 '야수니-ITT 이니셔티브'에 2,450만 유로를 지원하기로 결정했다.

경제성장이라는 구호는 '인간적 발전'(Human Development), '지속가능한 발전'(Sustainable Development)으로 이름이 바뀌었고 최근에는 '총체적이고 참여적인 발전'(Integral and Participative Development) 혹은 '공생 발전'(Co-Development)이 등장하기에 이르렀다. 녹색 경제(Green Economy)는 이러한 발전 담론의 또 다른 이름인가? '야수니-ITT 이니셔티브'는 지구상에서 가장 '녹색'인 헌법과 녹색 경제 사이의 거리를 좁힐 수 있는 21세기 인류의 지혜와 결단을 요구하는 시금석이다.

라틴아메리카 유전자변형(GMOs) 농작물 생산규제에 대한 다양한 정책 접근 고찰

하상섭(한·중남미녹색융합센터 연구교수)

01 남미에서 GMOs 논쟁

유전자변형(일명 GMOs; Genetically Modified Organisms) 농작물에 대한 농업 규제 및 바이오안정성 규제 정책은 라틴아메리카 개별 국가들마다 다르다. 남미의 아르헨티나처럼 GM 농작물 생산에 필요한 바이오테크놀리지(biotechnology) 도입에 대한 아주 강한 찬성의 입장을 보이고 있는 국가가 있는가 하면, 안데스 지역의 페루처럼 규제 정책을 통해 강하게 반대의 입장을 보이는 국가도 있다. 따라서 21세기 초반 라틴아메리카 개별 국가별로 GM 농작물 규제 정책 파악에서 각기 개별 국가들의 통일된 규제 정책의 존재와 이행에 대해서 분석/

평가하기는 상당히 힘든 일이다.

더 나아가 GM 농작물들 중 대표적인 GM 옥수수 생산에 대한 농업 규제 정책도 개별 국가별 상황 혹은 경제 상황에 따라 국가별로 규제 정책의 변화가 이루어져 왔다는 점에서 이 지역의 일관된 규제정책의 도입과 이의 이행 관련 분석 평가는 더욱 힘들다고 할 수 있다. 대표적으로 라틴아메리카 몇몇 국가들은 이미 미국 몬산토의 유전자 변형 옥수수 'MON810'의 경작금지라는 규제 정책을 이행하고 있는 반면, 브라질과 엘살바도르의 경우는 유전자 변형 옥수수의 생산에 대한 규제를 자유화하기도 했다.[1] 이렇듯 개별 국가들마다 GM 농작물 생산에 대한 규제의 강한 찬-반(pro or anti-GMOs)이 나누어져 있는데 이는 개별 국가마다 다양한 그리고 서로 상이한 접근, 예를 들어 사회문화적 가치 접근(주식 및 식량 주권), 좌파 정치 이데올로기 성향 반영(반미주의), 대외무역관계(농작물 수출) 조율 등의 관점에서 정책이 입안되거나 혹은 정책의 전환이 발생하고 있기 때문이다.

02 멕시코 그리고 파라과이: 옥수수의 사회적 문화적 가치 영향

파라과이의 농작물 생산과 수출에서 대두는 세계적인 규모를 자랑한다. 특히 파라과이 정부가 2004년 허용한 GM 대두 생산은 비

1) "몬산토(Monsanto Company, NYSE: MON)는 미국 미주리 주 세인트루이스에 본사를 둔 다국적 생화학 제조업체이다. 2005년 매출액은 62억 달러, 2008년 매출액은 110억 달러이다. 유전자 조작 작물 종자의 세계 점유율은 90%이다. 또한 자사의 제초제 라운드업에 내성을 가진 유전자 조작 작물을 세트로 개발, 판매하고 있다. 생화학 업체로 세계 굴지의 규모와 성장성을 자랑한다. 《비즈니스위크》 지가 선정한 〈2008년 세계에서 가장 영향력이 있는 10대 기업〉에 몬산토가 선정됐다"(참조: http://ko.wikipedia.org/wiki).

공식적으로 파라과이에게 가장 큰 대두 최대수출국의 지위를 부여했다. 다른 남미 이웃 국가들과는 달리 예를 들어, 아르헨티나나 칠레와 비교해서, 파라과이는 이러한 농작물 생산이 환경에 미치는 위험이 크다는 사실을 인식하고 바이오안정성에 대한 카르타헤나 의정서에 빠르게 비준했다. 좀 더 상세하게는 1993년부터 환경영향평가법을 통해 GMO 옥수수에 대한 상업적 경작을 금지시켰다. 이러한 법과 제도의 채택은 1992년 '환경과 개발에 대한 리오 선언'에 대한 반응이었으며 당시 파라과이 보수정당인 콜로라도(Colorado Party)당의 파라과이 환경정책 강화의 일환이기도 했다(당시 대통령 Juan Carlos Wasmosy: 1993-98). 의무적인 환경영향평가의 도입은 파라과이의 국제적인 규범(예를 들어 이웃국 브라질의 리오 지구정상회의)에 대한 적극적인 반응이라는 해석도 존재하지만 사실은 파라과이 사회의 뿌리 깊은 문화적 배경 및 사회적 문맥에서 GMO 농작물의 생산 금지 원인을 찾아야한다고 전문가들은 주장한다. 옥수수는 파라과이 식문화의 중심에 있으며 주식이고 실질적으로 원주민 공동체들에 의해 다양한 형태의 옥수수가 생산되고 있다(생물다양성 보존 차원). 따라서 GMO 옥수수 생산 금지는 몇몇 환경론자들의 활동이나 혹은 반-GMO 로비스트의 영향이라기보다는 파라과이의 고유 식문화에 대한 가치 보존 차원에서 정책 결정이 이루어졌다는 인식이 팽배하다. 그럼에도 불구하고 최근(2010)에는 GMO 옥수수 생산 금지에 대한 엄격한 규제가 사라질 것이라는 보고가 되고 있다. GMO 작물의 농업 현장 시험에서 파라과이 농업부에 의해 요구되는 환경허가가 필요하지 않다는 접근이 정책적으로 선호되고 있는가하면 파라과이농업기술연구소(Paraguayan Institute of Agriculture Technology; 페르난도 루고 대통령 당시 설립)는 MON 810 옥수수를 현장 실험하기도 했다. 물론 이러한 규제 완화 움직임은 몬산토 기업의 파라과이 투자 강화와 연계성이 있다. 이러한 규제에 대한 변화 움직임에도 불구하고 현재(2011) 파라과이는 공식적으로는 MON 810의 상업용 경작을 금지하고 있는 실정이다.

멕시코는 1994년 NAFTA(북미자유무역협정) 가입으로 바이오테크롤로지 허용이라는 중요한 역할을 하고 있다. GM 옥수수 필드 시험은 이미 1980년대 말에 이루어졌지만 실질적으로 이 농작물의 현장 시험 재배가 시작되면서 논쟁은 일어나기 시작했다. 물론 옥수수가 갖고 있는 멕시코의 문화적 혹은 사회적 가치에서 논쟁은 더욱 가열되었다. 멕시코는 옥수수에 관한한 유전자 다양성을 보유하고 있는 국가이다. 이러한 상황에서 GM 옥수수의 재배가 잠재적으로 멕시코의 유전자 유동에 영향을 줄 것이라는 우려마저 나왔다. 1998년 GMO 농작물의 경작에 대한 반대 그룹들(대표적으로 멕시코 그린피스 몇 지역단위의 멕시코 농민 단체들)의 활동과 더불어 GMO 옥수수 출시에 대한 정지 결정이 내려졌다(Directorate of Plant Health). GMO 옥수수 경작을 통해 돌아오는 경제적 혜택에 대한 확인되지 않은 평가와 재래종 옥수수의 유전적 오염 위험성 존재 등이 이러한 결정의 원인이었다. 하지만 이러한 초기 결정들은 GMO 옥수수의 상업적 목적이라는 전제를 달고 점차 규제가 완화되어갔으며 정책은 자유화되었다. 2004년 멕시코의 주오우파 정당인 국가행동당(PAN) 출신의 빈센트 폭스(Vincent Fox; 2000-6) 행정부는 GMO 옥수수의 시험 재배를 허용했으며, 2009년 펠리페 칼데론(Felipe Calderon) 행정부는 더 나아가 GMO 옥수수의 21개 사례에서 시험 재배를 허용했다. 물론 이러한 시험 재배에 대한 제도적 허용을 위해 2005년 멕시코 정부는 '바이오안전법'을 통과시켰고 관련 법규들을 재정비하기도 했다. 하지만 파라과이와 마찬가지로 멕시코에서도 상업적 목적의 GM 옥수수 경작은 불법이다.

<Box 1> 바이오안전성에 대한 '카르타헤나 의정서'

21세기 초반(2000년 1월) 캐나다 몬트리올(Montreal)에서 개최된 특별당사국총회에서 '생물다양성보존협약(Convention on Biological Diversity)'의 부속의정서로 채택.

유전자변형생물체(Genetically Modified Organisms: GMOs)의 국가 간 이동을 규제하는 최초의 국제협약으로 GMO를 수입할 때 사전 통보하고 동의를 받는 절차, 사전예방원칙, 위해성 평가, 위해성 관리, GMO의 운반방법·저장·이용 방법의 표시, 바이오안전정보센터(Biosafety Clearing-House)의 운영 등에 대한 사항 등을 규정하고 있음.

비준국가는 2008년 6월(현재) 일본·프랑스·스웨덴·스위스 등 147개국으로 한국은 2007년 10월 의정서를 비준, '유전자변형 생물체의 국가 간 이동에 대한 법률'이 2008년 1월 제정 시행 중에 있음.

주요 내용은 1) 안전: GMO 상품 생산업자가 자국 정부의 생산품 인가 획득을 위한 연구를 마쳤어도 다른 국가는 자체의 안전 테스트를 시행할 수 있음. 자체 안전 테스트를 실시한 국가는 그 결과를 고시해 다른 나라들이 열람할 수 있도록 함; 2) 라벨링: GMO 작물의 3분의 2를 재배하는 캐나다와 미국은 수출품에 GMO 작물의 '포함 여부'를 표시해야 함. 각국은 GMO 성분이 있는 생산품이 환경 및 보건에 해를 끼칠 것으로 믿을 만큼 충분한 과학적 증거가 있을 경우 수입을 거부할 수 있음(단 어느 생산품을 수입할지에 대한 일관된 규정이 있어야 하며 국내산과 외국산을 차별해서는 안 됨); 3) 책임성: GMO 생산품이 환경 피해를 유발할 경우 어느 쪽에 책임이 있는지 결정하기 위한 국제회의 구성 가능함(4년 한도).

참고 '생물안전의정서(바이오안전성 의정서)', The Caragena Protocol on Biosafety, (시사상식사전, 박문각)

양국에서 시험재배의 허용이라는 다소 완화된 정책적 접근 동인은 잠재적인 옥수수 생산량 증가와 무관하지 않다. 충분한 옥수수 생산량을 확보함으로서 식량의 수입 의존도를 낮추려는 움직임이 정책적으로 나타난 것이다. 특히 2007년 멕시코는 '또르띠야 위기(tortilla crisis)'를 경험했다. 옥수수 가루로 만들어지는 또르띠야 가격의 2배 상승은 서민 계층들을 거리로 나오게 했을 정도이다. 하지만 잘 조직화된 반 GMO 그룹들, 예를 들어 환경단체, 농민 및 원주민 공동체들이 정부의 규제완화 움직임을 방어했다(일명, 옥수수 방어 네트워크). 이 네트워크를 통해 규제완화 반대 그룹들은 정부 규제 정책 감시와 함께 멕시코 방송 미디어를 통해 GMO 농작물 논쟁의 공론화를 불러 일으켰다. 이러한 규제 정책 결정 과정은 물론 전통적으로 양국의 경우 top-down 방식의 특히 사회적 문화적 고려를 통해 이루어 졌음을 알 수 있다. 그럼에도 불구하고 GMO 농작물 경작과 생산에 대한 정부의 규제는 점차적으로 완화되어 갈 것으로 보이는데 그 이유는 파라과이의 경우 몬토산 기업이 엄청난 규모의 바이오테크롤로지 분야에 대한 개발 투자를 강화하고 있기 때문이다. 멕시코의 경우는 실질적으로 해마다 증가하고 있는 옥수수 가격 인상과 이에 대한 멕시코 정부의 대응 차원에서 점차적으로 GMO 농작물 경작 금지는 완화 혹은 폐지될 수도 있다. 물론 멕시코의 경우 NAFTA 회원국이 된 후 캐나다와 미국으로부터 GMO 옥수수를 수입하면서 점차적으로 엄격한 규제는 자유 규제 프로임으로 전환될 수 있는 여지가 크다. 수입 자유화가 규제 자유화를 견인하는 구조로 옮겨갈 수 있다는 말이다.

03 볼리비아, 에콰도르 그리고 베네수엘라: 좌파 정치 이데올로기 반영

흔히 급진 좌파 정부들로 불리는 이 3 국가의 정치적 이데올로기는 좌파 성향으로 정책 방향은 대개 민족주의적 그리고 포플리즘적 접근을 통해 사회 변화를 추구하고 있다는 공통점이 있다. 특히 에콰도르의 라파엘 코레아(R. Correa) 그리고 볼리비아의 에보 모랄레스(E. Morales)의 경우는 원주민 정치에 기반한 정책 결정 성향을 보여주고 있기도 하다. 이와 비슷하게 베네수엘라의 차베스 정부도 베네수엘라의 환경 이슈 혹은 환경 정책의 방향 설정이 그의 정치적 목표와 연계해 진행되었다. 따라서 반-GMO 정책과 규제의 강화는 이들 3 정부의 정치적 이데올로기의 유사성과 비슷하게 나타났다. 이들 중에서도 볼리비아 모랄레스 정부의 GMO 반대와 규제의 강화는 2009년 볼리비아의 헌법에 명시되었으며 볼리비아 영토 내에서 어떤 유형의 GM 농작물도 경작과 생산은 철저하게 금지한다고 명시했다. 게다가 2010년 6월에는 대통령령(decree)을 통해 5년 한시적으로 볼리비아 영토 내에서 GM 농작물을 완전히 제거하는 조치를 취했다. 이러한 강력한 금지와 규제 조치는 특히 볼리비아 여당인 사회주의운동당(MAS)의 의회에서 권력 장악과 더불어 정당 정책의 주요 이슈로 채택되었다. 특히 사회주의운동당의 경우는 원주민 공동체의 사회권 그리고 문화권을 보장하기 위한 많은 정당 이슈들을 전면에 배치하고 다양한 정책 도입을 위해 국가개입 그리고 천연가스와 석유 등 자연자원 개발로부터 발생하는 재정의 분배를 강조했다.

환경 이슈들과 관련해서 정당은 원주민 철학을 채택했으며 전통적인 농업 방식에 우호적인 정책을 도입하는가 하면 중소 규모의 영농업체들을 지원하고 개인농을 보호하는 정책들을 도입했다. 이전에 코카(COCA)재배 농부였던 에보 모랄레스 정부가 집권하면서 기존의 대농이나 지주가 선호하는 농업 정책들에 변화가 발생했으며, 특히 지방 시장을 활성화하기 위한 전략으로 소농들에게 정부 보조금을 주어 새로운 이익을 창출하게 돕기도 했다. 농업 정책에 있어 이러한 새로운 접근은 다른 국가들의 GM 농작물 생산 구조 전환과는 전혀 다른 구조로 나타났다. 이와 더불어 에보 모랄레스 대통령의 환경보호에 대한 그의 정치적 입장도 이러한 반대에 한 몫을 했다. 2008년 제7차 '유엔 원주민 문제 상임포럼(The United Nations Permanent Forum on Indigenous Issues; UNPFII)'에서 연설한 '지구와 인류 그리고 삶을 지키기 위한 10계명'[2]에서 그리고 '어머니 지구의 권리와 기후변화 관련 세계인 대회(World People's Conference on Climate Change and the Rights of Mother Earth; CMPCC로 2010년 4월 볼리비아 코차밤바에서 개최)'[3]에서 명확하게 GM 농작물의 건강에 대한 문제와 부정적인 영향에 대한 문제를 지적하면서 지속적인 강한 규제를 언급했다.

이와 마찬가지로 에콰도르의 코레아 라파엘 대통령도 GM 농작물에 대한 규제 강화 논리에서 원주민 공동체 그리고 다양한 사회 운동 세력들(특히, 반-신자유주의 수사)의 요구조건을 정치적 이데올로기 차원에서 수용하여 GMO 생산에 대한 금지를 강화했다. 특히 에콰도르를 GM 종자나 농작물 생산에 있어서 '자유지역(zone free)'으로 선언하고 강하게 규제하고 있다. 라파엘 코레아 대통령은 스스로 사회주의 운동 연합의 정치적 리더 역할을 하며 신자유주의 경제 정책에 대한 강한 반감을 가지고 있었다. 특히 코레아 정부가 구상한 신헌법 형성 과정에서 주요 참여자들인 에콰도르 농민, 원주민 그룹, 환경론자들 그리고 소비자 그룹들이 참여를 강화해 GM 농작물에 대한 규제를 결정할 정도였다. 하지만 볼리비아와 비교해 규제의 정도는 좀 더 유연했으며 몇몇은 '국가의 식량안보에 반하지 않으면' 이라는 전제로 엄격한 경작 금지에 대한 면제 조항을 두기도 했다.

2003년 4월 베네수엘라는 GMO 농작물 금지를 발표했는데 이 또한 대부분의 사회 개혁, 참여 민주주의 그리고 핵심 산업의 국유화에 기반한 '볼리바리언이즘(Bolivarianism)이라는 정치적 이데올로기가 반

2) http://pwccc.wordpress.com/support/
3) http://undesadspd.org/IndigenousPeoples.aspx

영된 선택이었다. 게다가 이 볼리바리언이즘은 식량안보 시스템을 신자유주의 경제정책 그리고 불평등 무역 규칙 및 기업의 통제에서 자유롭게 했다. 이러한 문맥에서 ’농업 바이오테크놀리지는 미국 주도의 프로젝트이고 글로벌 차원에서 지대한 영향력을 행사‘하는 분야로 베네수엘라 차베스 정부는 인식하고 있었다. 실질적으로 몬산토 사와 협상 과정에서 차베스는 비야 캄뻬시나(Box 2 참조)의 의견을 수용하여 GMOs를 금지했으며 특히 베네수엘라 국민들에게 독이 되며 다국적 대농기업에게만 이익이 돌아가는 GMOs 농작물 생산은 금지되어야 한다고 주장했다. 하지만 여전히 베네수엘라의 문제는 GMO 농작물 금지라는 정치적 결정이 실질적인 법과 정책 혹은 제

<Box 2> 비야 캄뻬시나(농부의 길, Via Campesina)

‘비야 캄뻬시나’는 1993년 설립된 일종의 국제 농민운동 조직이다. 아시아, 아프리카 그리고 라틴아메리카와 유럽을 포함해 전 세계적으로 영세농, 농업 종사자, 원주민 공동체들의 권리 보장을 위해 약 148개의 단체들이 연합해서 구축되었으며 가족농 중심의 지속가능한 농업을 지향하며 ‘식량주권(food sovereignty)’을 모토로 활동한다. 식량 주권이란 자신들의 영토내에서 식량 생산의 권리를 의미하며 이를 통해 농부들의 씨앗 방어, 농부들의 권리 회복, 농업 개혁 등을 이슈로 전 세계적인 캠페인과 연대 활동을 강화하고 있다. 전 세계적으로 2억 명이 넘는 농민 가족들을 대변하고 있다.

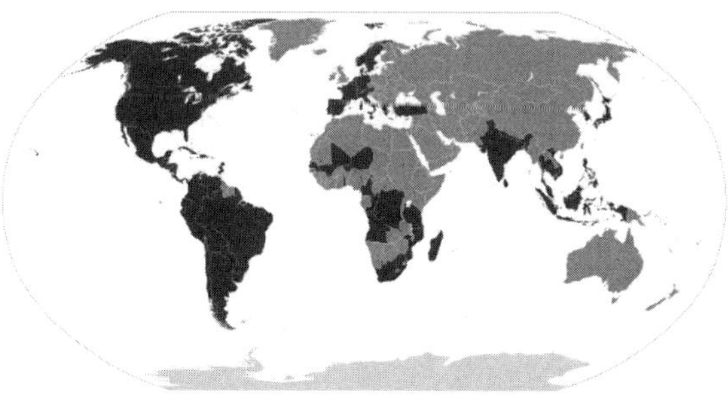

출처 http://en.wikipedia.org/wiki/Via_Campesina

도로서 뿌리를 내리지 못하는 데에 있다.

04 정당 정치 및 유럽연합과의 무역관계: 페루 사례

오랜 시기동안 페루는 GMO 농작물의 수입과 생산에 대해 다소 엄격한 자세를 취해 왔다. 하지만 2011년 페루는 지난 10년 동안의 수입과 경작에 대한 모라토리움을 공식적으로 해제했다. 물론 이러한 공식적인 정부 선언이 있기 전에 페루는 이미 많은 정치적 논쟁을 경험했으며 특히 중요 정책 결정 기관인 농업부와 환경부의 반대가 심했다. 하지만 2011년 4월 알란 가르시아(Alan Garcia) 행정부는 바이오안전 규제에 대한 서명과 더불어 GMO 농작물의 연구, 생산 그리고 무역의 자유화를 결정했다. 하지만 이 농작물에 대한 반대 의견을 가지고 있었던 페루 의회는 행정부의 이러한 정책에 대해 다시 결정 유예를 선언했다. 의회의 이러한 조치에 대해 알란 가르시아 행정부는 불만을 표시하며 이러한 유예 결정은 WTO 회원국으로서 의무와 책임을 회피하는 일이라고 의회를 비난했다. 이후 좌파 정부인 우말라(Humala) 대통령으로 이어지면서 GMO 농작물 경작 반대 그리고 정책 결정의 유예는 지속되고 있다. 우말라 정부로의 정권 변화와 더불어 GMO 농작물에 대한 유예가 지속되는 또 다른 이유는 페루의 유럽 시장 수출에서 유기농 농작물 공급 국가로서 위치를 견고히 하고자 하는 의지가 반영되어 있다. 다시 말해서 페루 정부의 유럽시장 진출 선호와 GMO 논쟁에서 상당히 민감한 유럽 소비자를 인식해 GMO 농작물의 국내 생산을 금지하고 있는 것이다.

1) 본 글은 Jale Tosun의 저서인, Environmental Policy Change in Emerging Market Democracies: Central and Eastern Europe and Latin America Compared, University of Totonto Press 2013, pp. 163-177 의 내용 일부를 번역했으며 추가적인 필요 정보들은 업데이트 되었다.

2) 이 글은 좀 더 자세히 EMERICs 중남미(2014), "라틴아메리카 유전자변형(GMOs) 농작물 규제 정책 현황과 변화 고찰"(2014-06-02)에 게재되어 있음. 웹사이트: http://www.emerics.org

환경협력과 농업협력: 대중남미 관계증진의 새로운 지평

강성주(한-중남미협회 선임 이사)

지난 주 한국외교협회에서 개최한 "국제개발전략센터(KGDC)" 실명회에 참석했다. 금년 초부터 그 활동을 시작할 예정인 동 센터는 외교통상부에 등록된 비영리 재단법인으로, 공적개발원조(ODA)사업, 공공외교활동 및 우리 기업의 해외진출 등을 지원하게 되는데 전직 외교관들과 민간 지역전문가들의 "재능 나눔" 차원에서 이 센터 문을 열게 되었다 한다. 2013년 벽두 우리 사회 곳곳에서 지역전문가들의 참여 요청이 예전과 다른 분위기로 분출되고 있다는 느낌이다. 외국어 실력을 바탕으로 지역전문 지식을 쌓아 온 지역전문가들의 세상이 조만간 우리나라에서도 본격화 될 조짐으로 이해된다. 이런 분위기를 대중남미관계에 비추어 보면 이제 환경과 농업분야 해당전문가들이 중남미지역을 전공한 지역전문가들과 함께 양 지역 관계증진의 새로운 분야 개척을 위해 그 잠재력을 십분 발휘할 수 있는 날이 오고 있다는 판단이다.

2012년 지난 한 해를 돌아보면 기후변화와 환경협력분야에서 우리나라가 지구적 차원에서 사려 깊게 추진해 가야 할 두 가지 큰 임무를 갖게 되었다는 생각이 든다. 그 첫째는 5.12-8.12간 8백만 관람객 동원이라는 성공을 이룬 후 여수세계박람회 유산사업으로 개도국들에게 약속한, 바다 환경 및 자원보호를 위한 여수프로젝트를 추진하는 것이며, 둘째 임무는 10.20 녹색기후기금(GCF, Green Climate Fund) 사무국을 인천 송도에 유치한 이후 개도국들과 함께 기후변화와 환경협력분야에서 연구수요를 창출하고 선후진국을 설득해 나갈 수 있는 사업성과를 선도해 나가는 것이다.

우리 국민 다섯 사람 중 한 명이 관람한 여수세계박람회의 주제는 살아있는 바다, 숨쉬는 연안이었다. 동 박람회는 우리 지구촌의 지속가능한 발전과 자연자원의 보전과 조화를 위해 지구생태계와 인간의 어울림을 바다를 통해 실천하자는 메시지를 전하고자 했던 매우 시의적절하고 의미심장한 국제행사였다. 신정부 출범과 함께 등장할 해양수산부와 여수시가 개도국들의 해양환경문제 해결과 해양의 지속가능한 이용을 촉구하는 사업들을 여수프로젝트를 통해 시행해 갈 것으로 본다. 그리고 중미.카리브지역 22개 소국들이 우선적인 수혜대상이 되어야 한다는 소견이다. 하지만 동 사업들은 그 준비과정에서부터 지역전문가를 포함한 국내 관련 전문가들의 실질적인 참여하에 중지를 모아 나갈 때 하나 둘 구체적인 성과를 도출할 수 있을 것으로 믿는다.

지난 해 11월 기획재정부와 대외경제정책연구원은 GCF의 성공적인 출범, 운영을 위한 포럼을 개최한 적이 있는데, 당시 포럼에 참석한 전문가들은 GCF의 목적이 기후변화와 온실감축 뿐만 아니라 빈곤퇴치까지 포함하고 있다는 점을 강조했었다. 그리고 2-3년 후 가시화될 재원조달을 위해서는 양보다는 초기 기금조성의 동력 마련을 위한 선도적 효과 창출 노력이 필요하고, 바로 우리 한국이 선진국과 개도국 사이에서 이러한 역할을 해야 한다는 주장이 기조를 이루었던 것으로 기억된다. 당시 나는 단순한 일반 청중으로 포럼에 참석하고 있었지만 GCF사무국 유치가 우리 기후변화.환경전문가들과 지역연구전문가들이 함께 일할 것을 강하게 요구하고 있다는 것을 충분히 느낄 수 있었다.

이러한 지역전문가들의 적극적인 역할 분담 요구는 대중남미 농업협력 분야에서도 최근 체감되는 변화라 할 수 있다. 벌써 오래 전의 일이지만 1990년 말까지만 해도 일부 주한 중남미국 대사들이 우리나라 농수산부 장·차관 면담을 신청해 놓은 후 수개월 동안 기다리다가 지쳐 외교부를 찾아와 하소연하던 때가 있었다. 본국정부의 훈령을 받은 주한대사는 농산수산물 수입 개방 담당부처의 고위층을 어떻게든 접촉해야 뭐라고 보고서를 쓸 수 있는데 그 면담 자체가 성사가 안되니 고충이 컸던 것이었다. 1990년 초반에는 이런 일도 있었다. 일부 중남미국가에서는 과일 수출 길을 트기 위한 첫 단계로 우리 검역전문가들을 자국에 초청해 자신들의 검역시스템을 보여주고자 했었는데, 우리 정부에서는 아예 이들의 방문초청장 접수 자체를 거부하던 적이 있었다. 지금은 일반 동네 슈퍼에서도 손쉽게 살 수 있는 중남미산 과일들의 수입개방과 관련된 일화이다. 우리가 국내 농산물 시장을 개방하고 우리 기업농의 해외진출도 본격적으로 검토해야 한다는 생각을 하게 된 시점은 2000년대 들어서 칠레와 최초의 FTA체결 타진을 놓고 줄다리기를 시작하던 때부터가 아닌가 생각한다.

지난 해 가을 우리나라 한 중견기업으로부터 조건만 괜찮다면 중남미지역에 수만 헥타르 면적의 땅을 구입해 기업농 투자를 하고 싶

으니 알아봐 달라는 부탁을 받은 적이 있다. 수 년 전부터 동북아지역에 농업투자를 하고 있는 기업이었다. 이미 우리나라가 중남미 몇몇 나라들과 FTA를 체결했고 다양한 중남미지역 농수산물이 국내에 수입되고 있는 등, 상황이 예전과는 많이 다를 것이라는 정도는 나도 짐작하고 있었다. 하지만 우리 농정당국은 여전히 마지못해 해외농산물 수입을 허용하고 있을 것이고 기업농의 해외진출 또한 아직은 일본과 같은 남의 나라 얘기일 것이라고 막연히 생각하고 있던 나에게 이와 같은 우리 기업농의 해외진출 프로젝트 추진 제안은 정말 놀라운 사건이었다. 지난 30여년 동안 한·중남미관계 발전의 흐름을 지켜봐 온 사람으로서 농업분야 협력이 양 지역간 새로운 지평으로 떠오르고 있음을 실감하는 순간이었다.

얼마 전부터인가 주한중미-카리브지역국가 대사들은 기회 있을 때마다 자신들이 관심을 갖고 있는 농업협력분야를 국내 개최 세미나 같은 행사에서 다뤄주기를 희망하곤 했었다. 때마침 한·중미-카리브경제인협회와 한국외국어대학교 중남미연구소도 2013년 출범할 신정부를 앞두고 양 지역간 관계증진을 보다 창조적이고 미래 지향적인 분야에서 모색해 보자는 생각을 갖고 있었다. 드디어 양 단체는 새로운 시도를 해보자는 공감대 속에서 지난 해 11.23 "중미·카리브경제포럼"을 개최하였다. 물론 한국국제교류재단의 지원과 주한 SICA 회원국대사관의 협조가 있었다. 당시 포럼 참석자들은 환경문제에 대해서 다소 시급성을 느끼지 않고 있는 중미·카리브국가들의 인식문제를 껴안으면서, 세계 10대기후변화 취약국 중 4개국(온두라스, 니카라과, 도미니카공화국, 아이티)이 위치하고 있으며 우리의 GCF사무국 유치와 글로벌녹색성장기구(GGGI)의 국제기구화 노력 지원에 적극 앞장섰던 동 지역국가들과의 기후변화·환경협력 추진의 중요성에 인식을 같이했고 농업협력이 향후 양지역간 관계발전의 새로운 분야로 떠오를 수 있다는 데 공감하였다. 특히 후자를 위한 후속조치 일환으로 지난 해 말 상기 포럼에 참석했던 관계전문가들이 다시 회동하여 가칭 "한·중남미농업협력포럼"을 구성하여 운영하자는 논의까지 진척시킨 것은 주목할 만한 일임이 틀림없다.

중남미국가 사람들과 오랜 기간 일을 하다보면 "되는 일도 없고 안 되는 일도 없다"라는 생각이 들 때가 있다. 상대편과 몇 번이나 다짐해 두었던 약속이 다음 날 아침 확인해 보면 사정이 변경되어 있는가 하면, 추진하던 일이 실패한 것으로 체념하고 있는데 갑자기 성사되었다는 연락을 받기도 한다. 그래서 당혹스러울 때가 있다. "오늘날 중남미국가들은 서양과 그 밖의 다른 지역간의 경계에 다소 모호하게 서 있으며 이들의 언어, 종교, 물질문화, 정치적 가치의 측면들에서 볼 때 압도적으로 서양적이다"라는 어느 학자의 신단(존 찰스 채스턴, 2008, 아메리카노: 라틴아메리카의 독립투쟁, 박구병외 번역, p.311) 처럼 일시에 파악하고 감 잡기 어려운 다른 문화권의 경계에 있는 이들 중남미국들과의 협력을 추진하는 일이야 말로 진정한 전문가의 참여가 요구된다 할 것이다. 특히 우리와 같이 중남미지역과 지리적으로 원거리에 있는 동북아문명권에 속한 나라의 경우 지역전문가들의 참여는 무슨 협력사업을 추진하든지 선택사항이 아닌 필수 조건으로 받아들여져야 한다는 생각이다.

우리나라가 상당수 중남미국들과 수교한지도 반세기가 지났다. 이제 양 지역간 관계발전도 지구촌석 협력 추세에 맞추이 기후변화. 환경분야와 함께 농업분야에서 새로운 협력관계를 구축하는 노력이 전개되었으면 한다. 그리고 이들 분야에서 해당 전문가들과 중남미지역 전문가들 간에 진정한 만남과 융합이 이루어졌으면 하는 바램이다. 한국외국어대학과 한국해양기술원이 지난 해 12월 교류협력 양해각서(MOU)를 체결했다는 소식을 들었다. 축하할 일이다. 중남미연구소 녹색융합센터전문가들과 한국해양기술원 전문가들이 환경. 해양 전문지식과 지역연구지식을 접목하여 큰일을 해 내 주었으면 한다. 아울러 한국외국어대학교 중남미연구소가 농업전문가들을 초빙하여 농업협력분야에서도 한-중남미관계 발전의 새로운 지평을 여는데 큰 역할을 해주기를 기대하고 싶다.

국제개발협력의 패러다임 변화와 라틴아메리카

손혜현(한국외국어대학교 중남미연구소 초빙연구원)

국제개발협력(Internacional Cooperation for Development)이라는 개념은 개발도상국의 빈곤퇴치와 경제, 사회개발을 지원하는 공공, 민간부문의 금융, 인적, 기술 자원의 교환 혹은 이동을 포함한 개발을 실천하기 위한 모든 활동을 포괄하는 국제사회의 광범위한 협력을 의미한다.

그러나 개발이라는 용어는 다양한 해석이 가능한 모호한 개념이다. 활동영역 혹은 개발을 바라보는 관섬에 따라 그 의미와 느낌이 달라진다. 게다가 경제적, 지속가능한, 지역의, 농촌의, 내발적, 인적 등 개발협력을 수식하는 다양한 형용사가 개념의 모호성에 일조한다. 따라서 ICD에 대한 단일한 하나의 개념정의 그리고 영구적인 개념 정의를 내리기란 불가능하다. 반대로 이 개념은 세계적인 추세, 국제사회의 우선적 관심사, 사회·정치·경제적 환경 그리고 무엇보다도 개발을 무엇으로 간주하고 있는지에 대한 생각의 차이에 따라서 달라진다.

최근 세계적으로 개발도상국과 같은 중간소득 국가를 대상으로 이루어졌던 전통적인 "원조"가 감소하고 "협력"이 증가하는 추세에 있다. 개발협력의 전통적 행위자인 국가를 기준으로 할 때 미국, 일본, 유럽 등 기존의 전통적 공여국에 더하여 중국, 아랍산유국, 인도와 브라질 등 OECD DAC 비회원국들과 소규모 북유럽국가들이 신흥 공여국으로 부상하면서 국제원조체제는 큰 변화를 겪고 있다. 전통적인 공여국들과 달리 신흥공여국들의 원조비중이 증가하면서 남-남차원의 개발협력(South-South Development Cooperation)은 새로운 협력형태로 주목받고 있고, 주요 선진공여국과 국제기구가 개도국간 협력에 직·간접적으로 참여하는 삼각협력방식의 원조형태도 점차 확대되고 있다. 그동안 국제사회는 선진국과 개도국 간의 격차를 해소하기 위한 목적으로 남-북 협력을 적극적으로 활용해 왔다. 그러나 불평등한 수직적 파트너십과 개발효과에 대한 문제가 제기되면서 보다 수평적이고, 합의와 형평성에 기초하며 비용효과성은 물론 개발효과성이 높은 남-남협력이 남북협력의 한계를 보완할 수 있는 새로운 개발협력의 모델로 주목을 받고 있다.

이러한 측면에서 볼 때 세계 중간소득 국가의 32%를 차지하고 있는 라틴아메리카 지역은 국제개발원조 패러다임의 변화라는 측면에서 중요한 의미를 갖는다. 2000년부터 현재까지 라틴아메리카의 공적개발원조(ODA)는 꾸준히 감소해 왔다. 이에 따라 역내 국제개발협력 기관들은 국제개발협력무대에서 라틴아메리카의 변화된 새로운 역할에 대한 현황과 과제를 평가하고 정책제안을 모색하고 있다.

우리나라의 경우 2010년 OECD내 DAC에 가입한 신흥공여국으로서 우리나라의 국제적 위상과 역할에 걸맞은 개발 파트너십 강화를 모색하면서 우리 경제의 돌파구로서 새로운 성장기회를 제공하게 될 협력기반 구축을 모색하고 있다. 따라서 남-남협력은 주요한 협력방식으로 제시될 수 있으며 특히 라틴아메리카 국가들은 중요한 협력대상이 될 수 있다.

<그림 1> 개발도상국 국가들에 대한 세계 공적개발원조에서 라틴아메리카 국가들의 차이하는 비율(2000-2011)

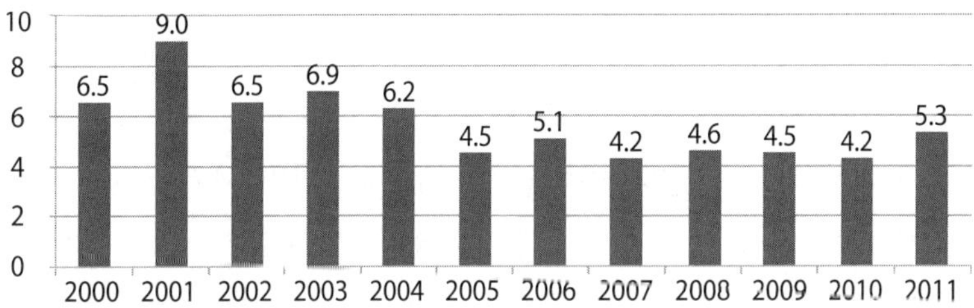

출처: Xalma, Cristina, 2013

<그림 2> 라틴아메리카 개발원조 수원국 순위

		2006	2007	2008	3-year average	% of all recipients
1	Colombia	1005	723	972	900	11%
2	Nicaragua	735	840	741	772	10%
3	Haiti	580	702	912	731	9%
4	Bolivia	843	477	628	649	8%
5	Honduras	590	464	564	540	7%
6	Guatemala	484	454	536	492	6%
7	Peru	463	260	466	396	5%
8	Brazil	113	321	460	298	4%
9	Ecuador	188	217	231	212	3%
10	Mexico	270	113	149	177	2%
	other recipients	2035	2382	3603	2674	34%
	Total ODA recipoents	**7308**	**6954**	**9262**	**7841**	**100%**

출처: OECD

<그림 3> 남-남협력의 프로젝트와 활동(2007-2010)

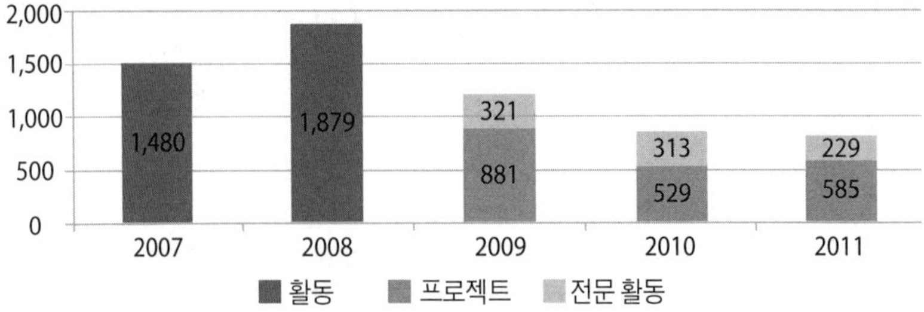

출처: Xalma, Cristina, 2013

라틴아메리카 지역의 남-남협력은 활동(Action)중심에서 프로젝트 중심으로 변화하고 있다. 2010년에는 남-남협력의 약 62.8%가 그리고 2011년에는 약 72%가 프로젝트를 통한 협력이었다. 한편 역내 모든 국가들이 남-남협력에 적극적으로 참여하고 있지만, 국가들의 참여정도와 역할에 있어서는 차이가 있다. 아르헨티나, 브라질, 칠레 그리고 멕시코는 프로젝트의 공여국으로서 참여하고 있고, 파라과이와 안데스 국가들과 중미국가들은 프로젝트의 수원국으로 참여하고 있다.

라틴아메리카 국가들의 프로젝트를 통한 남-남협력의 영역은 구체적으로 사회발전(교육, 보건, 상하수도시설, 주거, 사회정책), 경제발전(인프라

<그림 4> 영역에 따른 남-남협력의 프로젝트와 활동(2011)

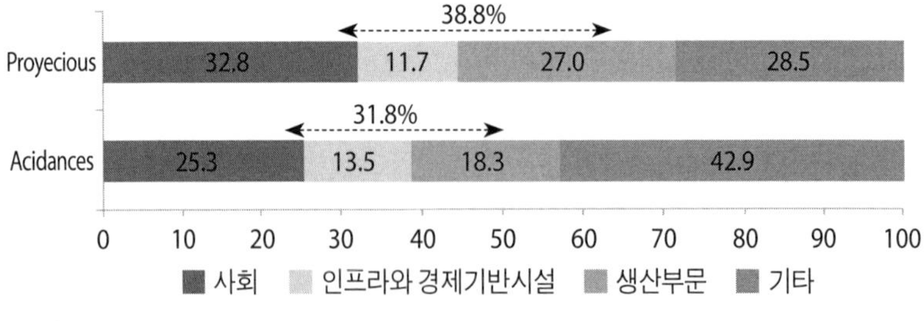

출처: Xalma, Cristina, 2013

건설과 경제발전을 위한 기반시설 즉 에너지, 수자원, 첨단과학기술 협력, 중소기업지원), 그리고 자원개발과 농업, 수산업과 관련된 생산부문, 환경과, 자연재해방지와 관련되어 있다.

라틴아메리카 남-남협력의 특징은 양자간 협력과 더불어 삼각협력(선진국-신흥국-개도국)이 매우 빠르게 증가하고 있다는 점이다. 삼각협력은 전통공여국 또는 국제기구가 남남협력에 참여하여 삼자간 공동으로 협력하는 전통적인 선진국-개도국 모델과 남-남협력 모델을 보완하는 새로운 형태의 개발협력모델이다. 삼각협력은 신흥공여국의 인적 자원 또는 수원국과 유사한 환경에서의 발전 경험 등을 수원국 또는 지역 전체의 발전을 위해 사용할 수 있다는 장점과 전통공여국은 신흥공여국과 협력하여 수원국에 접근성을 높여 원조·개발 효과성을 높일 수 있다는 장점이 있어 그 중요성이 확대되고 있다. 2010년에 이루어진 삼각협력 프로젝트와 활동은 각각 42개와 41개에 불과했으나 2011년 에는 각각 74개와 72개로 증가하였다. 현재 삼각협력은 전 세계 국제개발협력의 10%를 차지하고 있으며, 앞으로도 그 중요성은 계속 확대될 것으로 전문가들은 전망하고 있다.

라틴아메리카 내 기술적 역량을 이전하는 일차적 공여국가로는 양자간 협력과 마찬가지로 아르헨티나, 브라질, 칠레 그리고 멕시코이며, 금융적 지원을 하는 2차적 공여국가로는 일본, 독일, 스페인 미국이 있다. 그리고 수원국들로는 파라과이와 안데스국가들 그리고 중미국가들이다. 따라서 삼각협력의 구도는 선진공여국 또는 국제기구가 풍부한 자금력과 기술력을 기반으로 해당 지원분야에 대한 자금과 기술협력을 주도적으로 제공하고 지역, 문화적, 개발정도의 경험이 유사한 신흥국이 참여하여 개도국의 문제를 해결하는 방식으로 이루어진다.

예를 들어 일본은 브라질과의 파트너쉽을 통해 포르투갈어를 사용하는 아프리카개도국과의 남-남협력을 추진하고 있고, 스페인과 독일은 멕시코, 칠레, 브라질, 아르헨티나와 함께 볼리비아, 아이티, 파라과이 등을 지원한다(대외경제정책연구원, 2012; 162), 구체적인 사례로 독일이 1995년 멕시코에 전수한 환경관리 및 고체폐기물 처리기술이 성공을 이루자, 2003년 양국은 에콰도르에 이 성공적 경험을 전수하였다. 이 프로젝트는 이후 과테말라, 엘살바도르, 에콰도르, 도미니카 공화국의 지방단체들이 참여하여 고체폐기물 방지 및 통합관리에 관한 지식공유 네트워크인 'GIRESOL' 구축으로 이어졌다. 또한 멕시코의 개발경험을 토대로 한 일본-멕시코-엘살바도르간 지진에 대비한 주택건설 삼각협력과 칠레의 개발경험을 토대로 한 독일-칠레-

<그림 5> 라틴아메리카 삼각협력 참여 현황

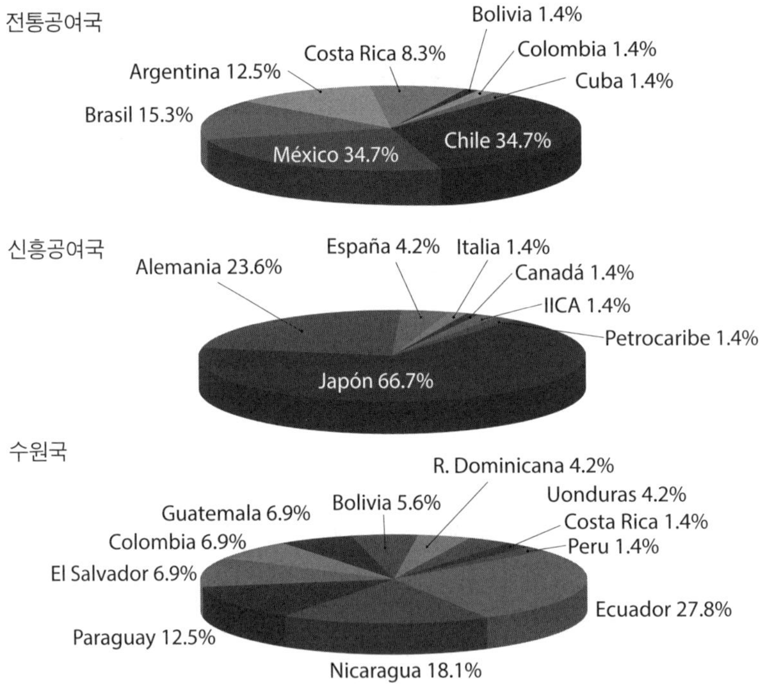

출처: CIDEAL, 2012; 46

파라과이 사회임대주택정책 삼각협력은 삼각협력을 통해 시너지 효과를 창출한 좋은 사례로 지적되고 있다(대외경제정책연구원, 2012; 189).

UN의 예산지원을 받아 역내 남남 협력에 관한 사항을 결정하고 주요 정책을 수립하는 역할을 하는 중남미카리브 경제위원회(UNECLAC)의 주요사업을 살펴보면 거시경제 정책과 성장 관련 프로젝트가 전체 프로젝트의 23%, 공공행정 16%, 사회통합과 형평성 11%, 그 외 생산과 혁신, 지속가능한 발전, 자연자원과 인프라 등의 프로그램이 운영되고 있다(대외경제정책연구원, 2012; 165)

중남미지역에 가장 많은 개발 원조를 하고 있는 독일과 스페인 등의 유럽 국가들은 환경보호와 기후변화대응을 가장 우선적인 협력분야로 선정하고 있다. 이들은 주로 자연자원보호(열대우림보호와 생물다양성 보호)와 지속가능한 에너지촉진(재생에너지/에너지효율성)과 관련된 협력 사업에 많은 지원을 할 것이라고 밝혔다. 그리고 식수와 하수시설에 대한 투자와 지원도 중요한 협력 사업에 포함시키고 있다. 협력의 효율성을 극대화하기 위해 선진공여국과 개도국간의 가교역할을 할 수 있는 멕시코, 칠레, 브라질, 아르헨티나와 같은 역내 신흥공여국들과의 삼각협력을 강화할 것으로 보인다.

라틴아메리카지역 국가들에게 있어서 공여국으로서의 한국은 아직까지 매우 생소한 존재이다. 그러나 라틴아메리카 지역은 특히 기후변화, 생물다양성, 자원, 재생에너지 등의 분야에서 전략적으로 매우 중요한 협력대상이다. 짧은 기간에 원조국가에서 공여국가로 전환한 한국의 경험에 대해 라틴아메리카 국가들은 큰 관심을 가지고 있다. 남-남협력과 북-남-남 삼각협력에 대한 관심이 큰 라틴아메리카 지역과의 파트너십 구축은 한국이 국제사회에서 경제적 지위에 맞는 역할을 수행하고 새로운 성장을 위한 돌파구를 마련하는 데 중요한 역할을 할 것이다.

참고문헌

유정환, 2012. 국제개발협력의 어제와 오늘: 라틴아메리카를 중심으로, 『한국의 개발협력』, 한국수출입은행.

이승주, 2012. 21세기 세계질서 변화와 개발협력, 『한국의 개발협력』, 한국수출입은행.

정지원·권 율·박수경·이수경. 2012. 『국제사회의 남남협력 현황과 우리의 추진방안. KIEP 연구보고서 1-17. 대외경제정책연구원.

Alonso, José Antonio, Pablo Aguirre, Guillermo Santander. 2011. La cooperación Triangular Española en América Latina: Un análisis de dos experiencias de interés, Fundación Carolina, Documento de Trabajo.

Galán, Manuel Gómez. 2011. Reflexiones prácticas sobre cooperación triangular, CIDEAL. N°51.

Xalma, Cristina. 2013. El renovado auge de la Cooperación Sur-Sur: La experiencia iberoamericana, @Revista, N°36, Enero-Junio.

중국과 라틴아메리카의 관계: 지속가능한 발전을 위한 기회인가 도전인가?

손혜현(한국외국어대학교 중남미연구소 초빙연구원)

최근 몇 년 동안 라틴아메리카는 많이 달라졌다. 반복적인 경제위기, 독재정치체제 그리고 악정의 상징이었던 이 지역은 최근 경제위기에서 상대적으로 별 문제 없이 살아남았고, 점차 자신감을 키워가고 있을 뿐만 아니라 전통적인 역내 헤게모니 세력인 미국의 종속으로부터 벗어나고 있다. 또한 오늘날 라틴아메리카지역은 브라질, 멕시코 칠레와 같은 역내 강대국의 능상으로 국세징치에서 뿐만 아니라 세계경제에서의 중요한 행위자로서 뚜렷한 입지와 명망을 얻고 있다. 무역과 정치파트너의 다변화로 미국의 정치 그리고 경제적 이익으로부터 탈피하면서 이제 더 이상 어느 누구의 "뒷마당"이 아니게 되었다. 라틴아메리카가 선진국들이 필요로 하는 광물과 같은 주요 원자재의 주된 공급자로서의 역할을 유지하는 한 전 세계 투자자들에게 있어서는 수익성이 좋은 안정적인 시장이 될 것이다. 중국이 라틴아메리카에 관심을 갖는 것도 이러한 이유에서이다.

이와 동시에 최근 20년간 중국의 입지와 명성 또한 많이 달라졌다. 정치 그리고 경제적인 맥락에서 라틴아메리카 지역 국가들에게 아시아 더욱 구체적으로 중국은 지금까지 미지의 영역이었다. 그러나 중국을 바라보는 시각에 많은 변화가 생겼다. 단순히 전 세계 인구의 22%라는 방대한 인구규모 때문이 아니라 농업중심의 경제적 후진국에서 산업중심의 경제대국으로 일약 성장한 경제성장의 사례가 정치적으로 취약하고 경제성장을 갈망하는 많은 개도국들에게 교훈이 되고 있기 때문이다. 그럼에도 불구하고, 최근 라틴아메리카에서 중요한 경제세력으로서 급부상하고 있는 중국에 대한 많은 학자들, 전문가들, 그리고 정책결정자들의 시각은 곱지만은 않다. 한편에서는 중국을 천연자원을 찾아 세계를 샅샅이 뒤지고 다니는 새로운 제국주의 세력으로 바라보면서, 라틴아메리카의 발전을 위협하는 세력으로 묘사하는가 하면, 다른 한편에서는 실용적이고, 비정통주의적인 중국의 발전전략을 칭송하면서, 중국을 발전도상국의 성공적인 모델로 묘사하고 있다. 비록 중국을 바라보는 시각에는 차이가 있을지언정, 두 관점 모두 중국의 영향력이 라틴아메리카의 발전에 막강한 영향을 미치고 있다는 것에 대해서는 이견이 없다. 그렇다면, 과연 중국은 라틴아메리카의 지속가능한 발전에 기회인가 아니면 위협인가?

현재 중국은 라틴아메리카에서는 미국 다음으로 큰 무역파트너이다. 중국정부는 국내 희소한 식량과 에너지 자원으로 인한 외부적 취약성을 극복하고, 자국의 산업발전을 위해 라틴아메리카로부터 원자재(원유, 철광석, 콩 그리고 구리)를 수입하고, 자국에서 생산한 완제품을 라틴아메리카 시장에 수출하고 있다. 또한 중국 기업들은 에너지와 광물을 장기적으로 확보하기 위해 라틴아메리카의 광산과 원유부문에 대한 투자를 확대하고 있다. 세계은행(WB)과 미주개발은행(IDB)에 따르면 2009년과 2011년 사이 중국은 브라질과 아르헨티나에 각 각 100억 달러, 베네수엘라에 240억 달러, 에콰도르에 47억 달러를 빌려줌으로써 라틴아메리카 국가들에게는 가장 큰 채권국가가 되었다. 이 같은 막대한 차관의 진정한 목적은 유리한 조건으로 천연자원의 장기 공급계약을 안정적으로 체결하고, 중국 제조품의 수입을 지원하는 데 있다. 그러나 이와 같은 중국과 라틴아메리카와의 관계는 승자와 패자를 낳았다. 원자재를 수출하는 라틴아메리카 국가들은 단기적으로 중국의 원자재 수요로 이익을 보았으나, 제조품을 생산하는 국가들은 값싼 중국 상품과의 경쟁에서 심각한 손실을 입었다. 이와 더불어 중국의 라틴아메리카 천연자원 개발 산업(extractive industries)에 대한 제한된 직접투자는 역내 사회적 그리고 환경적 살등을 악화시켰다.

천연자원 수출이 초기에는 역내 무역수지에 이익이 되었으나, 장기적으로는 역내 빈곤을 부추기는 원인이 되고 있다. 1990년부터 2008년까지 라틴아메리카와 중국과의 무역은 64배 성장하였고, 보다 구체적으로 수출은(멕시코제외) 36배 그리고 수입은 127배 증가하였다. 그러나 중국과 라틴아메리카와의 무역수지를 나타낸 도표에서 볼 수 있듯이 두 지역 간의 무역은 비대칭적 관계를 특징으로 하여 발전하였다. 중국의 입장에서 라틴아메리카는 중국경제의 만족할 줄 모르는 원자재수요의 안정적인 공급처인 동시에 매력적인 완제품 시장이기도 하다. 라틴아메리카지역의 정치인들과 기업인들은 지속가능한 경제발전과 장기적인 발전 그리고 빈곤율 감소를 위해 인권 또는 노동 그리고 환경기준과 같은 비영리적인 책임을 무역협정과 연계하여 중국에 부과하려 하고 있다. 라틴아메리카의 기업과 정치세력들은 두 지역간의 교역에 있어서 양립성을 강조하고 있다. 특히, 원자재와 완제품의 교환으로 특징지어지는 주변-주변부간의 전통적인 교역양식으로 경제적 후진성을 면치 못했던 라틴아메리카 국가들로서는 중국의 부상이 미국과 유럽을 대체하여 전통적인 무역패턴을 반복케하고 세계시장에서 라틴아메리카 제조품의 경쟁력을 약화시켜 장기적인 경제성장의 가능성을 약화시키고 있다고 우려하고 있다.

<그림 1> 중국과의 수출, 수입 그리고 무역수지(백만달러)

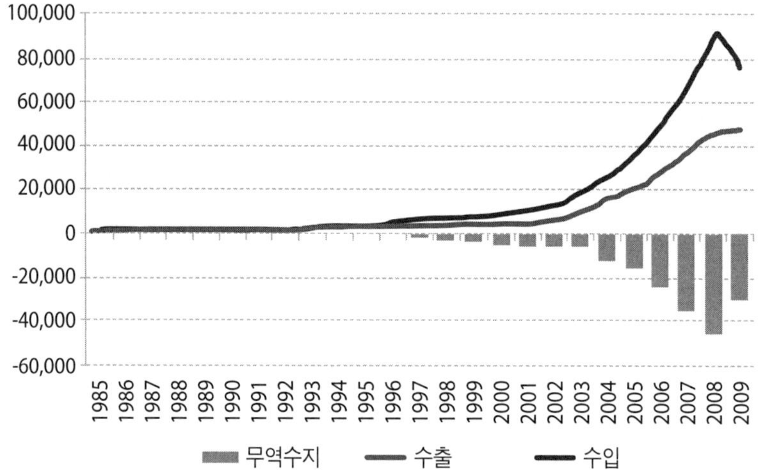

출처: Alicia Bárcena&Osvaldo Rosales. 2010. La República Popular China y América Latina y el Caribe: hacia una relación estratégica. CEPAL.

중국과 라틴아메리카와의 교역은 비교적 일찍인 1570년대 페루와 멕시코가 중국으로부터 도자기와 실크를 수입하면서 시작되었다. 이후 2차 세계대전 이후 마오쩌뚱의 혁명사상과 중국식 공산주의가 수출되었고, 미국에 대항하는 쿠바와는 공조체제를 형성하기도 하였으며, 소련과 쿠바식이 아닌 중국식 공산주의 사상을 채택하는 라틴아메리카 내 여러 게릴라집단들을 정치적으로 그리고 재정적으로 지원하기도 하였으나 1980-1990년대 두 지역의 관계는 완전히 소원해졌다. 중국의 영향력은 완전히 사라졌다. 그러나 2000년대 이후 상황은 달라졌다. 2000년대 라틴아메리카지역에 좌파물결이 휘몰아치면서 중국의 비정통적(경제에서의 실용주의와 국가개입주장) 경제모델은 워싱턴 컨센서스를 대체할 수 있는 대안적 사례로 역내 좌파지도자들의 관심을 끌었다. 그러나 중국의 경제적 기적은 급속한 도시화, 실업과 사회적 불평등의 증가, 사회적 저항의 증가, 심각한 환경훼손이라는 문제들로 반박되었다. 특히 라틴아메리카 국가들이 중국의 경험에서 얻을 수 있는 중요한 교훈은 무엇보다도 "우선 성장하고 나중에 치우자"는 접근방법이 아닌 환경보호를 고려한 경제계획의 중요성이라 할 수 있다. 현재 중국은 심각한 환경위기를 겪고 있다. 수질오염, 물부족, 사막화, 공기오염, 산림황폐화, 생물다양성 손실, 쓰레기증가, 토양오염, 경작지오염 등의 환경문제가 중국 경제발전에 심각한 비용부담이 되고 있으며, 시민들의 건강 또한 위협받고 있다.

중국의 라틴아메리카 원자재에 대한 수요의 증가는 역내 환경파괴 문제의 중요한 원인이 되고 있다. 최근 중국은 아프리카보다도 라틴아메리카의 자원에 더 많은 관심을 보이고 있다. 라틴아메리카의 원자재 부문과 수송 인프라 부문은 중국 해외직접투자가 가장 많이 집중되고 있는 부문이다. 국제자본시장 접근이 용이하지 않은 베네수엘라나 에콰도르와 같은 역내 국가들의 경우 막대한 규모의 중국자본유치는 매력적이지 않을 수 없다. 2010년 중국의 해외직접투자액은 유럽의 600억 달러, 미국의 250억 달러에 이어 세 번째인 100억 달러에 달했으며, 주로 브라질, 페루, 베네수엘라 그리고 에콰도르의 에너지와 광물부문에 집중되고 있다. 그러나 중국자본은 자국에서와 마찬가지로 사회적 그리고 환경적 영향은 전혀 고려하지 않고 있다.

농산물 수출 중심의 산업구조를 가진 개도국의 경우 일반적으로 유전적 다양성의 파괴, 과도한 농약의 사용, 농약으로 인한 호수, 강 그리고 지하수 오염, 인간 건강의 유독 살충제 노출, 산림파괴 등의 문제를 갖고 있다. 광물과 원유 채굴은 가장 심각하게 오염을 유발하는 경제부문이며, 지역공동체와 원주민 공동체와의 갈등을 빚을 뿐만 아니라 유독성이 강한 쓰레기를 배출한다. 따라서 라틴아메리카 정부의 효율적인 환경관리가 부재한 현 상황에서 중국과의 교역증가는 환경파괴를 더욱 가속화시킬 수밖에 없는 실정인 것이다.

1987년 유엔의 세계환경개발위원회 보고서의 개념정의에 따르면 '지속가능한 발전이란 미래 세대의 필요를 만족시키는 능력의 손실 없이, 현세대의 필요를 만족시키는 개발' 이라고 정의하고 있다. 이러한 맥락에서 장기적인 측면에서 볼 때 라틴아메리카의 지속가능한 발전에 가장 큰 위협은 자원 집중적이고, 비용을 고려하지 않은 성장 우선의 경제모델이라고 볼 수 있다. 일부 학자들이 주장하는 바와 같이 중국은 세계자연자원의 소비를 억제하자는 국제환경협약을 무시하고 약소국가의 자원을 개발하기 위해 자연자원을 찾아 전 세계를 샅샅이 뒤지고 있다. 그리고 중국은 선진국 내 엄격한 환경기준 때문에 퇴출된 오염산업을 자국에 유치하여 지속불가능할 정도로 자연자원을 소비하기 때문에 최근 가장 큰 환경이슈인 기후변화문제의 주범이 되고 있다. 기후변화는 환경문제임과 동시에 개도국과 약소국에게는 경제적·사회적 웰빙을 달성하고 빈곤을 경감시켜야 하기 때문에 개발문제이기도 하다.

중국과 라틴아메리카 간의 경제관계의 증가로 취할 수 있는 이점 중 하나는 경제발전, 환경보호 그리고 빈곤완화를 포함하는 지속가능한 발전의 틀 내에서 무역과 환경에 대한 Southern agenda를 구축하는 것이라고 할 수 있다. 이와 같은 의제 형성을 통해 선진국 중심의 논의구조를 개도국의 실정에 맞게 재조정할 수도 있을 것이다. 에너지는 지속가능한 발전의 핵심적인 주제이다. 중국의 경우 재생에너지 분야의 선두주자이다. 중국은 세계에서 가장 선진적인 풍력발전용 터빈과 태양전지판생산기술을 가지고 있다. 중국의 자본과 혁신기술이 라틴아메리카에 투자된다면, 라틴아메리카는 녹색경제로 한 걸음 더 전진할 수 있을 것이다. 그러나 안타깝게도 아직까지 중국의 투자는 상당히 제한된 부분에만 집중되고 있는 실정이다.

중국정부로서는 현재의 경제발전모델을 지속시키기 위해 천연자원이 절실히 필요하고, 동시에 생산된 완제품을 팔기위한 시장도 필요하다. 이러한 측면에서 천연자원의 보고이자 넓은 시장을 가진 라틴아메리카야 말로 가장 매력적인 교역파트너가 아닐 수 없다. 그러나 오랜 수탈의 역사를 경험한 바 있는 라틴아메리카에서는 중국과의 교역이 증가할수록 중국과의 불균형한 교역관계에 대한 우려의 목소리가 커지고 있다. 무역파트너의 다변화로 역내 전통적인 패권세력인 미국과 유럽과의 종속관계로부터 탈피할 수 있는 계기를 마련하였으나, 전통적인 무역패턴과 산업관계로부터 벗어나지 못함으로써 결과적으로 또 다른 종속관계를 초래하였다. 따라서 지속가능한 발전을 이루고자 하는 라틴아메리카지역 지도자들은 주로 1차 산업에 집중된 중국투자가 기술 확산과 녹색산업 그리고 재생에너지와 같은 산업으로 다변화 되어야 한다고 주장하고 있다.

중국과의 교역에 있어서 라틴아메리카 지역은 제 2의 아프리카가 되지 않고자 한다. 아프리카의 경우 중국 투자는 새로운 인프라 구축 프로젝트와 천연자원생산이 결합되어 있다는 특징이 있다. 중국정부가 중국 건설 회사를 선택하여 저리로 돈을 빌려주고, 중국노동자들을 현지로 파견하여 작업을 수행하는 방식으로 이루어진다. 그러나 라틴아메리카에서는 외국회사에게 전적으로 투자운영을 맡기지 않기 때문에 이러한 투자모델이 적용되지 않는다. 따라서 중국정부는 현지정부를 로비하여 중국회사와 역내회사가 공동투자하는 방식으로 장기적으로 원자재를 확보하는 전략을 쓰고 있다. 예를 들어 세계 최대 규모의 구리광산업체인 칠레의 국영광산회사인 Coldeco의 경우 중국의 Minmetals와 20억 달러에 달하는 계약을 체결하고, 초기에 50-50 조인트 벤처 형태로 Minmetals가 5억 5천만 달러를 투자하였다. 이를 통해 중국은 장기적인 구리공급계약을 체결할 수 있었다.

경제성장을 이루어야 하는 라틴아메리카지역 정부로서는 중국기업과 같은 거대한 투자자를 잃는 위험을 감수하지 않을 것이며 또한 동시에 지속가능한 발전을 위해 환경문제 또한 소홀히 하지도 않을 것이다. 중국과의 불균등한 교역관계가 심화될수록 기존모델에 대한 비판과 견제는 심화될 것이며, 라틴아메리카정부는 환경과 삶의 질을 고려한 비무역장벽을 강화하게 될 것이다. 따라서 환경의 한계를 고려하면서 삶의 질을 향상시키기 위한 대안적인 경제모델을 추구하게 될 것이며, 그 답은 녹색경제에 있다고 할 수 있다.

참고문헌

Bárcena, Alicia and Osvaldo Rosales. 2010. La República Popular China y América Latina y el Caribe: hacia una relación estratégica. CEPAL.

Gonzalez, Carmen G.. 2012. "China's engagement with Latin America: partnership or punder?", Natural Resources and theGreen Economy: Redefinng the Challenges or People, Statesand Corporations, Elena Blanco and Jona Razzaque, eds., Martinus Nijhoff Publishers, Nov. 2012; Seattle University School of Law Research Paper No. 12-19.

Nacht, Pablo Alejandro, 2013. "El dragón en America' Latina: las relaciones económico-comerciales y los riesgos para la región", Revista de Ciencias Sociales. N° 45, Sep. Quito, pp. 141-154.

Watts, Jonathan. 2013. "China's exploitation of Latin American natural resources raises concern", 검색일: 2013/4/10

http://www.guardian.co.uk/world/2013/mar/26/china-latin-america-resources-concern

한-중남미 녹색성장 협력 증진을 위한 중남미 그린카라반

이창원(외교부 중남미협력과 서기관)

갈수록 심각해지고 있는 자원고갈, 물 부족, 생태계 파괴 등 범지구적 환경위기에 효과적으로 대응하면서도 지속가능한 발전을 이루기 위해서는 친환경 산업 주도 경제로의 전환이 필수적인 상황이다. 이와 관련 우리나라는 지난 2008년 8월 "저탄소 녹색성장"을 국가발전 비전으로 선포하고, 화석연료 중심의 양적 성장 패러다임에서 탈피하여 경제와 환경이 조화를 이루는 친환경 경제로의 전환의지를 천명한 바 있다. 이를 위해 우리 정부는 '09~'13년까지 5년간 GDP의 2%에 해당하는 약 107조의 예산을 투입하여 신재생 에너지 개발, 친환경산업 육성, 온실가스 및 탄소 배출 감소 등의 정책을 적극 시행중에 있다.

"저탄소 녹색성장"의 대표적 정책이라 할 수 있는 그린에너지 및 물

산업 관련 정책을 조금 더 세부적으로 살펴보자. 우리 정부는 2008년 9월 수립된 신재생에너지 중심의 「그린에너지 산업 발전전략」에 따라 신재생에너지 분야 예산을 대폭 확대하여 '08~'10년간 2조원을 투입하였고, 이러한 성장 정책을 바탕으로 신재생에너지 비중을 '07년 2.4%에서 '30년까지 11%로 확대하기 위해 노력하고 있다. 또한 2010년 10월 물산업 핵심기술 개발 및 전문 물기업 육성 등을 주요내용으로 하는 「물 산업 육성전략」을 수립하고, 기후변화로 인한 홍수와 가뭄의 반복, 인구증가, 산업화와 도시화 등으로 인해 갈수록 심각해지고 있는 수질 오염 및 물 부족 현상을 타개하기 위한 방안을 마련중이다. 물은 대체재가 없을뿐더러 산업화가 고도화될 수록 물 부족 현상이 가속화될 것이라는 예측이 많아 물 산업의 중요성 또한 계속 커지고 있다. 이러한 추세를 반영하듯, 유명 해외 저널인 Fortune紙는 20세기가 석유산업(Black Gold)의 시대였다면 21세기는 블루 골드(Blue Gold)라고 불리는 '물' 산업의 시대가 될 것이라고 예측한 바 있다.

사실 우리나라는 70년대 이후 급속한 경제개발 과정을 거치며 다양한 환경오염 문제를 경험하였고, 이에 따라 사전 예방적 환경정책이 강화되며 대기, 수질, 폐기물 등 분야에서 다양한 친환경 정책들을 추진해왔다. 이러한 과정을 통해 우리 정부 및 기업들은 환경기술과 환경산업 분야에서 선진국에 버금가는 높은 기술 및 많은 노하우를 보유하게 되었고, 2000년대 이후에는 이를 바탕으로 환경산업의 해외진출을 적극 추진하고 있다. 일례로, '04년 7천억 원 규모였던 우리 환경산업의 해외수출 규모는 '09년 2조 5천억 원으로 단기간에 3배 이상 급성장하며, 환경산업은 우리나라의 유망 신성장 동력 산업으로 부상하고 있다.

하지만 중남미는 아직 환경산업의 불모지이다. 중남미 국가들은

2000년대 이후 연평균 6%대의 경제 성장을 지속하며 아시아에 이은 제2의 신흥 시장으로 주목을 받고 있다. 중남미 여러 국가들은 급속한 경제성장의 부작용으로 환경오염 문제가 날로 심각해지자 선진 환경기술 도입의 필요성을 느끼고 있으나, 재원 부족 및 녹색성장에 대한 개념정립 조차 제대로 되어 있지 않은 상황이다. 당연히 우리 기업의 현지 진출 또한 현재로서는 전망이 밝지 않다. 전세계 환경시장 규모를 비교해 보면 이러한 상황은 더욱 명확해 진다. '10년 기준 7,960억 달러로 추산되는 전세계 환경시장에서 중남미가 차지하는 비중은 3% 남짓으로, 전세계의 10% 이상을 차지하는 중남미 경제 규모와 비교해 보았을 때 매우 초라한 수치이다. 하지만 역설적으로 중남미는 기회의 땅이기도 하다. 향후 10년간 지역별 환경산업 시장의 성장 전망을 살펴보면 중남미는 아시아, 중동과 너불어 매넌 9% 이상의 고성장이 예상되는 지역이기 때문이다.

외교부는 이러한 상황을 최대한 활용하여 한-중남미 녹색성장 협력 증진 방안 마련 및 우리 기업의 중남미 진출을 지원코자 2011년과 2012년 2년 연속 환경부와 공동으로 <중남미 경제협력 그린카라반> 민관 합동 대표단을 중남미에 파견하였다. 2011년에는 이만의 전 환경부 장관을 단장으로 하여 브라질(상파울루), 칠레, 트리니다드토바고에, 2012년에는 윤종수 환경부 차관을 단장으로 브라질(상파울루), 콜롬비아, 페루에 각각 40여명으로 구성된 대규모 대표단을 파견하여 한-중남미간 환경산업 협력의 토대를 구축하는 계기를 미련하였다. 대상 국가 선정시 환경산업 시장 규모(브라질은 중남미 전체 환경산업의 절반가량을 차지) 및 시장 매력도와 진출 적합도가 높은 국가(칠레, 콜롬비아, 페루)를 우선 고려하였다.

2011년 대표단은 첫 방문임을 감안하여, 현지 고위급 인사와의 면담을 통해 우리의 녹색성장 정책을 소개하고, 컨퍼런스 개최를 통해 우리 기업 및 기술을 현지에 소개하는 것에 초첨을 맞추었다. 주요 성과로는 브라질 상파울루 주정부 수자원 차관, 칠레 환경부 장관, 칠레 수자원관리청장 등 주요인사 면담, 한국환경공단-Tiete시 / 한국환경공단-브라질폐기물협회 / 에너지관리공단-칠레 신재생에너지센터 협력 MOU 체결, 국별 녹색성장 관련 컨퍼런스 개최 등이 있다.

이에 반해 2012년 대표단 방문 시에는 고위급 인사간 면담 및 포럼 개최와 더불어 우리측 참석기업과 현지 기업간 1:1 비즈니스 미팅 개최를 통한 실질 성과 도출에 중점을 두고 행사를 진행하였다. 주요 성과로는 콜롬비아 보고타 시장 및 페루 주택건설위생부 장관 등 고위급 인사 면담, 한-콜롬비아 상하수도 협력 MOU 및 수도권매립지관리공사-페루 환경부간 폐기물 관련 의향서(AOI) 체결, 국별 협력 포럼 개최 등이 있다. 특히 브라질에서는 국제환경산업 박람회(FIMAI) 참석을 계기로 우리기업과 현지 주요 기업과의 면담(61회)을 주선하였고 페루와 콜롬비아에서는 현지 KOTRA 무역관의 협조를 받아 1:1 비즈니스 미팅(각 28건, 37건)을 실시하여 우리 기업의 현지 진출을 지

원하였다. 참여기업들은 중남미 주요 시장 접근을 위한 핵심 정보 및 유망 협력 파트너 모색에 큰 도움이 되었다며 동 행사에 높은 만족감을 나타내었다. 이와 더불어, 방문국별로 환경산업 관련 주요 현장을 시찰함으로써 우리 기업들에게 중남미라는 새로운 시장을 탐색할 수 있는 기회를 제공하였다. 2012 카라반 파견 시에는, 중남미 여러 국가에서 환경개선 마스터플랜 사업을 진행하며 우리의 앞선 환경산업 기술을 전파하는 데 큰 공헌을 하고 있는 환경부 산하 한국환경산업기술원에서 기업 모집에서부터 현지 행사 진행에 이르기까지 많은 도움을 주었다.

최근 중남미에서는 한류 열풍이 거세다. 지난해 11월 카라반 대표단의 페루 방문시에도, 유사한 시기에 개최된 우리나라의 아이돌 그룹 "빅뱅" 콘서트에서 좋은 자리를 차지하기 위해 며칠째 길거리 노숙을 하고 있는 많은 현지 젊은이들을 목격할 수 있었다. 이러한 문화 한류의 바람이 이제는 녹색성장 한류의 바람으로 이어져 중남미에 많은 우리 환경산업 기업들이 진출할 수 있기를 기대한다. 녹색성장의 경우 지속가능한 성장 구조를 근간으로 하기 때문에 중남미에 여전히 팽배해 있는 선진국의 현지 진출에 대한 반발 심리를 현저히 줄일 수 있을 뿐만 아니라, 실제로도 한국 기업과 중남미 국가들간 윈윈하는 협력 구조 마련에 크게 도움을 줄 수 있을 것으로 예상된다. 마지막으로 2011년과 2012년 중남미 경제협력 그린카라반 준비를 위해 수고해주신 모든 분들에게 다시 한번 감사의 말씀을 드리며, 중남미 진출을 위해 노력하고 있는 우리 기업 관계자 분들의 건승을 기원한다.

미국의 대중남미 마약전쟁과 환경문제

김경춘(대한민국 육군 교육사령부 교환교관)

미국의 대중남미 정책의 출발점은 1823년에 Monroe 대통령이 발표한 먼로주의(Monroe Doctrine)로서 요점은 ① 미국은 유럽문제에 불개입 ② 미국은 현존하는 중남미 식민지 문제에 불개입 ③ 미국은 중남미 국가의 추가적인 식민지화 불허용 ④ 유럽이 중남미 문제에 개입 시 적으로 간주하여 조치 등이다. 이러한 먼로주의를 기반으로 한 미국의 대중남미 정책의 기본목표는 첫째, 미주지역에서 제 3국의 영향력을 배제시키고, 둘째, 중남미를 미국의 수출시장 및 원자재 공급원으로 간주하여 자국의 독점적인 이익증진과 보호에 주력하며, 셋째, 중남미 국가의 정치적 안정과 지역안보 유지를 통한 두 번째 목표의 달성이다.

이러한 정책목표 달성을 위해 미국은 다양한 수단을 사용하여 왔는데, 첫째, 군대 파견을 통한 직접 무력개입은 주로 중미 및 카리브 지역 국가에 사용하였다. 둘째, 비밀공작을 통한 적대적 정부 전복 지원은 1961년 쿠바 피그만 침공사건과 칠레의 아옌데 사회주의 정권 붕괴 지원 작전을 예로 들 수 있다. 셋째, 불법정부 미승인 및 유엔 안보리 결의에 따른 미군 개입은 1991년 아이티 쿠데타 정권의 민간정부로 복귀가 있으며, 넷째, 각종 원조 제공 및 무역규제 정책으로 중남미 국가의 좌경화 방지와 마약소탕을 위해 경제적·군사적 원조를 제공하고 있다.

미국의 대중남미 정책의 변화로서 냉전체제가 무너진 시점에 취임한 클린턴 대통령은 대 중남미 관심사항을 종래의 정치·안보문제에서 벗어나 마약 밀거래, 불법 이민, 환경 오염, 경제 통상문제로 돌렸다. 이는 미국이 과거처럼 중남미 국가에 대해 무력개입을 포함한 적극적인 개입정책보다는 경제협력 및 IMF를 통한 영향력을 행사할 것으로 전망되나, 마약 문제 등이 위협적인 수준으로 가시화 될 경우 무력개입의 가능성도 여전히 있다 하겠다. 2012년 2월 발표된 미 의회보고서(Congressional Research Service)에 의하면 미국의 대중남미 정책 우선순위는 ① 경제·사회적 발전기회 제공 ② 미국 국민의 안전보장 ③ 효과적인 민주정부 강화 ④ 미래 청정에너지 보장 등이다.

중남미를 담당하고 있는 미 지역전투사령부는 남부사령부(U.S. Southern Command)로서 플로리다 주 마이에미에 위치하고 있으며 1963년에 창설되었다. 남부사령부의 임무는 책임지역 내에서 모든 형태의 합동 및 연합 군사작전을 통하여 지역국가들과 안보협력을 강화함으로서 미국의 국가안보 목표달성을 지원하는 것이며, 우선순위는 ① 관타나모 기지 구금자 작전 ② 초국가적인 대조직범죄 작전 ③ 재해·재난 등 우발상황 대응 ④ 책임지역 우방국가의 능력 개발 지원 등이다. 남부사령부의 편성은 육군사령부(텍사스 주, San Antonio),

해군사령부(플로리다 주, Mayport), 공군사령부(애리조나 주, Tucson), 해병대사령부(플로리다 주, Miami), 특수전사령부(플로리다 주, Homestead), 합동유관기관 특임부대(플로리다 주, Keywest), 합동구금 특임부대(쿠바, Guantanamo), Bravo 특임부대(온두라스, Soto Cano), 안보협력사무소 25개로 구성되어 있다.

미 남부사령부 본부에는 미 15개 연방기관으로부터 파견된 34명의 대표자가 업무를 수행하고 있는 등 유관기관 간 협력활동이 원활하게 진행되고 있다. 육군사령부는 2013년에 새로 조직된 과테말라 유관기관 특임부대와 연합훈련을 실시하였는데, 상기기관은 과테말라 육군·경찰·세관·법무부 등에서 242명으로 구성되었고, 훈련내용은 전술차량 운행, 기본 전술, 시스템에 무기인증, Harris Radio 사용법, 군수, 인명구조, 전투의무, 군중통제 등에 중점을 두었다. 해군사령부(4함대)는 MARTILLO 작전에서 6척의 구축함과 고속경비정, 4대의 고정익 순찰항공기, 2개의 과학조사 분대 등이 투입되어 연합유관기관 특임부대 통제 하에 초국가적 조직범죄 대응을 실시하였다. 연합유관기관 특임부대는 MARTILLO 작전에 대한 철저한 지휘통제를 통해 현재까지 272톤의 코카인 파괴, 1,070만 달러의 자금 압수, 198척의 배와 항공기를 획득하는 성과를 올렸다. MARTILLO 작전은 미 남부사령부의 연합유관기관 특임부대가 주관하는 군사작전으로, 미국·유럽·중남미 국가가 연합하여 중미 해협을 따라 연안으로 불법 밀수거래를 하는 루트를 격멸하는 목적으로 2012년 1월 15일에 시작되었다. 벨리스, 캐나다, 콜롬비아, 코스타리카, 엘살바도르, 프랑스, 과테말라, 온두라스, 네덜란드, 니카라과, 파나마, 스페인, 영국, 미국, 칠레 등 15개 국가가 참여하고 있는데, 2013년에 131톤의 코카인 파괴, 3만 2천 파운드의 마리화나 파괴, 4천 그램의 헤로인 파괴, 295명의 범죄자 체포 등의 성과를 올렸다.

그러나 마약밀매가 환경에 미치는 악영향을 분석한 'Illegal Drugs, A Global Crisis'에 의하면 미국의 마약전쟁의 입지는 더욱 좁아지고 있다. 전 UNODC(UN Office on Drugs and Crime)의 상임의장인 Antonio Maria Costa는 "유럽에서 코로 흡입하는 코카인이 안데스 국가의 원시삼림을 파괴하고 있다"라고 말하였다. 코카인 생산은 라틴 아메리카에 심각한 환경피해를 유발하고 있는데, 특히 아마존 우림지역의 근원지인 아마존 유역이 큰 피해를 입고 있다. 아마존 우림지역은 10억 에이커 크기로 브라질, 베네수엘라, 콜롬비아와 에콰도르 및 페루의 안데스 동쪽지역에 위치하고 있는데, 지구의 가장 위대한 자연자원 중 하나로 고려되고 있다. 지구의 허파로 명명되고 있는데, 그 이유는 아마존의 수목이 계속해서 탄소를 산소로 재생산하면서 지구 산소의 20%를 생산하기 때문이다. 거의 천만종의 동식물과 곤충이 서식하고 있는 아마존 우림지역은 지구의 가장 위대한 다양성을 보여주고 있는데, 코카나무 또한 여기에서 재배되면서 처참한 파급효과를 나타내고 있다.

미국 마약수사국은 1990년 이래 남미 안데스 지역에서 2억 4천만 에이커의 우림지역이 코카나무 재배업자들에 의해 파괴되었다고 추산한다. 1그램의 코카인을 생산하기 위해 대략 300그램의 마른 코카잎이 필요한데, 6~7그루의 나무가 필요하다. 2.5에이커의 코카나무 경작지를 만들기 위해 10에이커의 우림지대가 개간되거나 불태워지는데, 코카나무 경작지뿐만 아니라 목초지와 농경지, 집 건축과 심지어 활주로 건설을 위해 숲을 파괴하며, 그 결과로 대기오염, 수천종의 동식물의 서식지 파괴, 토양 유실과 같은 문제가 발생한다. 과학자이자 생물다양성 분야 전문가인 Edward. O. Wilson 박사는 5만종의 동식물이 매년 벌목으로 아마존 우림지역에서 죽어가고 있다고 추산한다. 코카나무 재배업자는 모래와 진흙이 섞인 경사진 경작지를 좋아

하는데 이는 배수가 잘되기 때문이며, 이로 인해 잦은 코카 잎 추수는 경사지에서 토양 침식을 일으킨다. 코카나무 경작은 또한 토양의 비옥성을 파괴하는데, 볼리비아 지역의 버려진 코카나무 경작지의 비옥성에 대한 연구에 의하면, 낮은 수준의 유기물질과 질소, 인산, 영양요소가 발견되었으며, 높은 수준의 산성과 유독물질이 발견되었다. 이는 많은 식물의 성장을 방해하는데, 낮은 수준의 유기물질은 토양의 수분함유량을 줄이고 낮은 수준의 영양요소는 식물의 발육을 더디게 한다.

토양 상태	천연 숲	버려진 코카경작지
pH(수소이온 지수)	4.8	4.1
용해성 양이온	2.05	1.1
칼슘(100g당 mg)	2.1	0.08
칼륨(100g당 mg)	1.69	0.6
마그네슘(100g당 mg)	0.22	0.03
나트륨(100g당 mg)	6.8	1.3
인산(ppm)	4.6	7.4
산성(100g당 mg)	3.6	4.9
유기물(%)	6.7	2.4

코카인 제조는 또한 수많은 해로운 화학물질을 배출하는데, 27종의 화학물질이 코카인 덩이리를 생산하는 데 사용된다. 코카 잎을 이러한 화학물질에 적신 후에 찌꺼기는 강과 하천에 버려진다. 페루정부의 마약퇴치 및 환경보호 전문가인 Luis Batallanos는 마약 밀매업자들은 환경보호에 대한 관심이 전혀 없다고 강조한다. 페루의 코카인 제조업자는 매년 다음과 같은 양의 폐기물을 Huallaga 강 상류 계곡에 버리고 있다; 1천 5백만 갤런의 석유, 8백만 갤런의 황산, 160

만 갤런의 아세톤, 160만 갤런의 용해 톨루엔, 1만 6천톤의 석회, 3천 2백톤의 탄화물. 미국 마약수사국은 1kg의 코카인 덩어리를 만들기 위해 3리터의 황산, 10kg의 석회, 80리터의 석유, 200g의 칼륨 과망간산염, 1리터의 암모니아가 필요하다고 판단한다. 대략 1만 4천 8백톤의 화학물질 찌꺼기가 매년 코카인 생산의 부산물로 아마존 강 유역에 폐기되고 있다.

역설적으로 마약을 근절하려는 많은 노력이 오히려 환경을 파괴하고 있다. 항공살포는 의심작물에 농약 살포 비행기를 사용하여 제초제를 살포하는 것인데, 무분별한 제초제 살포는 코카나무 뿐만 아니라 주변의 모든 삼림을 파괴하고 있다. 제초제 살포는 또한 코카나무 재배자와 마약 밀매업자를 원래의 위치에서 몰아내어 더 깊은 정글 속이나 국립공원 속으로 들어가서 새로운 코카나무 재배지를 경작하게 함으로서 장소를 적발하기가 더욱 어려워졌다. 그러한 지역의 많은 보호구역이 코카인 생산과 연관된 불법 정착자 때문에 오염되고 있으며, 또한 무장세력들은 보호구역을 보존하려는 정부의 노력을 방해하고 있다. 세계 코카인 생산의 대부분이 라틴 아메리카에 집중되어 있기 때문에, 계속되는 코카인 생산으로 인한 환경파괴의 결과로 지구상 모든 사람이 피해를 입게 될 것이다.

결론적으로 레이건 정부 시절부터 마약단속을 군사문제로 취급해 '마약전쟁'이라고 하면서 중남미 국가의 군대와 경찰을 강화해 마약조직과 싸우게 해 온 미국의 정책은 상당한 어려움에 봉착하였으며 중남미 환경문제에 악영향을 미치고 있는 것으로 보인다. 2012년 4월 15일 콜롬비아에서 개최된 6차 미주정상회의는 중남미 국가 정상 대부분이 미국의 '마약전쟁'의 실패를 선언한 회의로서 획기적인 자리가 되었는데, 과테말라의 모리나 대통령은 "마약을 범죄로 취급하는 것을 그만두고 술과 담배처럼 규제책과 중독치료를 중요시하는 정책으로 전환하는 편이 마약밀매의 가격을 하락시켜 마약조직을 약화시키는 효과가 있다"는 주장으로 관련국의 폭넓은 지지를 받았다. 또한 중남미에서 좌파정권의 득세와 경제적인 측면에서 미국 의존도가 낮아진 점도 '마약전쟁'을 어렵게 하고 있는데, 중남미 많은 국가가 신흥시장으로 성장하고 있고, 브라질을 중심으로 한 지역통합 노력도 진행 중이다. 마지막으로 미 정부의 심각한 예산감축이 정부기관과 남부사령부의 해상 및 공중자산의 능력을 저하시킴으로서 마약의 탐지·감시·차단작전을 어렵게 하고 있다. 2013년에 남부사령부 연합유관기관 특임부대는 자산부족으로 74%의 불법 밀거래 사건에 관여하지 못했는데, 이 비율은 미 정부자산의 가용성이 줄어듬에 따라서 상대적으로 늘어날 것이다. 마약전쟁이 중남미 환경에 미치는 악영향, 중남미 지역에서 미국의 영향 감소, 미 정부의 마약전쟁 예산감소 등으로 인해 미국은 정책변화 등 중대한 기로에 서 있다고 할 수 있다.

참고문헌

1) 미 남부사령부 홈페이지(http://www.southcom.mil/ourmissions

2) CRS Report for Congress(Latin America and the Caribbean: U.S. Policy and Key Issues for Congress in 2012)

3) 중남미의 마약문제와 국가안보(국방대학원 석사학위 논문, 2004년, 박호서)

4) Illegal Drugs, A Global Crisis(May, 2011). Produced for U.S. Special Ops Command.

5) 6차 미주정상회의 관련 가디언 보도자료(http://www.theguardian.com/commentisfree /2012/apr/18/cartagena-war-on-drugs)

환경의 주인, 주체는 과연 누구인가

최명호(부산외국어대학교 중남미지역원 HK연구교수)

2010년 4월 20일 미국 루이지애나 주 멕시코 만에서 세계 2위의 내형석유회사 브리티시 페트롤리엄(British Petroleum Company, 이하 BP)의 딥워터 호라이즌 석유 시추 시설이 폭발해 수억 갤런의 원유가 바다로 흘러들어갔다. 바다 속에서 석유가 유출된 것도 처음 있었던 일이고 그것을 해결하는 것도 처음 있었던 일이다.[1] 며칠 동안 원유는 계속 빙출되었고 결국 석유 중화제를 직접 유정에 집어넣는 사상 초유의 해결책으로 일단 원유 유출은 막을 수 있었다. 하지만 중화제로 인해 앞으로 어떤 결과가 있을지는 아무도 몰랐으며 2015년 현재도 정

1) 배문규, 멕시코만 원유 유출 사고 2주년…해양 생태계 파괴 심각, 경향신문, 2012년 4월 20일자, http://media.daum.net/foreign/others/newsview?newsid=20120420172414975

확히 안다고 할 수는 없다. 2012년 4월 20일 AP통신은 사고 해역에서 잡은 어류 사진을 AP통신이 공개했다. 촬영된 사진 속 물고기들은 석유나 기타 오염물질 관련 질병으로 추정되는 병변이나 감염을 가지고 있었다.[2] 석유회사 BP는 루이지애나 주 어민과 업체들이 제기한 집단 손해배상에 대해 약 78억 달러(약 8조9000억 원)를 배상하기로 합의했다.[3] 하지만 기나긴 소송 끝에 BP는 징벌금 40억 달러를 포함해 45억 달러(4조8천915억 원) 정도의 벌금을 내기로 미국 당국과 합의했다고 한다.[4] 처음 합의 금액의 약 57% 정도의 금액만을 합의금으로 지불하겠다는 것이다. 물론 회사의 입장에서 벌금은 줄일수록 좋은 것이다. 하지만 멕시코 만 원유 유출 사건은 시사하는 바가 적지 않다.

보통 5대양 6대주라고 한다. 큰 바다가 다섯이고 대륙이 여섯이라는 것이다. 하지만 세계지도에 바다는 나누어져있지 않다. 그저 사람들이 그렇게 부르는 것이다. 지역에 따라 염분이나 기타 성분이 약간씩 다르기는 하지만 바다는 하나다. 물론 지구에 바다가 없다고 가정하면 대륙도 하나다. 바다가 있는 현실을 인정한다 해도 대륙은 크게 유라시아와 아프리카를 포괄하는 대륙 하나와 아메리카 대륙 하나 이렇게 두 개이며 호주를 큰 섬으로 볼 것인가 대륙으로 볼 것인가에 따라 세 개가 될 수도 있다. 또한 바다는 매년 해류에 따라 움직이며 대륙 또한 미세하지만 매년 변하고 있다고 한다. 어찌 보면 대륙이나 바다도 살아있다고 할 수 있다. 어느 한 곳의 문제는 현실적으로 전세계적인 문제이며 벌금 등의 돈으로 해결될 문제는 분명히 아닌 것

2) 배문규, *op.,cit.*

3) 배문규, *op.,cit.*

4) 연합뉴스 2012년 11월 16일, http://media.daum.net/foreign/others/newsview?newsid=20121116114223742

이다. 전 인류는 환경에 예외 없이 영향을 받고 또한 주기도 한다.

물론 그렇다고 BP의 사회적 책임이 전 세계적인 수준에서 논의되어야 한다는 것을 말하기 위해 이 글을 쓰는 것은 아니다. 멕시코 만의 원유 유출은 그 규모와 그 영향을 가늠하기 어렵기 때문에 중요하긴 하지만 그것은 사고였고 고의적인 것은 아니었다. 이 사고를 통해 어떻게 비슷한 문제를 해결하고 예방할 것인지에 관한 매뉴얼을 갖추는 것이 무엇보다 중요할 것이다. 또한 이 문제는 우리에게도 아주 익숙한 것이다. 2007년 태안에서 대규모 석유 유출이 있었고 2011년 일본의 대규모 쓰나미 이후 원전 유출 사고는 석유 혹은 기타 오염물질 중에서 그 위험함을 가늠하기 어려운 방사능 유출이라는 새로운 문제를 우리에게 던져주고 있다. 방사능 유출이 그저 대기 중으로만 영향을 미치는 것이 아니라 바다를 통해 영향을 미칠 수 있다는 것은 거대한 태평양을 비롯하여 지역적으로 가까운 동해 또한 직접적 영향권이라고 할 수 있다. 물론 조금 관점을 넓게 보면 아시아의 대부분의 지역을 비롯하여 아메리카 대륙의 서부지역이 모두 영향권이 되며 결국 전 세계가 그 영향권에 있다고 할 수 있다. 환경의 문제에서 예외인 국가나 사람은 없다고 할 수 있다.

하지만 현실적으로 바다는 국가의 소유 혹은 국가의 관리 아래에 있다고 할 수 있다. 각 국가들은 자신들의 영토 안에 있는 영해를 관리할 수 있으나 공해상을 비롯하여 대양은 구체적으로 누구의 책임 아래에 있다고 하기 어렵다. 영향은 전 지구적이나 책임이 지엽적이라는 것은 아무 모순적인 상황이다. 멕시코 만의 경우 첨부된 지도처럼 해류는 북쪽으로 이동함으로 카리브 해와 멕시코와 인접한 멕시코 만의 경우 그 영향이 강하지 않을 것이라 짐작할 수 있다. 하지만 어류에게는 국경이 없으며, 어류에 따라 다르나 해류를 거스르는 어류 또한 존재하는 것이 사실이다. 멕시코의 경우 베라꾸르즈를 비롯하여 깐꾼 인접 지역에서 해산물을 주식으로 하는 것은 일상적인 일이다. 루이지애나 인접 바다에서 오염된 어류가 관찰된다고 할 때 멕시코 인접 지역에서 그 영향이 없다고 단언하기는 어렵다. 또한 어류만이 아니라 어패류로 관점을 확장해보면 이동성이 덜한 조개류 등의 경우는 그 영향이 더 클 수밖에 없을 것이다. 이 모든 것은 먹을거리로 사람들이 먹을 수 있는 것이다. 물론 이렇게만 보면 그 지역의 사람들에게만 직접적으로 영향을 미치는 것이 아닌가 하는 생각을 할 수도 있다. 하지만 국내에 멕시코 꽃게, 오징어, 새우 등이 대량으로 수입되고 있으며 앞으로 냉동 생선 등을 비롯한 먹을거리들이 수입될 가능성은 여전히 높다. 과연 이런 먹을거리들에 잠재적 위험이 없다고 단언하기는 쉽지 않을 것이다. 또한 먹을거리만의 문제가 아니다. 이 지역에서 해수욕을 즐기는 사람들에게 직접적인 위험을 없을 것이라 단언하기는 쉽지 않다. 거의 모든 종류의 위협에 전 인류가 노출되어 있다고 할 수 있다. 태안의 문제, 일본의 원자로 문제를 생각해보면 이 문제는 전 인류적이고 총체적인 문제이다.

결론적으로 멕시코 만 원유유출 사고는 일국의 정부가 혹은 한 회사가 책임질 문제는 아니며 또한 단기간의 벌금 형식으로 해결될 문제가 아니다. 더 많은 이윤을 올리기 위해 초국적 자본과 다국적 기업이 필요한 것과 마찬가지로 환경문제에 대한 다국적 시각이 필요하다. 이 다국적 시각에 많은 국가들이 공감한다면 환경문제 해결을 위한 조금 더 적극적이며 초국적인 국제적 연대가 필요하며 직접적이며 구체적인 문제와 더불어 잠재적인 문제까지 고려하는 국제적 단체가 필요하다. 그리고 이 필요성에 각 국가 정부와 시민단체만이 아니라 전 인류적인 공감이 필요한 시기이다. 오늘 오징어덮밥을 먹고 이 글을 읽었다면 그 느낌은 사뭇 다를 것이다. 물론 그렇다고 수입산 먹을거리를 삼가자는 결론을 내리려는 것이 아니다. 이 문제는 전 지구적인 문제이며 그러므로 전 인류적인 시각에서 해결해나가야 한다는 말을 하려는 것이다. 바람도 바다도 국경이 없다. 중국에서 발생한 황사와 미세먼지는 현재 우리의 호흡기에 직접적인 영향을 미치고 있다. 그러므로 중국의 황사는 그 발생 지역이 중국일 뿐 이 문제 해결에는 남북한을 비롯하여 대만, 일본 그리고 중국이 적극적으로 나서서 해결할 문제이다. 문제는 문제로 존재하기 위한 것이 아니라 해결하기 위해 존재하는 것이다. 환경의 문제는 이제 전 인류에 예외 없이 적용되는 것이다. 그러므로 그 해결 또한 전 지구적으로 되어야 할 것이다. 태안 석유 유출 사고를 해결하기 위해 우리 국민이 보여준 헌신적인 모습이 그저 국내의 문제에만 발현될 것이 아니라 전 지구적으로 확대된다면 태안의 사고는 사고로 남는 것이 아니라 미래를 위한 어떤 가능성을 알려주는 좋은 예가 될 것이다.

다국적기업의 광산채굴 프로젝트를 둘러싼 환경 분쟁: 페루의 갈등사례

차경미 (부산외국어대학교 중남미지역원 HK 연구교수)

1970년대 경제중심의 발전전략에 대한 경험은 1990년대 이후 환경과 경제 그리고 사회를 통합적으로 고려한 지속가능한 발전전략을 추구하는 계기가 되었다. 그러나 산업화와 도시화가 심화되는 현대사회에서 국가 및 기업에 의한 산업시설건설과 가동에 따르는 환경오염은 집단분쟁을 야기했으며 이것은 사회적 갈등의 주요 요인으로 작용하고 있다. 환경오염 피해는 한 지역 혹은 한 국가만의 문제로 국한되는 것이 아니라 광역화되고 있다. 그리고 그 피해는 잠복기를 거친 후 시간이 경과함에 따라 표면화되기 때문에 후세에 까지 영향을 미친다는 특징을 가지고 있다. 그러므로 환경피해가 발생하거나 발생 할 우려가 있는 지역의 분쟁은 단순한 손해의 증명이나 배상액의 산정 등에 국한되지 않는다.

라틴아메리카지역의 경우 신자유주의 경제정책의 도입으로 1990년대 중반 국영기업의 민영화가 가속화되었다. 그리고 FTA 체결을 계기로 라틴아메리카 지역의 자원채굴 프로젝트를 중심으로 한 다국적기업의 진출은 활발해졌다. 이러한 과정에서 지역공동체의 수질과 토양오염으로 인한 환경피해사례가 급증하였고, 환경오염을 둘러싼 국가와 기업 그리고 지역공동체와의 갈등이 사회적 갈등의 핵심 이슈가 되었다.

광산개발프로젝트가 진행되는 과정 속에서 시민단체는 연합조직을 구성하여 무차별 채굴산업을 반대하는 활동을 전개했다. 그리고 환경피해 해당 국가는 피해사례를 토대로 주민의 건강과 환경문제의 심각성을 인식하여 다국적기업의 자원채굴 프로젝트를 제한했다. 이러한 상황 아래 최근 원자재 가격이 상승하였고 이를 계기로 라틴아메리카에 진출한 다국적기업의 투자자 국가소송제(ISD)이용이 급증했다.

투자자 국가소송제도 ISD는 1994년 북미자유무역협정 NAFTA 체결을 계기로 도입된 제도로서, 다국적기업은 이윤추구 활동에 방해가 되면 FTA를 체결한 국가를 상대로 손해배상을 청구할 수 있는 제도이다. 특히 환경규제를 둘러싼 분쟁이 발생할 경우 개인이나 기업이 국가를 상대로 분쟁제소를 할 수 있게 된 것이다.

2011년 국제투자분쟁해결센터(ICSID)에서 해결중인 천연자원 관련 중재재판은 137건에 달한다. 이들 중 58%가 라틴아메리카지역을 대상으로 발생했으며, 라틴아메리카와 유사한 천연자원 보유국인 아프리카는 19%, 동유럽 12% 그리고 중앙아시아에서는 9%의 사건만이 발생했다. 이러한 사실에서 확인할 수 있듯이 ISD 피해 대부분이 라틴아메리카지역에 집중되어 있으며 이로 인한 라틴아메리카지역 국가들의 경제적 부담은 날로 가중되고 있다.

공식 통계에 따르면 최근 10년 동안 라틴아메리카지역에서 발생한 환경 분쟁 중에서도 광산개발프로젝트와 관련된 분쟁이 193건으로 나타났다. 이중 페루와 칠레가 각각 32건, 아르헨티나 26건, 멕시코 25건을 기록하여 광업과 관련된 라틴아메리카 분쟁은 페루와 칠레에서 가장 많이 발생했음을 알 수 있다. 특히 페루에서 발생한 환경분쟁은 211여 개에 달하는 공동체에 영향을 미치고 있으며, 분쟁은 다국적기업의 천연자원개발 프로젝트와 밀접한 관련을 맺고 있다.

<표 1> 라틴아메리카 광산지역을 둘러싼 환경 분쟁발생률(최근10년)

국가	분쟁건수
아르헨티나	26
볼리비아	8
브라질	20
칠레	32
콜롬비아	11
코스타리카	2
에콰도르	7
엘살바도르	3
과테말라	6
가이아나	1
온두라스	3
멕시코	25
니카라과	4
파나마	6
파라과이	1
페루	32
도미니카공화국	4
트리니닫토바고	1
우루과이	1

출처: http://basedatos.conflictosmineros.net/ocmal_db/

페루는 국가전체 수출 품목 중 광업이 차지하는 비중이 62%를 차지한다. 지난 5년 동안 구리 생산은 두 배 그리고 금 생산은 30%가 증가했다. 그러나 민간기업의 광업부문에 대한 투자증대는 생산증가와 함께 사회적 갈등을 동반했다. 1993년 카하마르카(Cajamarca)지역에서 발생한 최초의 환경 분쟁 이후 지속적으로 광업채굴권확장 반대시위가 전개되었다. 이와 동시에 시위활동을 주도하는 사회운동가에 대한 협박과 살해 사건이 발생했다. 이러한 상황 아래 광산개발프로젝트가 진행되고 있는 지역을 중심으로 환경 분쟁은 더욱 확산되었다.

리오 불랑코(Río Blanco) 프로젝트와 탐보 그란데(Tambogrande) 프로젝트를 계기로 피누라(Piura)지역은 분쟁의 중심무대로 변모하였다. 2007년 영국계 광업기업 몬테리코메탈(monterricometal)사가 페루 북쪽에 위치한 리오 블랑코지역 광산 채굴 프로젝트를 추진하였다. 이러한 과정에 지역의 수질과 생태계 오염문제가 대두되었고 지역공동체와의 분쟁은 야기되었다. 결국 몬테리코메탈사는 중국기업 지힝(Zijig)사에게 광산채굴권을 매각했다. 그러나 문제는 악화되었다. 리오 블랑코 광산프로젝트는 피우라 사막해안으로 오염된 수질을 침투시켜 주변지역 숲은 연무와 해면으로 둘러싸였다. 특히 농업수와 관련하여 카하마르카 지역의 산 이그나시오(San Ignacio)와 하엔(Jaén)마을농민의 피해는 심각한 상황에 놓였다.

환경 분쟁과 관련하여 페루정부가 마련한 법적조항은 미비했다. 그러므로 피해지역 주민은 다양한 사회조직과의 연대를 통해 리오 블랑코 프로젝트 반대운동을 전개하고 있다. 주민과 환경단체는 다국적기업의 무차별적인 광산개발 저지를 목적으로 기업을 상대로 분쟁관련 운영정책방향을 제출했다. 한편, 2010년 12월 도런페루(Doe Run Peru)의 최대주주인 렌코(Renco)사는 페루정부를 상대로 ISD 조항을 적용하겠다고 밝혔다. 도런페루는 도런 자원회사(Doe Run Resources Corp.)에 의해 운영되고 있으며, 렌코는 이러한 회사들을 소유하고 있는 미국의 다국적 기업이다. 도런페루는 1997년 라오로야(La Oroya)지역 제철단지를 인수했다. 이후 지역의 환경오염은 더욱 심화되었다.

지난 10년 동안 도런페루는 환경오염문제 해결을 촉구하는 주민의 요구를 침묵으로 일관해왔다. 결국 도런페루는 2010년 10월 페루의 에너지광산협회(SNMPE)로부터 회원 자격을 박탈당했다. 환경오염 피해 주민은 렌코사를 상대로 미국 법원에 소송을 제기했으며 결과는 주민의 승소로 끝났다. 그러나 이러한 판결을 인정하지 않은 렌코사는 ISD 조항을 적용하여 페루정부를 압박하고 있다. 렌코사의 사례는 환경 분쟁과 관련하여 법원판결에 불복한 다국적 기업이 ISD조항을 근거로 상대 국가를 제소 할 수 있음을 시사해 준다. 라틴아메리카 지역에서 다국적 기업의 ISD 활용사례는 지속적으로 증가하고 있다. 이것은 해당국가의 경제적 충격은 물론이고 라틴아메리카 지역의 미래를 위협하고 있다.

위에서 살펴본 라틴아메리카지역의 환경 분쟁사례는 미국 및 유럽과 FTA를 체결하고 있는 우리에게도 시사하는 바가 매우 크다.

02

라틴아메리카의 환경과 산업발전 및 대기환경 변화

남미지역 산림산업의 발전 가능성과 문제점

손혜현(한국외국어대학교 중남미연구소 초빙연구원)

남미는 생물학적으로 그리고 경제적으로 잠재적 가치가 큰 지역이다. 특히 브라질과 칠레는 현재 세계 조림산업시장에서 가장 주목받는 행위자이며, 우루과이는 신흥세력으로 부상하고 있고 아르헨티나는 아직까지 주목을 받지 못하고 있으나 충분한 잠재력을 가지고 있다. 그 외 다른 남미 국가들은 생물학적 가치는 충분하나 기술적 그리고 정치적 여건상 대규모의 그리고 정기적인 차원에서 산림산업에 적합하지 않은 경우가 많다.

01 남미지역 산림산업의 특징과 현황

1) 브라질

브라질의 펄프산업의 발전은 1974년 유칼립투스 단일품목을 생산하는 수출중점 대기업인 Aracruz가 세워진 이후 본격화 되었다. 1990년에서 2010년 사이 브라질 남부의 Bahia주에 대규모의 수출제지공장들이 들어섰다.

현재 이들 공장에서의 단섬유펄프 생산능력은 14백만 톤에 달한다. 2014년까지 3백만 톤 추가되며, 세계경제회복을 대비하여 2017년까지 8백만 톤 추가로 생산할 수 있는 시설을 계획하고 있다. 브라질은 전체 펄프생산량의 60%를 수출하고 있으나, 장섬유펄프의

25%는 수입하고 있다. 유칼립투스가 브라질 조림지역의 85%를 차지하고 있으며, 나머지 15%는 소나무이다.

펄프와 제지산업은 대체로 현지 자본이 소유하고 있으나 Veracel의 경우 50%의 지분을 Stora Enso가, Cenibra는 일본 자본이, Celulosse Riograndense는 칠레의 CMPC가 소유하고 있고. International Paper는 Tres Lagoas를 운영하고 있다. 임업부문의 신흥사업자로 등장한 Eldorado는 Tres Lagoas에 위치한 국내에서 가장 현대화된 펄프공장을 운영하고 있다.

국가통계에 따르면 브라질의 펄프 조림산업면적은 2.2백만 ha에 달하며, 석탄광업과 다른 에너지수요를 위한 면적은 4mi에 달한다. 1백만 그루의 유칼립투스는 10만 ha의 재배면적이 필요하다. 관리만 잘 해 주면 생산성을 50%이상 더 높일 수 있다. 조림산업의 면적은 콩재배 면적 25백만 ha 그리고 에탄올을 위한 사탕수수 재배면적 8.5백만 ha과 비교해 볼 때 상대적으로 적은 면적이다. 전체 조림지역의 70%는 회사가 소유하고 있고, 14%는 계약 재배자 소유이다.

2) 칠레

산림정책은 피노체트정권 하에서 촉진되었다. 오늘날 칠레의 펄프와 제지산업은 두 개의 국내 거대기업인, Arauco와 CMPC가 독점하고 있다. Arauco는 스웨덴 기업과 제휴하고 있으나 공식적으로 파트너쉽을 구축하지는 않았다. 기후적인 요인 때문에 초기에는 소나무 재배에 주력했으나 근래에 와서는 유칼립투스 재배가 증가하고 있다. 이러한 품종의 다변화는 균형적인 산업구조의 발전에 영향을 미치고 있다. 대기업뿐만 아니라 소규모의 민간부문도 재배자로 참여하고 있다. Arauco는 모든 목재를 자체생산하고 있는 반면, CMPC의

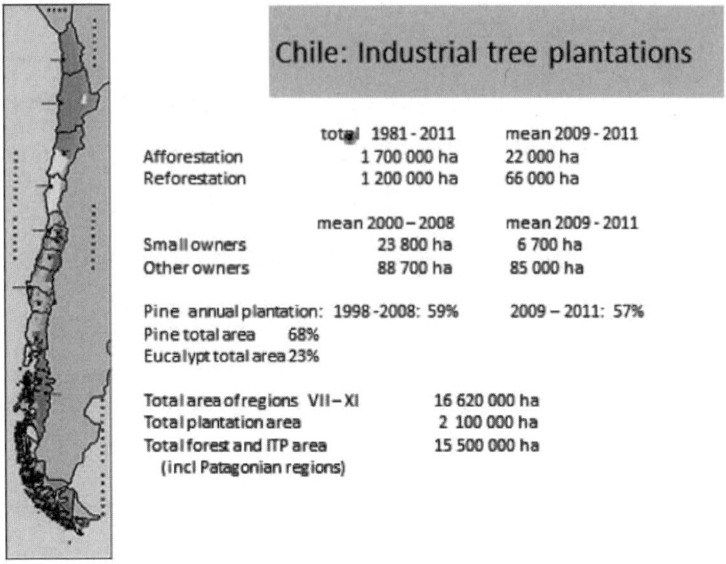

경우 외부 공급자에 상당부분 의존하고 있다. 이와 같은 조림산업의 구조적 특징으로 인해 칠레에는 소규모의 제재소가 많으며, 대안시장을 형성하고 있다.

다섯 개의 주요 펄프공장이 주도하고 있는 칠레의 조림면적은 2.1백만ha이며 주 재배종은 유칼립투스와 소나무이다. 기후적인 탓으로 유칼립투스의 생산성은 브라질 열대지역에 비해 60% 수준 밖에 미치지 못한다. 2010년 펄프수출은 4.4백만 톤이었으며, 제지와 판지 수출량도 비슷한 수준이었다.

3) 우루과이

우루과이는 이 산업부문에서는 신흥세력으로 떠오르고 있다. 국토가 주로 목초지역이기 때문에 그동안 국내 건축용 목재와 방풍림에 주력하는 소규모 재배를 해 왔다. 브라질과 칠레의 경우와는 다르게 조림산업은 군부정권의 전략적 산업이 아니었다. 1980년대 민주화 이후 산림법이 제정되면서 산업규모의 확장이 가능해졌고 농업부문에 대한 해외 투자를 개방하였다. 현재 전체 삼림면적의 25%가 브라질과 아르헨티나의 농업기업들 그리고 외국 산림회사들이 소유하고 있다. 우루과이는 스페인의 ENCE에 1.6백만 톤의 칩을 수출하고 있다. 재배면적은 유칼립투스가 43만 ha 그리고 소나무가 17만 ha에 달한다. 토지이용을 볼 때 아직까지 한 두 개의 대규모 펄프공장이 들어설 수 있는 여유가 있다.

4) 아르헨티나

아르헨티나는 세계에서 네 번째로 목재를 많이 생산하는 국가이지만 아직까지는 조림산업에 본격적으로 뛰어들지 않고 있으며, 겨우 국내수요를 충당하고 있는 수준이다. 가장 큰 공장은 미시오네스(Misiones) 주에 있는 Arauco소유의, Alto Paraná이다. 브라질과 칠레의 군부정권과 같이 아르헨티나 군부가 산림산업을 국가의 전략산업으로 추진하지 않았던 이유는 대토지자본이 지대추구에만 관심을 두었을 뿐 국내산업 투자에는 전혀 관심이 없었기 때문이었다.

02 산림산업의 가능성과 문제점

남미국가에서의 조림산업, 펄프와 제지공장의 성장 가능성 그리고 시장성장가능성은 크다. Suzano와 같은 펄프와 제지기업은 이미 바이오연료사업 계획에 투자를 하고 있으며, 특히 우드펠렛 생산은 상대적으로 비용이 적게 들어가기 때문에 펄프사업자들에게 있어서 시장침체기에도 안정적인 수익을 보장한다. 넓게 트인 대지 그리고 재배 가능한 토지의 접근성 등을 고려해 볼 때 아직까지 남미 산림산업에 대한 관심은 매우 적은 편이라고 볼 수 있다. 조림산업에 있어서 토지이용은 조림지 개발을 위해 상당히 중요한 문제이다. 이러한 측면에서 볼 때 남미지역이야 말로 잠재력이 큰 지역이라고 할 수 있다.

1)브라질

브라질에서의 산림산업은 지대상승과 펄프산업에 대한 지역의 이해부족으로 어려움을 겪고 있다. 극도로 불평등한 토지소유조건과 제대로 된 토지등기의 부재, 정치적 목적으로 토지보유와 토지용도가 변경되는 제대로 기능하지 못하는 토지개혁법으로 인해 토지의 법적인 본래 소유주가 나중에는 경매에 붙여지거나 조림지가 무전농민들에 의해서 점거되는 사태가 벌어지기도 한다. 무전 운동(MST: Movement of the landless)단체들은 산림기업과 조림산업을 토지개혁의 대상으로 중점을 두고 있다. 콩과 사탕수수 사업의 경우 경작지가 산림산업의 30배 이상임에도 불구하고 역내 저항이 크지 않다는 사실은 대조적이다. 생태학적 측면에서 조림지는 환경보호론자들에 의해서 종종 재난지역으로 묘사되곤 한다. 이들의 주장은 토지의 척박화라는 측면에서 일부 타당성이 있지만, 조림지의 50%가 자연식물의 재생에 사용되고 있다는 사실에도 주목할 필요가 있다.

지역의 저항은 이전 토지 거주자들의 생활 곤란 때문에 심각해지고 있다. Bahia 남단에 20만ha에 달하는 조림지가 조성되면서 이곳에 거주하던 1만에서 1만 5천명의 토지소유권이 없는 극빈층의 거주민들은 새로운 터전을 찾아 떠나야만 했다. 현행 토지개혁법에 따르면 이들 무전농민들은 최저생활을 보장하는 적당한 지역으로 재 이주되어야만 하지만 이러한 법은 사실상 기능을 하지 않고 있는 실정이다. 국제사회에서 펠렛과 바이오연료에 대한 수요가 커지면서 이에 부응하기 위해 산림산업의 규모와 성장 잠재력이 커지고 있다. 따라서 기업들은 조림산업을 위한 새로운 부지를 찾아야 하지만 무기력한 현행토지법으로 인해 지역민들의 저항과 갈등은 심각한 문제가 되고 있다.

2) 칠레

제한된 기후적 조건을 고려해 볼 때 칠레에서의 조림지 개발은 주목할 만하다. 앞서 지적했던 바와 같이 칠레는 소규모 소유 구소로 되어 있으며 조림의 목적이 목재용 수목을 생산하는 데 있다. 이러한 이유로 인해 산림산업은 지역경제와 밀접하게 연관되어 있다. 그러나 현재 2.2백만ha에 달하는 경작지의 면적을 자연산림을 침해하지 않고서는 더 이상 확장하기 힘들다는 데 있다. 따라서 나무를 다시 심는 비율이 높을 수밖에 없다. 2009년에서 2011년 사이 새로운 조림지는 2만 2천 ha였던 반면 개식조림지는 6만 6천 ha에 달했다.

칠레에서도 대규모의 자본과 기업이 산림산업을 지배하게 되면서 소규모의 가족 재배농의 점차 감소하고 있는 추세에 있다. 이러한 추세를 우려하는 시선들이 많다. 2000년에서 2008년 소규모 재배농의 비율이 약 20%에 달했으나 지난 3년간 겨우 7%로 대폭 감소하였다.

칠레에서도 산림산업에 대한 국민들의 시선이 곱지만은 않다. 칠레의 경우 브라질과 비교하여 유칼립투스와 소나무 재배를 위한 기후적 조건이 우호적이지 않기 때문에 브라질보다 더욱 강도 높은 운영이 필요하다. 지역 원주민과의 갈등도 중요한 문제로 지적되고 있다. 특히 조림산업지역 중앙에 거주하고 있는 마푸체족(Mapuche)의 저항이 매우 거세다. 스페인과의 독립전쟁으로까지 거슬러 올라가는 갈등은 칠레정부가 마푸체족의 토지를 국가소유로 함으로써 시작되었고 최근에는 두 명의 사망이 매체에 보도되면서 악화되었다.

3) 우루과이

우루과이는 칠레나 브라질의 경우와는 달리 자연고림이 거의 존재하지 않으며 산림업의 전통 또한 약하다. 그리고 산업을 유치하기 위한 입법을 채택하고 있다. 육류생산에 과도하게 의존하고 있는 국가산업구조를 다변화하기 위한 목적으로 1987년 산림산업을 확장하는 정책을 추진하였다. 이를 위해 토지매입을 포함하여 외국인에게 투자를 개방하였다. 이 정책의 영향으로 인구집약 지역의 많은 면적이 아르헨티나와 브라질 자본의 소유가 되었다. 산림산업은 한동안 주춤했으나 최근 무히카(Mujica) 중도좌파정부가 집권한 이후 정부의 공식적인 지원과 일반국민들의 지지에 힘입어 산림산업이 다시 확장되고 있다. 사람이 거의 살지 않은 북쪽과 동쪽지역에 조림지를 조성하고 있다. 아르헨티나와 접경하고 있는 우루과이 강 가 프라이 벤토스(Fray Bentos)에 위치한 제지공장을 둘러싼 아르헨티나와의 갈등은 우루과이 정부의 산림산업정책에 대한 우선순위를 말해준다. 공장이 들어서기 이전부터 아르헨티나 국경의 주민들은 우루과이 강 오염문제를 제기하며 펄프공장의 건설을 반대하였고 이 문제는 국제사법재판소까지 갔으나 아르헨티나가 패배하였다. 최근 무히카 정부가 펄프공장의 생산량 30% 증가를 허가하면서 이 문제는 또 다시 두 국가의 외교적 문제로 확산되었고 우루과이 정부는 환경기준에 어긋나지 않는다고 주장하고 있다. 두 번째 프로젝트인 몬데스 델

플라타(Montes del Plata)공장건설은 국민들로부터 큰 저항 없이 추진되고 있다.

브라질의 경우 조림산업은 운송비용을 최소화하기 위해 공장부지 선정을 중요하게 생각하고 있다. 우루과이의 경우 해안가에 공장을 세워야 하기 때문에 내륙과 멀어 운송거리가 멀고 비용이 많이 든다. 그러나 다른 한편으로 인구밀도가 낮은 지역에 공장을 설치하기 때문에 다른 토지이용과 충돌 가능성이 낮으며, 조림사업에 대한 사회적 수용성이 높다는 장점이 있다.

우루과이의 산림산업에 대한 환경비평은 주로 낮은 생산성과 팜파스 지역에서의 집약적 토지이용과 관련된 정책 그리고 지하수면이 낮기 때문에 새로운 우물을 깊게 파지 않는다면 산림지대에 거주하고 있는 일부 주민들에게 심각한 문제를 초래할 수 있다는 우려에 집중되고 있다. 우루과이 내에서 일고 있는 산림산업에 대한 비판은 적은 일자리 창출과 미미한 관세와 세수 효과를 지적하면서 과연 외국자본의 펄프공장이 우루과이에 어떤 혜택을 주는가에 있다. 최근에는 외국소유주에 대한 점진적인 토지세를 부과하고 있다.

4) 아르헨티나

앞서 아르헨티나가 왜 산림산업에 착수하지 않았는가에 대해서 간략하게 지적하였다. 펄프와 제지에 대한 국내수요를 충족시키기 위해 Alto Paraná 공장과 미시오네스 조림지를 확대하였다. 그러나 미시오네스의 아열대 산림과 산림산업으로 위기에 처한 코리엔테스 그리고 엔트레 리오스의 생물계에 대한 환경주의자들의 저항이 조림산업을 어렵게 하고 있다.

03 결론

남미지역에서의 조림산업의 확장에 가장 큰 장애물은 토지에 대한 접근성이다. 지대가치는 점점 더 상승하고 있고 특히 칠레와 우루과이는 조림지 면적확장에 실질적으로 한계가 있다. 브라질에서는 생산성이 낮은 농업산업이 에너지와 펄프 생산을 위한 조림지보다 10배 이상 많은 면적을 차지하고 있다. 뿐만 아니라 조림산업을 위한 토지사용에 대한 지역민들의 저항도 심각한 한계 중 하나이다. 아르헨티나에서는 내수우선 정책이 해외기업의 진입에 제약이 되고 있으며, 엄격한 환경기준과 환경론자들의 저항도 큰 제약이 되고 있다. 남미지역에서의 국민들의 조림산업에 대한 수용이 감소하고 있다는 것도 큰 문제로 지적할 수 있다.

아르헨티나의 농업정책과 지속농업

손혜현(한국외국어대학교 중남미연구소 초빙연구원)

지구 온난화의 경고는 농업분야 또한 예외로 하지 않는다. 최근 들어 근대농업의 지속불가능이라는 한계를 극복하고 농업생산성을 유지하면서 동시에 환경보전도 달성한다는 "지속농업" 개념이 제시되고 있다. 지속농업은 90년대 중-후반부터 도입되기 시작한 개념으로 아직 일반에게는 생소한 용어이다. 1987년 [환경과 개발에 관한 세계위원회(WCED)]에 의해 제창된 "지속가능한 발전"에서 파생되었으며, 농업기술과 환경을 조화시켜 현대농법의 부작용을 줄이고 생산성을 장기적으로 유지하자는 데서 생겨난 농업정책을 주 내용으로 하고 있다. 따라서 생산성을 유지하면서 안전한 농산물 생산과 환경보전을 동시에 달성할 수 있는 기술체계의 확립이야말로 현 농업이 안고 있는 가장 큰 과제라 할 수 있다. 그러나 이러한 시점에서 농업대국 아르헨티나 정부가 발표한 "아르헨티나 식량산업과 농업산업 10개년(2010-2020) 전략 계획(Plan Estratégico Agroalimentario y Acroindustrial 2010-2020: PEA²)"은 환경론자들로부터 많은 비판을 받고 있다.

아르헨티나는 PEA²를 통해서 앞으로 10년 동안 곡물수확량을 현 1억 톤에서 1억 6천만 톤으로 증가시키고, 육류 생산량을 70%(소고기 46%, 닭고기 88%, 돼지고기 193%, 양고기 46%) 증가시켜, 농식품과 농산품 수출을 통해 100억불을 달성하겠다고 밝혔다. 이를 위해 2020년까지 경작지를 현 3천 4백만 헥타르에서 4천 2백만 헥타르로 확대할 것임을 밝혔다. PEA²의 핵심적인 목표는 수출을 증대시키고 식량주권을 보장하기 위해 생산성을 확대하고, 원산지가치를 강화하는 것이다. 물론 사회적 평등과 환경의 관점에서의 지속가능성을 언급하고 있기는 하나, 경작지 확대와 관련하여 발생하게 될 토지문제와 산림벌채문제 그리고 에너지의존문제에 대해서는 구체적인 대안을 제시하지 않고 있다. 이러한 관점에서 볼 때 크리스티나 페르난데스 정부의 농업대국 10년 대계는 사실상 인간의 삶에서 가장 중요한 공공재라 할 수 있는 자연자원과 환경파괴에 대해서는 심각하게 고려하지 않고 있기에 농업생산성과 환경보존을 동시에 고려하는 지속농업과는 거리가 있다고 볼 수 있다.

아르헨티나를 세계농업식품산업의 선두주자로 만들겠다는 포부를 갖고 2011년 9월 5일에 발표된 PEA²는 농업부문의 미래 비전을 표방하는 농업산업 전략으로서 농축수산업부(Ministerio de Agricultura, Ganadería y Pesca de la Nación)가 주무관청이다. PEA²는 농업부문 행위자들간의 상호교류와 대화를 위한 공간창출을 통해 적극적인 참여를 유도하고 있다. 행위자들의 참여를 촉진하기 위해 23개 주가 참여하는 농연방축산위원회(Consejo Federal Agropecuario: CFA), 53개 대학 관련학과가 참여하는 연방과학기술자문위원회(Consejo Federal Asesor de

Ciencia y Tecnologia: CFACyT), 140개 기업이 참여하는 연방생산시스템 위원회(Consejo federal del Sistema Productivo), 그리고 소비자 이익과 환경 시민단체가 참여하는 연방경제사회발전을 위한 위원회(Consejo Federal para el Desarrollo Económico y Social: CFDSEyS)로 구성된 연방위원회가 구축되어 있으며, PEA² 총위원회가 총괄기구로 기능한다. 이를 통해 산·학·민·관이 모두 참여하는 총체적인 연결구조를 구축하고 있다.

2010년 아르헨티나 전체 GDP에서 농산업이 차지하는 비율은 19%에 달했으며, 전체 고용의 36%를 차지하였다. 주요 소비국인 중국과 인도와 같은 국가들의 소득이 꾸준한 증가추세에 있기 때문에 전망 또한 밝은 편이다. 특히 곡물과 채유식물에 대한 수요는 식량으로써 뿐만 아니라 가축사료와 바이오연료 재료로도 사용되기 때문에 지속적으로 증가할 것으로 예측되고 있다. 2020년에는 14%의 곡물과 밀 그리고 16%의 채유식물이 바이오연료의(2009년 각 각 10%와 9%) 재료로 사용되게 될 것이다.

꾸준한 수요증가와 국제시장에서의 낙관적인 전망에 기반하여 PEA²에서 제시된 2020년 아르헨티나의 곡물생산은 현재 대비 58%가 증가한 1억 6천만톤(해바라기 132%, 옥수수 103%, 대두 35% 그리고 밀 165%), 경작지는 27%가 증가한 4천 2백만 핵타르이다(해바라기 61%, 옥수수 56%, 대두 20%그리고 밀 111%). 그리고 우두(牛頭)는 8% 증가한 5천 4백 만 나리에 달할 것이며, 유제품생산은 77% 증가한 것으로 예측되고 있다. 따라서 2020년 농식품과 농산품 부문의 총 수출액은 약 1천억 달러에 달할 것으로 예측되고 있으며, 특히 농축산 제품의 경우 670억 달러를 차지하면서 193% 성장할 것으로 예측되고 있다. 또한 바이오연료의 경우 현재 대비 317% 성장하여 2020년에는 53억 2천만 달러에 달할 것으로 추정하고 있다. 이 부문에서는 바이오디젤 연료로서 대두의 기여가 클 것으로 보고 있다.

그러나 이러한 야심찬 계획에 대해서 일부에서는 이러한 추정치는 모든 아르헨티나인들의 희망사항일 뿐이라고 비꼬는 시선도 있다. PEA[2]에 대한 주된 비판은 목표를 설정해 놨을 뿐, 이 목표를 어떻게 효율적으로 달성할 것이냐는 것에 대해서는 분명하게 밝히고 있지 않다는 것이다. 뿐만 아니라 산업성장에 따른 에너지 문제는 어떻게 해결할 것인지에 대해서도 구체적인 대안을 제시하지 않고 있으며, 경작지 확장에 따른 산림파괴문제와 생산성향상에 따른 환경문제를 어떻게 해결할 것인지에 대해서도 명확한 해답을 제시하지 않고 있다. PEA[2]가 환경을 고려한 지속가능한 농업전략이 되기 위해서는 생산성향상을 통한 경제성장이라는 목표와 함께 환경과 에너지문제를 동시에 고려한 발전전략을 제시해야 할 것이다. 이를 위해서는 무엇보다도 인프라에 대한 상당한 투자가 기반이 되어야 할 것이며, 친환경 기술에 대한 투자가 우선시 되어야 할 것이다.

브라질의 바이오 연료 생산과 사탕수수 재배로 인한 환경영향

장수환(한·중남미녹색융합센터 연구교수)

전 세계적으로 지구온난화에 대한 우려로 인해 재생에너시 생산에 대한 관심이 높아지고 있다. 재생에너지원에 대한 급격한 수요 증가는 브라질의 사탕수수 에탄올 산업을 성장시킨 한 요인이기도 하다. 사탕수수 에탄올 생산은 양의 에너지 균형(positive energetic balance)을 가지고 있다. 대부분의 경우 바이오연료는 재생가능하며, 대기 중으로 방출되는 이산화탄소는 작물이 자라는 과정에서 다시 흡수되어 다음 성장 사이클에 쓰인다. 사탕수수로부터 에탄올을 얻는 과정에서 사탕수수의 성장과정에서의 탄소흡수가 연료로써 에탄올을 연소시 발생하는 이산화탄소보다 더 많다는 의미에서 양의 에너지 균형(positive energetic balance)이라 할 수 있다.[1]

브라질은 광활한 토지, 지리적 위치, 풍부한 수자원과 태양으로 인해 바이오연료 생산에서 큰 이점을 가지고 있다. 더욱이 30년이 넘도록, 브라질 정부는 사탕수수로부터의 에탄올 생산을 개선하는 데 투자해왔다. 브라질은 세계에서 사탕수수 재배 총면적의 25%를 차지하여 최대 사탕수수 생산국이다.

그러나 한편, 브라질의 에탄올 생산과 관련된 환경 및 사회에의 영향은 바이오 연료 생산에 심각한 장애가 될 수 있다. 수확기간 동안에 사탕수수를 태움으로서 발생하는 대기오염, 토양의 질 저하와 생태계에서의 해로운 영향은 이제 브라질 정부가 풀어야 할 과제가 되었다.

최근에는 사탕수수 재배지역이 대두 경작지역으로 전환, 확장해 가고 있다. 이는 앞으로 대두 재배를 위한 토지수요가 아마존 지역까지 확장될 수 있다는 우려를 가져오기도 했다. 사탕수수 재배지는 지난 25년 동안, 주로 브라질 남중부 지역을 중심으로 확장되었다. 최근에는 아마존 열대우림 지역에서 좀 떨어진 지역인 대서양 산림(Woods Atlantic)과 빤따날(Pantanal) 지역까지 확장되고 있다.[2] 남동부 지역, 상빠울루 주는 브라질의 사탕수수 재배 면적의 50%이상을 차지한다. 과거 15년 동안 사탕수수가 방목지를 대체하여 사탕수수 플랜테이션의 대부분의 확장이 일어난 지역은 상빠울루 주의 서부 지역이다. 1990년 이후로 상빠울루에서 연평균 85,000ha씩 사탕수수 재배면적이 확장됐다. 뚜르부(Turvo)강 유역(11,000km^2)이 전형적인 예이다. 이 지역의 사탕수수 경작지역은 1997년에서 2007년 사이에 7%에서 26% 증가했다. 반면 방목지의 면적은 53%에서 32%로 감소하였다. 상빠울루 주 단독으로도 2.35백만ha에서 사탕수수가 재배되고 있으며 이는 브라질 생산량의 60%에 해당된다. 상빠울루 주는 또한 브라질 사탕수수의 56%, 에탄올의 64%를 생산하고 있다. 5월부터 11월 수확기간 동안에 사탕수수 재배지는 수확을 용이하게 하기 위해서 불을 놓아 수분 증발로 인해 무게 당 설탕 함유량이 증가하게 된다. 그러나 이러한 불로 인해 엄청난 양의 연기가 발생하며 발암성이나 돌연변이를 유발할 수 있는 입자들이 분출되며 이는 도시 중심부에까지 날아오기도 한다.[3]

북부지역의 경우, 대부분이 아마존 우림으로 되어 있으며 이 지역에서는 21,000ha만이 사탕수수재배지이다. 북부지역은 사탕수수에 적합하지 않은 기후조건이다. 사탕수수는 당이 농축되는 성장단계에 건조기간이 필요하지만 아마존 지역에서 건기가 있는 지역은 드물다. 또한 아마존과 빤따날 지역처럼 생태적으로 민감한 지역에 사탕수수 재배를 금지하는 새로운 법이 만들어지고 있다.

이와는 대조적으로 브라질의 중서부지역은 브라질 대두생산량의 절반이 생산되는데, 이 지역은 사탕수수에도 이상적인 기후와 토양조건을 제공하고 있다. 따라서 토지와 시장 가격에 따라서 중서부 지역에서의 대두 경작은 사탕수수 경작으로 대체될 수 있다. 이렇게 되면 현재의 대두농사를 짓는 농부들은 아마존 북부 쪽으로 이동해 가려 할 것이다. 따라서 사탕수수 재배의 확대는 다른 지역의 주가적인

<그림 1> 브라질 사탕수수 재배면적과 생산성 변화(1970-2013)

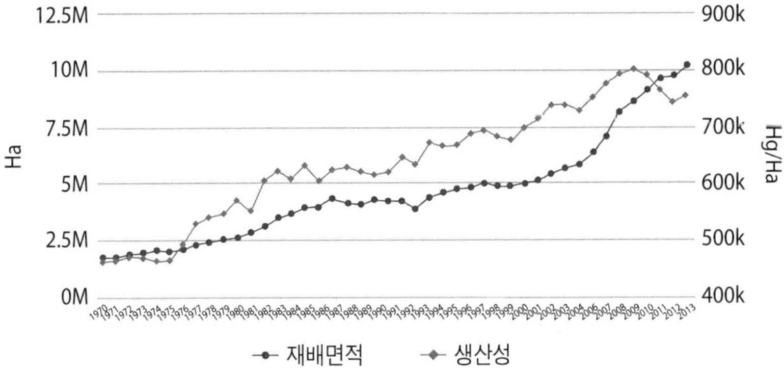

출처: http://faostat3.fao.org/compare/E(접속일자 2015.03.10.)

벌목을 초래할 수 있다. 그림은 1970년에서 2013년까지 사탕수수 재배면적과 생산성을 보여준다. 사탕수수의 재배면적은 동일기간 동안 1.7백만ha에서 10백만ha로 5.8배 증가하였다. 생산성은 462,303에서 753,386으로 1.6배 증가하였고, 생산량은 79백만 톤에서 768백만 톤으로 약 9.7배 증가였다.

브라질에서 에탄올의 생산을 위해 사탕수수재배의 확장이 초래할 환경적 사회적 이슈에 대해 고민하고, 환경적으로 지속가능하고 사회적으로 공정한 에탄올 생산을 위한 규정을 만들어야 할 것이다. 브라질 중부와 같은 새로운 지역으로의 사탕수수재배지 확장에 대해서 환경위험 평가와 적정한 계획이 필요하며, 토양 침식과 질소비료에 의한 오염을 줄일 수 있는 토지이용 방안 개선이 필요할 것이다. 또한 하천이나 강의 하구 생태계를 보호할 수 있는 방법이 강구되어야 하고 수확시기에 불을 지르는 행위 금지 등을 통해 대기오염을 줄이도록 해야 할 것이다.

참고문헌 :

1) LUIZ A. MARTINELLI & SOLANGE FILOSOE, EXPANSION OF SUGARCANE ETHANOL PRODUCTION IN BRAZIL: ENVIRONMENTAL AND SOCIAL CHALLENGES, Ecological Applications, 18(4), 2008, pp. 885–898

2) http://www.embrapa.br/imprensa/artigos/2008/A%20expansao%20da%20cana-de-acucar%20e%20a%20sua%20sustentabilidade.pdf/view(접속날짜 2013.12.3)

3) Tarcizio Goes, Renner Marra, A EXPANSAO DA CANA-DE-ACUCAR E SUASUSTENTABILIDADE

4) Sandro José de Andrade et al., 2011, Mutagenic activityofairborneparticulatematter(PM10) inasugarcane farming area(Araraquaracity,southeastBrazil), Environmental Research 111 (2011) 545–550

5) http://faostat3.fao.org/compare/E(접속일자 2015.03.10.)

브라질 대도시내 자동차 증가와 대중교통대책

장수환(한-중남미녹색융합센터 연구교수)

브라질의 꾸리찌바는 대표적인 대중교통 혁신사례 도시이다. 토지이용계획은 간선 교통축을 따라 고밀도로 조성되어 있고 간선 교통축에서 멀어질수록 개발밀도를 낮추도록 계획하여 도심 교통량을 분산시켰다. 또한 자동차 수요의 급증에 적합한 자동차 위주의 방사형 대로 대신에 자동차위주보다는 대중교통수단위주의 필요성을 인식하고 넓은 대로를 활용한 급행버스시스템(BRT)을 택하였다. 중형, 대형, 굴절 및 2중 굴절버스 등의 다양한 버스 유형과 노선 등을 운영중이다. 이러한 대중교통의 모범적인 도시가 있음에도 불구하고 브라질의 다른 대도시에서는 자동차 증가와 이로 인한 대기오염이 사회적 이슈로 크게 대두하고 있다. 브라질에서는 지난 10년 동안 자동차수가 119%나 증가하면서 자동차 증가로 인한 대기오염에 의한 해로운 인체 영향이 증가했다. 대기오염으로 인해 2011년 상파울루에서는 7,000명이 사망하였다고 더가디언[1]은 보고하고 있다. 차에 대한 딜레마는 브라질도 다른 나라와 마찬가지이다. 특히 중산층의 차 구매력이 증가하고 있고 대출 및 할부 등의 구매방법 혜택도 다양해졌다. 게다가 자동차 제조 산업에 대한 재정적인 인센티브도 자동차 산업의 활성화에 한 몫을 한다.

2012년 브라질정부는 도시계획방법 연구를 포함하여 좀 더 지속가능한 해결책을 모색하기 시작했다. 브라질의 새로운 도시 이동 정책(urban mobility policy)에서는 개인차량보다 대중교통과 모터를 이용하지 않는 이동수단을 우선순위에 두고 있다. 이 정책에서 도시계획가들은 모터를 이용하지 않는 이동수단에 더 많은 공간을 할애하고, 좀 더 효율적이고 지속가능한 교통을 촉진하도록 도로를 재계획하도록 하고 있다. 이른바 "모달 트랜스퍼(modal transfer)"로 불리는 이 방식으로 2020년까지 배출량을 약 2% 줄일 수 있을 것으로 예상하고 있다.

2012년 6월 브라질 리우에서 개최된 유엔 지속가능개발회의인 Rio+20에서 C40 정상회의 동안에 상파울루와 리우를 포함한 도시들은 2020년까지 1.3bn 톤의 이산화탄소를 줄이겠다고 공약했다. 이는 대단히 고무적인 내용이다. C40 Cities Climate Leadership Group (C40)은 온실가스 배출을 줄이는 조치를 취하는 세계 대도시들의 네트워크 그룹으로 회원도시 개수는 69개이다. 회원 도시들은 온실가스 배출을 현저히 줄이고 있다는 것을 증명하여 기타 도시나 국가 정부가 채택할 수 있는 모델을 제공하고자 노력하고 있다.

브라질은 2017년까지 km 당 이산화탄소 배출 135g을 목표로 세우고 이산화탄소 배출을 줄이고자 계획을 세웠다. 이는 브라질에서 생

1) http://www.theguardian.com/sustainable-business/brazil-sustainability-government-automobile-policies

산되는 차가 좀 더 효율적으로 만들어져야 함을 의미한다. 예를 들어 가솔린의 경우 현재의 리터당 연비를 14킬로미터에서 17.26킬로미터로, 그리고 에탄올의 경우 지금의 리터당 9.71에서 11.6킬로미터로 높여야 함을 의미한다. 브라질의 차 제조회사들은 자동차의 연료소비와 기타 환경적인 성능을 보여주는 기존의 자발적인 연료 라벨링 프로그램에 참여해야 한다. 교통부문에서의 브라질 기후변화 목표는 과거 정부 프로그램인 이동성(mobility)에 대한 2007 성장촉진프로그램(Growth Acceleration Programme)과 연료라벨링 프로그램과 같은 프로그램에 기반하고 있다.

2013년 지우마 호세프 브라질 대통령은 최근 상파울루 시에 4조 4500억원을 투입하여 예산의 대부분을 새로운 버스 투입과 지하철 노선 구축에 사용하겠다고 밝힌 바 있다. 저소득층 주민들에게 비교적 비싼 교통비(봉급의 20%)와 불편함은 대중교통의 수식어가 된지 오래이기 때문이다.[2] 게다가 상파울루 시 당국이 2015년부터 시내버스 요금을 3헤알(약 1천223원)에서 3.5헤알(약 1천427원)로 인상할 계획을 발표하면서 시민들과 갈등 조짐이 보이고 있다. 안전한 대중교통과 도보 및 자전거 이용을 위한 기반시설은 현재의 자동차 기반의 도시를 급진적으로 변화시키지 않는 한 브라질 대도시뿐 아니라 우리나라 도시들에도 요원할 것이다.

---

2) http://article.joins.com/news/article/article.asp?total_id=12362054

라틴아메리카 지역의 대기질(Quality of Air) 관리 현황과 국제 표준

하상섭(한·중남미녹색융합센터 연구교수)

01 라틴아메리카 대기오염 관리 현황

오늘날 라틴아메리카 개별 국가들은 입법 제도를 통해 공공/국민 건강을 보호하기 위해 대기 오염 농도를 규제하는 혹은 데이터 모니터링 및 대기질 국가 표준을 정해 대기질 개선을 유도해 오고 있다. 대기 오염에 대한 국가 표준 설정은 이제 가이드라인이 아니라 합법적 의무조항이며 특히 대기질 개선 국가 계획과 실질 정책 이행을 통해 국제 표준에 근접하도록 요구되고 있다. 국제적으로 대기질 표준에 가장 많이 인용되는 사례는 미국 환경보호국(US EPA)이 만든 기준과 유럽연합(EU) 기준이며 특히 개별 국가들의 경우는 세계보건기구

<표 1> 라틴아메리카 및 카리브 국가들의 대기 오염원 표준(WHO 표준과 비교, 2012)

오염원	PM2.5 ($\mu g/m^3$)		PM10 ($\mu g/m^3$)		오존 ($\mu g/m^3$)			SO_2 ($\mu g/m^3$)				NO_2 ($\mu g/m^3$)			CO ($\mu g/m^3$)	
평균시간	24-H	연간	24-H	연간	1-H	8-H	연간	1-H	8-H	24-H	연간	1-H	24-H	연간	1-H	8-H
세계보건기구 AQG	25	10	50	20	-	120	-	500	-	20	-	200	-	40	-	-
임시목표1	75	35	150	70	-	160	-	-	-	125	-	-	-	-	-	-
임시목표2	50	25	100	50	-	-	-	-	-	50	-	-	-	-	-	-
임시목표3	38	15	75	30	-	-	-	-	-	-	-	-	-	-	-	-
아르헨티나[1]	-	-	-	-	196	-	-	-	-	-	-	-	-	-	58	12
브에노스 아이레스[2]	65	15	150	50	235	157	-	-	1300	365	80	-	-	100	40	10
볼리비아	-	-	150	50	236	-	-	-	-	365	80	400	150	-	40	10
라 파즈[3]	25	10	100	20	-	100	60	-	-	20	-	200	-	100	0.03	0.01
브라질	-	-	150	50	160	-	-	-	-	365	80	320	-	100	40	10
콜롬비아	50	25	100	50	120	80	-	-	750	250	80	200	150	100	40	10
칠레[4]	50	20	150	50	-	120	-	-	-	250	80	400	-	100	40	10
코스타리카	-	-	150	50	160	-	-	-	1500	365	80	400	-	100	30	10

오염원	PM2.5 ($\mu g/m^3$)		PM10 ($\mu g/m^3$)		오존 ($\mu g/m^3$)			SO_2 ($\mu g/m^3$)				NO_2 ($\mu g/m^3$)			CO ($\mu g/m^3$)	
에콰도르	65	15	150	50	160	120	-	-	-	350	80	-	150	100	40	10
엘살바도르	65	15	150	50	235	120	60	-	-	365	80	-	150	100	40	10
자메이카	-	-	150	50	235	-	-	700	-	365	80	100	-	-	40	10
멕시코	65	15	120	50	216	157	-	524	-	288	66	395	-	100	-	13
니카라과	-	-	150	50	235	160	-	-	-	365	80	400	-	100	40	10
파나마[5]	-	-	150	50	235	157	-	-	-	365	80	-	150	100	30	10
페루	50[5]	-	150	50	-	120	-	-	-	80[6]	-	200	-	100	30	10
푸에르토리코	35	15	150	-	235	147	-	-	-	367	79	188	-	100	40	10
도미니카 공화국	65	15	150	50	250	160	-	450	-	150	100	400	300	100	40	10
베네수엘라	-	-	150	50	200	160	-	-	1300	365	80	367	300	100	35	10

설명: 1. 아르헨티나의 여러 지방 주들은 독자적인 표준들과 기준들을 가지고 있다. 따라서 표에 제시된 브에노스 아이레스(수도)의 표준은 지방 정부들에 비해 상당히 발전된 기준을 채택 중임. 2. 다양한 평균시기 그리고/혹은 허용할만한 초과분이 채택됨. 3. 볼리비아 수도인 '라 파즈(La Paz)' 또한 10분 한계로 500$\mu g/m^3$ 이산화황(SO_2) 표준을 가지고 있음. 4. 칠레는 모든 오염원에 대한 연평균은 지난 3년간 지속된 기간의 평균이며, 오염 입자 물질 '24-시간(24-H)' 표준은 연간 98번째 백분위수이며, 오염 가스들의 '1-시간(1-H)' 표준은 연간 99번째 백분위수임. 5. 단지 법령 입안 - 웹사이트에서만 확인됨. 6. 페루의 최근 PM2.5, SO2의 '24-시간(24-H)' 표준은 2014년 각각 25$\mu g/m^3$, 20$\mu g/m^3$으로 낮아짐.

출처: Clear Air Institute, "Air Quality in Latin America: An Overview", 2012 Edition, p. 3.

의 가이드라인(AQG)도 상황에 맞게 표준으로 인용하고 있다. 이러한 국제적 수준의 표준과 더불어 개별 국가들 마다 특정(혹은 높은) 오염원에 대해 임시적 목표를 설정해 오염을 줄이려는 노력들이 진행 중에 있다.

상당히 긍정적인 것은 라틴아메리카 많은 국가들과 대도시들은 공식적인 대기질 표준을 제정하여 국민 건강 악화를 막고 있지만 이러한 표준과 기준을 입법화 과정을 통해 채택하고 있지 않은 국가들(예를 들어, 온두라스, 벨리즈, 파라과이, 과테말라 및 카리브 지역 도서 국가들)도 존재한다(우루과이는 표준 채택에 대한 동의서 제출 중). 그럼에도 불구하고 대부분의 라틴아메리카 개별 국가들이 채택하고 있는 표준들은 세계보건기구 가이드라인을 초과하고 있다. 많은 과학적 관찰을 통해 보면, 그리고 최근의 PM10과 PM2.5의 중요성 정도를 보더라도 여전히 이들 국가들은 국민 건강에 해를 끼치지 않는 정도의 한계 레벨 이하 오염 입자 물질 규제 혹은 안전한 대기 환경 수준으로 표준을 맞추지 못하고 있다. 동시에 많은 국가들이 PM2.5에 대한 국가 표준도 없으며, 모든 국가들의 경우 '연간' 그리고 '24시간(24-H)' PM10도 표준은 세계보건기구의 가이드라인보다 높은 기준점을 가지고 있다. 단기간의 노출로도 인체에 상당한 영향을 주고 있는 대기 중의 이산화질소(NO_2)에 대한 표준도 세계보건기구 '1시간(1-H)' 가이드라인보다 상당히 높은 기준점을 가지고 있거나 단기 표준이 전혀 없는 경우도 있다.[1]

---

1) 아질산가스라고도 하며, 특이한 자극적인 냄새를 가진 적갈색의 기체로 질소산화물의 하나로서, 일산화질소에 산소를 섞으면 생성된다. 유독하고 산화 작용이 강하며, 대기 중에서는 오염물질의 하나로 되어 있다. 흡입하면 호흡 기도나 폐가 침해되어 100ppm 이상의 농도에서 과반수이상의 동물이 죽는다(환경공학용어사전, 1996.4, 성안당 참조).

02 라틴아메리카 대기 오염 데이터 및 농도

2012년 '청정대기연구소(CAI)'의 보고에 의하면, 라틴아메리카 지역 연간 미세먼지(PM10과 PM2.5), 오존, 이산화질소, 이산화황에 대한 연간 평균 농도 데이터는 지속적으로 세계보건기구 대기질 가이드라인 표준, 미국 환경청 표준, 유럽연합 표준과 비교 분석 되어 오고 있다. 특히 대부분의 라틴아메리카 대도시의 농도에 대한 데이터들을 잘 수집하고 있다. 멕시코 및 멕시코시티 등과 같은 대도시들은 정기적으로 데이터 모니터링이 진행하고 있어, 연간보고서가 제출되고 있고 데이터 유용성과 활용성이 있지만 데이터 모니터링과 수집이 모든 지역에서 이루어지고 있지는 않다. 대기질 저감 정책 마련의 기초가 되는 데이터의 측정과 수집이 용이하지 않은 상황이며 수많은 도시들에서 여전히 시스템적으로 대기질 오염 데이터의 측정과 정보 취득은 전혀 이루어지고 있지 않다. 중요한 대기질 정보에 대한 정보 공개 및 접근에 대한 투명성은 부족한 상황이며 따라서 합리적인 대기오염 저감 노력이 부재한 상황에서 국민들의 건강은 무방비로 노출된 상태이다. 데이터 자체로 변동이 심하다. 표준화된 모니터링 기술, 데이터 수집, 혹은 지역을 통틀어 프로토콜의 평균화 등이 부재한 상태이다. 이로 인해 데이터의 질과 최적의 모니터링 실행을 위한 다양한 대기질 규제 혹은 대기실 보상 정책들은 한계에 노출될 수밖에 없다.

미국의 폐 협회(American Lung Association)에 의하면, 오존과 부유 미립자 오염이야 말로 가장 일반적으로 노출되어 있는 대기 오염원이자 인체에 가장 위험한 물질이다. 특히 매일매일 그리고 장기적 차원에서 전형적으로 자동차, 산업 그리고 에너지 발전을 통해 배출되어

<그림 1> 라틴아메리카 대도시의 (초)미세먼지 농도 분포: 국제표준과 비교 분석(2012)

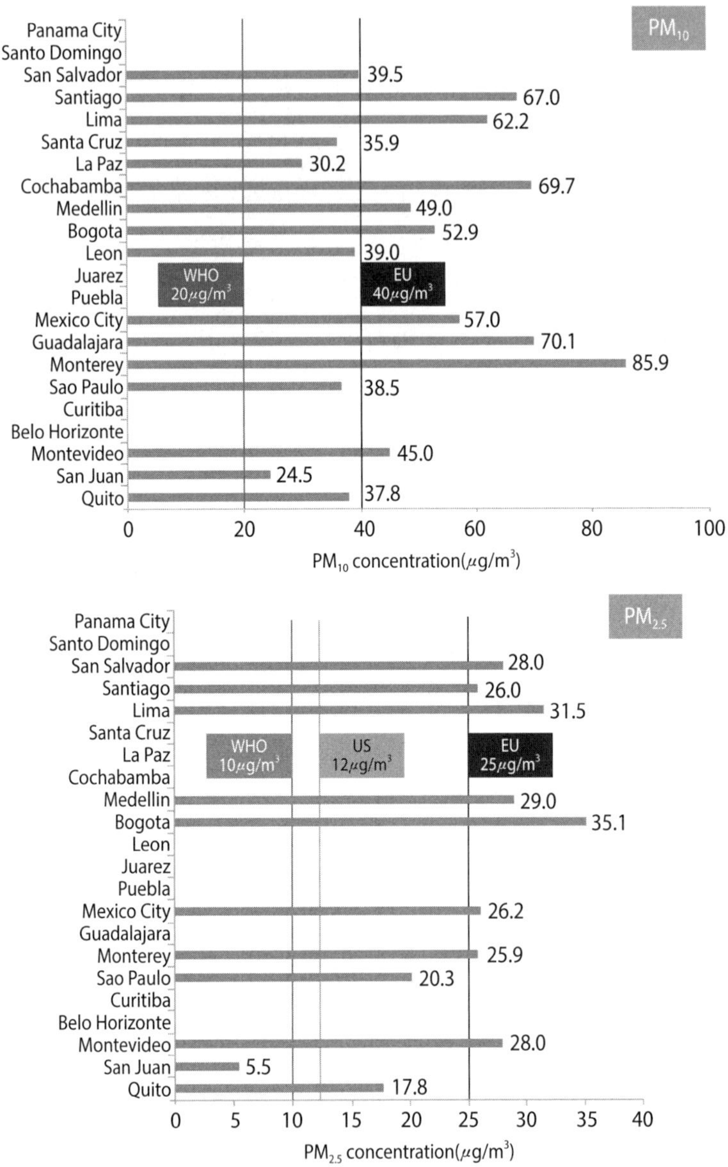

대기 중에 점증하는 (초)미세먼지야 말로 인간의 조기 사망에 가장 큰 영향을 미치고 있다(WHO, 2008). 위의 표 표준에 대한 조사에도 나타나듯이 라틴아메리카 지역에서 (초)미세먼지(PM10과 PM2.5)와 오존에 대한 위험은 상당히 관심의 대상이 되고 있다. 2011년 기준으로 조사 분석된 라틴아메리카 16개 도시들의 PM10 집중도는 모두 세계보건기구의 연간 대기질 가이드라인(AQG) 기준 20$\mu g/m^3$을 초과했으며 이들 중 9개 도시는 유럽 연간 기준인 40$\mu g/m^3$을 초과했다. 아래 그래프에서 보듯이, 2011년 11개 도시를 중심으로 조사한 PM2.5의 농도는 10개 도시가 세계보건기구(AQG) 기준인 10$\mu g/m^3$을 초과했고, 미국 환경청(USEPA) 기준인 15$\mu g/m^3$을 초과했다. 이들 중에 8개 도시는 유럽연합 연간 표준인 25$\mu g/m^3$을 초과했으며 모든 경우에 세계보건기구 '임시목표 3(Interim Target 3)' 기준인 15$\mu g/m^3$을 초과했다(그림 1 참조).

단기간의 노출과 건강에 미치는 영향 등에 대한 관심이 저조해 오존에 대해서는 연간 표준이나 가이드라인이 부재했다. 그럼에도 불구하고 오존 농도에 대한 연간 데이터들은 물론 정확한 수준은 아니지만 접근 가능하다. 2012년 '청정대기연구소(CAI)'는 2011년 확보한 라틴아메리카 주요 3도시의 오존 농도를 대상으로 세계보건기구 AQG '8 시간(8-H)' 기준과 비교 분석을 해 보았다(그림 2 참조).

위의 <그림 2>에서 보듯이 오존 농도는 도시마다 다양한 수치를 나타내 주고 있는데 이는 도시들마나 오존 농도 형싱에 대한 시로 다른 특성들을 보이기 때문이다: 지방에서 오존 전구물질 배출 정도, 오존 형성에 영향을 주는 광화학적 변모 과정에 기여하는 태양열 복사의 유병율 정도가 다르게 분포되어 있기 때문이다. 모든 3 도시들의 경우 연간 평균 농도가 낮음에도 불구하고 오존 농도는 WHO '8-H' 표준(100$\mu g/m3$)을 초과하고 있음을 알 수 있다.

<그림 2> 라틴아메리카 도시의 오존 연간 평균 농도와 WHO '8-H' 표준과 비교 (2011)

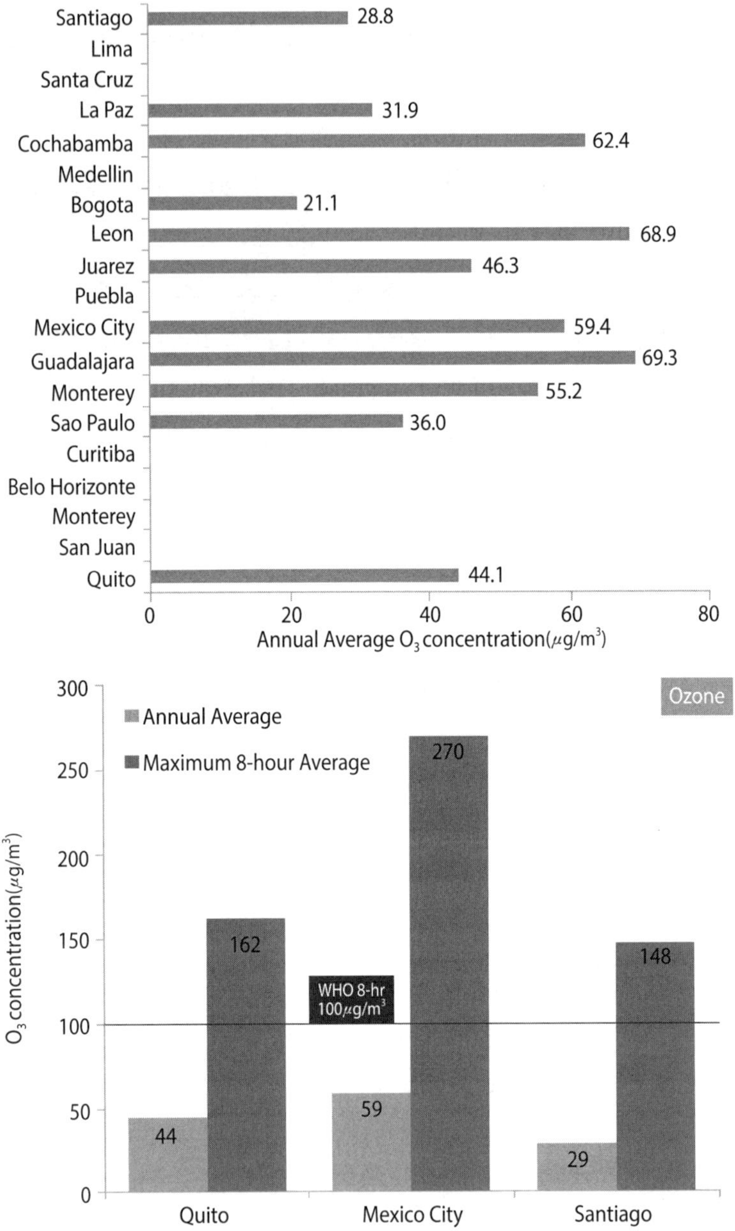

2012년 청청공기연구소의 보고서에서 나타나듯이 이산화질소(NO_2)의 경우도 13개 도시 중 7개 도시에서 세계보건기구 표준 가이드라인(AGG) 수준을 넘고 있으며 이 오염원에 대한 사회적 정책적 관심은 낮다. 하지만 실제 몇몇 도시들의 경우 이산화질소의 오염 위험도는 상당히 높은 수준이다. 특히 이산화질소 발생과 배출에 대한 연구조사와 더불어 대기에 단기간 노출 정도, 예를 들어 '1-시간(1-H)' 농도에 대한 집중적인 데이터 수집과 연구조사는 시급한 형편이다.

03 향후 대기오염 저감을 위한 정책 변화

라틴아메리카 개별 국가들은 국가 자원 혹은 지방 정부의 상황에 맞게 공공의 건강 보호를 위해 대기질에 대한 국제적 표준(예를 들어 세계보건기구의 AQG 기준 및 interim Goals, 등)에 조화로운 제도를 채택 운영할 필요가 있다

모든 라틴아메리카 국가들은 국민의 건강 증진과 국제 아젠다인 기후변화 평가에 맞게 PM2.5 표준을 채택해야 하며 이 오염원의 측정과 모니터링 역량 강화를 위해 충분한 예산이 마련되어야 한다.

본질적으로 개별 정부들과 도시들은 오염원 모니터링(현재 진행 중이지만 최적이 아닌, 따라서 모니터링 실행 증진 차원에서) 활동들에 대한 역량 강화를 위해 다음과 같은 분야에서 시급한 정책적 이행이 요구된다.

a. 트레이닝 및 기술적 지원.
b. 지역 차원의 대기질 표준 적용, 모니터링 그리고 대기질 관리 실행과 정책적 '이행 공동체' 실현.
c. 현존하는 모니터링 시스템과 관례에 대한 깊이 있고 조사와 제

언 필요.

d. 지역 차원의 폭넓은 가이드라인과 가장 좋은 시스템 구축을 위한 국제사회의 협력: 효율적 모니터링 시스템 개발, 대기질 통제 및 규제 시스템, 데이터 정보 수집 과정과 분석방법 등의 분야.

e. 지속적인 오염원 샘플링 시기, 계산 방법 그리고 비교할만한 샘플링 기술 강화를 위한 조치들과의 정책적 조화.

f. 대기질 모니터링 네트워크 이행과 실행(성공적인 이행 사례 포함)을 위한 대안 기금 조성 메커니즘 개발.

신뢰성 있고 접근 가능한 대기질 오염원 데이터 개선뿐만 아니라 데이터의 과학적 그리고 공공 정보 목적으로 정기적인 보고서 제출 강화도 요구된다.

5. 개별 국가 및 이웃 국가들에 좋은 대기질 규제 이행 관행 및 다양한 영역에서 국가 능력 배양의 확대와 연대가 요구된다.

이와 같은 정책적 제언에도 불구하고 현재 가장 중요한 정책 선호는 모니터링 측면 역량 강화와 대기질 국제 표준 채택을 통해 대기질을 개선하려는 노력에 있다. 이러한 모든 정책적 노력들은 물론 대기질 관리 계획 과정에 포함되어 조화롭게 진행되어야 한다. 개별 국가들의 대기질 관리 계획은 성공적인 전략들이 포함되어 오염원 배출을 낮추고 대지질을 개선해 가는 데에 필수적인 사항이다. 정부는 이러한 정책 마련에 책임감을 가지고 관련 활동들과 다양한 분야의 참여를 독려해야 할 의무가 있다. 이러한 계획 마련과 계획 이행 과정은 일종의 국제사회 아젠다인 유엔(UN) 새천년개발계획(MDGs): 공공 건강 보호; 모든 국민들의 경제 사회 발전 도모; 경쟁력 강화; 기후변화 완화; 그리고 충분한 투자 기회의 제공이라는 차원에서 중요한 기회가 된다.

1) 본 글은 청정공기연구소(CAI)의 "Air Quality in Latin America: An Overview" 요약문을 수정 번역한 글이다. 자료 참조: http://www.cleanairinstitute.org 그리고 http://www.cleanairinstitute.org/calidaddelaireamericalatina/

2) 본 글은 EMERICs 중남미(2014), "라틴아메리카 지역의 대기질(Quality of Air) 관리 문제점과 미래 우리나라의 국제개발협력 필요성"(2014-09-11) 이라는 주제로 국제협력에서 대기환경 협력의 중남미 진출 필요성을 강조해 게재된 바 있다. 자료 참조: http://www.emerics.org

쿠바의 주요 환경오염 문제

장수환(한·중남미녹색융합센터 연구교수)

쿠바는 카리브해의 가장 큰 섬이다. 면적은 110,860 km^2이며, 이 중 2/3는 평야 또는 낮은 경사의 저구능(rolling lands)으로 이루어져 있다. 나머지 1/3은 세 개의 산맥으로 구성되어 있다.

쿠바의 환경문제로는 동식물 멸종위기, 상수와 산업폐수를 포함한 하수처리, 고형폐기물 관리, 대기오염, 토양 질 악화 등을 들 수 있다. 지난 수년 동안 산업폐수와 슬러지, 그리고 제초제에 의한 환경 위협은 감소하였는데, 이는 부분적으로는 정부조치의 영향으로 인한 것도 있고, 다른 한편으로는 전반적으로 침체된 경제 상황 때문이기도 하다. 그러나 생활 하수문제와 해안침식은 과거보다 심해졌고, 관광은 쿠바의 환경에 새로운 위협이 되고 있다.

01 동식물 멸종위기

쿠바는 서인도 제도에서 풍토성(endemism)과 생물다양성이 가장 높은 지역이기도 하다. 국가면적의 22%가 보호지역으로 특별히 지정되어 있다. 35개의 국립보호지역이 있으며, 25%가 산림으로 덮여 있다. 산림면적은 1980년에는 13%였는데, 정부의 적극적인 개입으로 인해 산림파괴가 감소되어 왔으며 오히려 산림 면적이 증가되었다. 그러나 식물군의 48%가 멸종위기에 처해있으며, 이중 22%는 심각한 위험수준에 처해 있다. 동물군의 30%가 위험에 처해 있으며 이중 심각한 멸종위기에 처한 위험군은 14%에 달한다.

02 상하수도

유엔환경프로그램(United Nationa Environmental Program, 이하 UNEP)에 의하면, 수질오염은 심각한 수준으로, 전국적으로 수처리 시설이 크게 부족하다. UNEP에 의하면 2.160개의 주요오염원 중 59%인 1,273개의 오염시설에서 오염물질에 대한 어떠한 처리도 없이 그대로 방류하고 있는 것으로 나타났다. 또한 20%인 433개의 오염시설은 불충분하게 처리한 채 방류했다. 이러한 수치에는 산업 및 생활폐수 뿐만 아니라 농업에서 나온 오염물질도 포함돼 있다. 도시하수처리 수준도 매우 열악한 실정이다. 쿠바 수자원연구소(hydrological Institute, INRH)에 따르면 가정하수의 37-40%만이 하수시스템에 모아진다. 상수와 하수처리 기반시설은 오래되어 재정비 및 확장이 필요하다. 아바나(Havana)의 경우 하수시스템은 지어진지 거의 100년 전이고, 원래의 설계 용량인 4십만 인구를 넘어 2백만 시민의 하수처리를 맡고 있다. 쿠바에는 총 8개의 오래된 하수처리시설이 있을 뿐이어서, 대부분의 물이 처리되지 않은 채 방류되는 상태이며, 아바나의 경우는 처리되지 않은 하수를 파이프를 통해 펌프하여 카리브해로 방류하고 있다. 쿠바정부도 수질문제를 주요한 환경오염문제로 인식하고 있다. UNEP에서는 대략 1년에 341,716톤의 유기물질이 쿠바의 수계로 흘러들어가고 있다고 추정하고 있다. 이러한 문제를 해결하기 위해 수질관련 프로그램이 시작되었고 지난 수년 동안 개선이 이루어졌음에도 불구하고 쿠바 만(bays)은 심각하게 오염되고 있다. 쿠바 인근해안 뿐만 아니라 지하 대수층도 오염에 처해있다. 그 예로 알멘다레스(Almendares)강은 아바나를 관통하면서 아바나 항구와 해안지역에 42,000명이 넘는 인구가 사용한 하수를 처리하지 않은 채 운반하고 있다. 오염된 이 강 밑에는 바로 아바나 시의 음용수의 36%를 공급하는 지하 대수층이 흐르고 있다. 이러한 현상은 쿠바의 여타 지역에서도 일어나고 있다. 쿠바의 강으로 연중 8,634억 갤런의 오염된 물이 흘러들어가는 것으로 추정되며, 이 중에는 산업폐수도 많은 부분을 차지한다. 산업폐수로 오염된 대표적인 지역으로 모아(Moa)를 들 수 있다. 이 지역은 중장기적인 니켈 산업으로 인해 중금속에 의한 수질오염이 가속화되어 왔으며 Moa에 거주하는 사람들을 위한 새로운 수자원 개발이 시급한 지역이다. 모아(Moa)가 위치한 올긴(Holguin) 지역은 1943년부터 쿠바 내 니켈, 코발트, 크롬 광산 지역으로, 특히 니켈, 코발트 관련 산업시설이 위치해있다. 광범위한 광산과 니켈 공정으로 지역의 지하수, 하천, 그리고 인근 해안까지 수질오염이 발생했으며, 토양도 광산과 공정시설로부터 나온 오염물질의 영향을 받았다.

그러나 이러한 오염문제 외에도 당면한 문제는 많다. 쿠바의 물 배분 기반시설은 낡았고, 효율성이 낮으며, 물 손실율이 70%에 이른다. 범미주보건기구(Pan American Health Organization)에 의한 연구에 따르면, 물공급체계에서 누수로 인한 물손실량은 심각한 수준이다. 쿠바의 소규모 도시에서 물손실률을 보면 피나르 델 리오(Pinar del Rio)에서 13%, 만사니요(Manzanillio)에서 30%, 산타클라라(Santa Clara)에서 42%에 달한다. 아바나로 펌프되어 들어오는 매달 3천만㎥ 중 1천2백만㎥의 물이 손실되고 있다. 이러한 문제는 최후의 이용자에게 도달하는 실제물의 양을 훨씬 초과하는 많은 양의 물을 환경으로부터 과도하여 취수하는 결과를 초래하고 있다.

03 고형폐기물

쿠바가 당면한 폐기물 문제는 쿠바 거의 전 지역에서 효과적으로 폐기물 수거가 이루어지고 있지만, 덤핑장소에 별다른 통제나 처리절차 없이 내버려지고 있다는 점이다. 기존의 아바나 시에서 나오는 쓰레기의 매립장은 이미 포화상태여서, 새로 두 개의 매립장을 조성중에 있다. 산업용 폐기물의 경우도 별다른 해결책이 없는 상황이다. 현재 일부 산업폐기물은 시멘트 공장에서 소각하고 있다.

04 대기오염

쿠바의 대기질 모니터링 시스템에서 측정한 도시지역 오염수준 결과치에 따르면 질산화물(NOx)과 암모니아(NH_3)가 높은 수치임을 보여준다. 농촌지역에서도 농업활동으로 인한 암모니아(NH_3) 배출과 기타 산업배출오염물질은 지역 규모에서는 심각한 문제가 될 수 있다.

도시지역에서는 오래된 차에 의한 대기오염이 문제로 지적되고 있으나, 교통밀도 면에서는 라틴아메리카 다른 국가 다른 도시들과 비교하면 낮은 편이다.

05 토양오염

토양 오염은 주로 농업 및 광업활동으로 인해 발생하는 것으로 나타났다. 특히 농업활동에서 배수가 불량한 채 관개수를 지속적으로 이용하여 토양 염류화가 진행되었다. 염류화된 토양에서는 농작물 생산량이 감소하고 토양 침식을 가속화되고 있는 것으로 나타났다. 유엔에 의하면 그란마(Granma) 지방은 토양내 염분 증가로 인해 농작물 산출량이 20-40% 감소하였다. 관타나모(Guantanamo) 지방은 이보다 더 심한 10-70% 감소량을 보이고 있다. 전국토의 14%에 해당하는 지역, 약 1백만 헥타르에 해당하는 지역의 토양이 염분에 의해 상당한 영향을 받은 것으로 조사되었다. 염분에 영향을 받은 토양을 회복하는데 14억 3천만 달러가 들 것으로 추정되고 있다.

참고문헌

1) http://ec.europa.eu/development/icenter/repository/scanned_cu_csp10_en.pdf : Republic of Cuba - European Union Country Strategy Paper and National Indicative Programme for the period 2011-2013, March 2010: p.69-71.

페루 리마의 대기 오염 특성

장유운(한·중남미녹색융합센터 연구교수)

페루 리마는 태평양과 인접한 연안도시로 인구는 930만명에 이른다. 리마의 도시 지역은 약 800km^{2}에 해당하며, 치욘(Chillón) 강, 리마크(Rímac) 강, 루린(Lurín) 강들이 분포한 연안 지역에 위치하고 있다. 서쪽 지역이 연안과 계곡인 반면 동쪽은 해발 1,000m의 산악지역이다. 리마의 기온은 여름에 21~29℃ 수준이며 겨울에는 15~19℃로 분포하고 있다[1]. 상대습도는 침강역전으로 연중 80%로 높지만 강수량은 연간 10mm 이하의 수준이다.

세계기상기구(WMO)[2]에 따르면, 리마의 대기는 오염이 가장 심한 도시로 평가하고 있다. 페루 정부는 초미세먼지(24시간 기준 50ug/m^3), 이산화황(24시간 기준 80ug/m^3), 이산화질소(1시간 기준 200ug/m^3), 일산화탄소(1시간 기준 30ug/m^3), 오존(8시간 기준 120ug/m^3)에 대한 환경기준을 설정

<그림 1> 페루 리마의 대기측정망

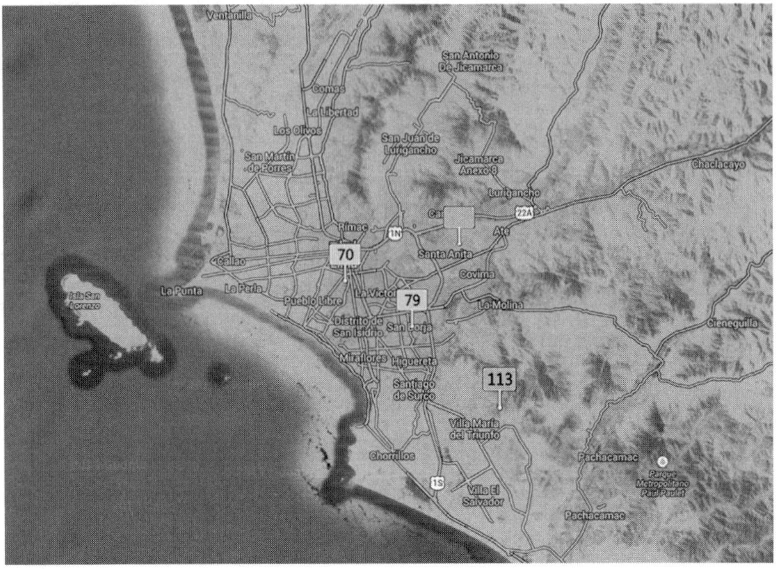

출처: http://aqicn.org/map/peru/

하고 있다[3].

미세먼지와 초미세먼지는 62.2ug/m^3와 31.5ug/m^3로 대기질이 악화되어 있는 상태다. 자동차에서 주로 배출되는 이산화질소는 12.8ug/m^3으로 다른 중남미 도시에 비하여 교통량이 대기오염에 큰 기여를 하지 않았다. 산업시설에서 주로 배출되는 이산화황의 경우 8ug/m^3으로 멕시코시티의 레온보다 약 3배 낮았지만, 칠레의 산티아고나 브라질의 상파울루 시에 비해서는 약 2배 높게 측정되었다. 리마의 이산화황 오염은 중남미의 주요 도시들처럼 매우 심각한 수준으로 평가된다. 리마에서 황 성분의 대기오염도가 높은 것은 25년 이상 된 노후 차량들이 많고, 황이 많이 포함된 디젤 연료 그리고 낙후된 교통 체계와 관련되어 있다.[2] 최근에도 리마의 대기질은 택시와 버스와 같은 노후차량의 영향으로 미세먼지 오염이 심한 것으로 보도되고 있다[4].

리마의 대기질 연구는 중남미 대도시와 비교하면 매우 미약한 실정이다. 2002년 측정한 이산화질소 자료에 따르면, 주 오염원은 차량통행이 많은 지역으로 조사되었고, 이들 오염물질을 희석하는데 기여하는 공기는 대부분 서남쪽의 연안 공기에 한정된 것으로 평가되었다. 2009년 연구에서는 납과 이산화황이 1.5톤과 810톤이 대기로 배출되었으며, 이는 페루의 환경법을 4배 초과하는 양이다[5].

페루 정부는 대기오염에 노출되는 시민들의 안전을 위하여 '주의', '위험', '비상'의 3단계 경보시스템을 도입하고 있다. '비상' 단계의 경우, 임신부와 어린이 그리고 노약자는 실내에 머물도록 권장하고 있으며, 건강한 시민의 경우도 마스크를 착용하도록 권고하고 있다. 최근 자료에 따르면, 미세먼지의 경우 월별 변동성이 뚜렷하며, 4월에 미세먼지 농도가 높은 이유는 침강역전에 의한 대기 안정도에 기인하는 것으로 기상적 요인이 중요한 역할을 하였다.

<그림 2> 2010.9~2013.4월 리마의 미세먼지 월간 최대·중간·최저 농도[6]

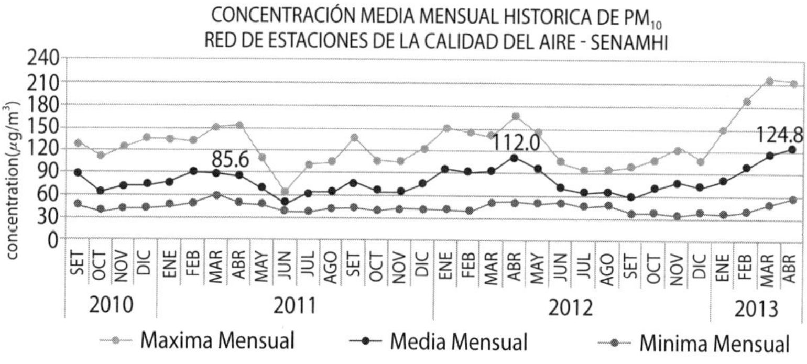

한국은 노후차량 교체와 촉매저감장치 부착 등 수도권 대기오염 개선을 위한 다양한 환경 정책을 도입한 사례가 있다. 따라서 차량에

의해 대기오염이 심각한 페루의 리마와 양국 간 환경 협력 정책이 필요할 것으로 사료되며, 이를 통하여 대기오염 저감과 더불어 기후변화 대응에도 기여할 것으로 기대된다.

참고문헌

1) World Weather Information Service, Peru, http://www.worldweather.org/029/c00108.htm

2) WMO. 2012. WMO/IGAC Impacts of Megacities on Air Pollution and Climate

3) CAI. 2013. Air Quality in Latin America: An Overview

4) Peru this Week, 2013. 3. 27. Cleaning up Lima's Air. http://www.peruthisweek.com/blogs-cleaning-up-limas-air-50270

5) Tashiro, Y., Taniyama, T. 2002. Atmospheric NO_2 and CO concentration in Lima, Peru. Environment International, 28, 227-233

6) Senamhi. 2013. Vigilancia de la Calidad del Aire en la Zona Metropolitana de Lima y Callao Boletín Mensual, 2013 ABRIL

콜롬비아 보고타 시의 대기질 개선 현황

장유운(한·중남미녹색융합센터 연구교수)

콜롬비아 보고타는 해발 2,640m의 고지대에 위치하고 있으며, 760만 명이 거주하고 있다. 급격한 경제성장으로 보고타의 대기는 라틴아메리카에서 가장 오염된 도시로 알려져 있다. 콜롬비아 정부는 도시의 대기질을 개선하기 위하여 미세먼지 농도를 2006~2008년 70ug/m^{3}에서 2009년 60ug/m^3 그리고 2011년부터 50ug/m^{3}으로 점진적이면서 엄격한 환경 기준을 적용해 오고 있다. 정부 발표에 따르면, 연간 미세먼지 농도는 2007년 71ug/m^{3}을 정점으로 2013년에는 48ug/m^{3}으로 점차 감소한 것으로 보고되었다.

보고타 시의 매연 문제를 해결하기 위하여 정부는 황 함유량이 1,200ppm이던 디젤 연료를 2008년부터 500ppm으로 제한하였고, 2010년부터는 50ppm 이내로 강화하였다. 이러한 연료 개선 정책으

<그림 1> 보고타 시의 연간 미세먼지 농도(ug/m³)

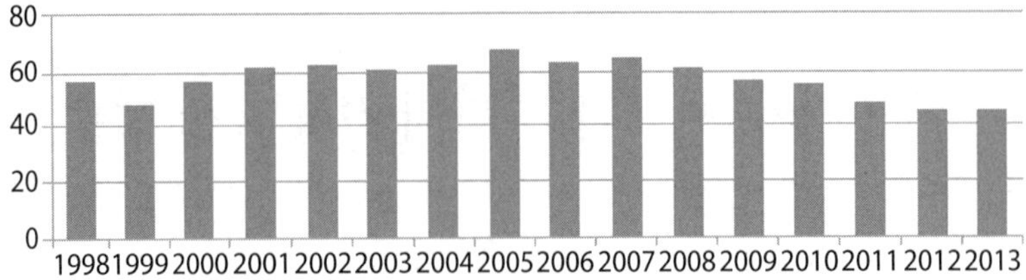

<그림 2> 보고타 시의 연간 이산화황 농도(ppb)

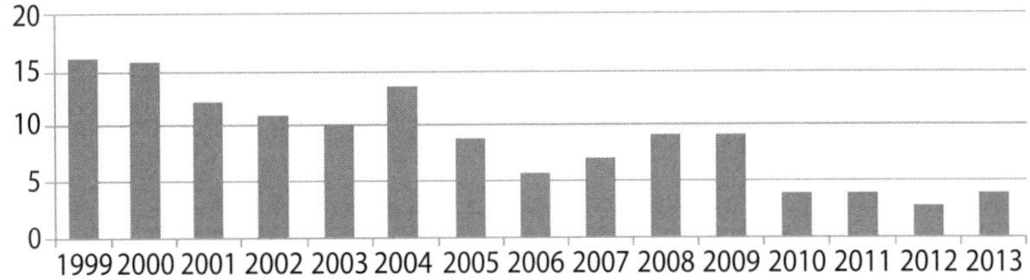

로 2010년에 연간 이산화황(SO_2) 농도는 전년 대비 58% 이상 감소한 것으로 조사되었다.

보고타 시의 대기질 개선을 위한 노력은 교통 정책에서도 볼 수 있다. 2000년에 굴절버스인 트란스밀레니오를 도입한 급행버스(Bus-Rapid-Transit, BRT) 시스템을 운영하고 있다. 보고타 시는 굴절버스인 트란스밀레니오를 확대하면서 시의 대기질 악화에 기여하는 낡은 버스의 운행을 점차 줄여나가고 있다. 일반 버스의 경우 2018년에 12,333대로 2007년 보다 약 33%를 감축할 예정이다. 또한 기존 버스 운영자들에게 올해 말까지 급행버스 시스템에 참여할 경우에만 버스 수리와 정비를 지원하는 인센티브를 제공할 예정이다. 2011년 기준으로 굴절버스는 1,700여대로 대중교통 승객의 26%를 담당하고 있다.

<그림 3> 보고타 시의 연간 이산화질소 농도(ppb)

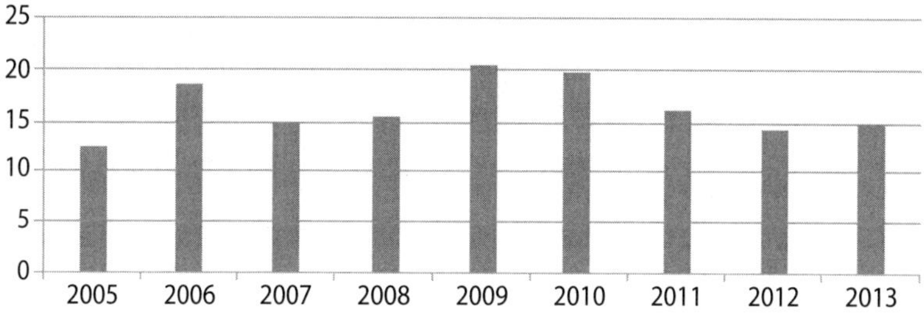

보고타 시는 개인 차량 운전자에게도 2부제에 가까운 정책(Peak and Plate)을 시행하고 있으며, 평일에 교통 정체 시간대인 오전 6시~8시 그리고 오후 3시~7:30분에 시행하고 있다. 보고타 시는 2000년부터 자동차 없는 날(día sin carro) 제도를 도입하여 매년 2월 첫째 주 목요일(오전 6시~오후 7시30분)에 실시하고 있다. 콜롬비아 정부는 대기질 개선을 위하여 2010년에 대기오염 방지 저감정책(Política de Prevención y Control de la Contaminación del Aire)을 마련하였으며, 이를 바탕으로 다양한 방안들을 시행하고 있다. 보고타 시도 라 살레(La Salle) 대학과 협의하여 2015년에 대기질 개선 방안책을 발표할 예정이다. 정부와 시의 대기질 개선 노력으로 보고타 시의 대기질은 과거에 비하여 많은 개선을 이루었다(그림 1~그림 3). 향후 노후 차량에 대한 폐차 프로그램이 확대된다면 대기질은 더욱 개선될 것으로 전망된다.

참고문헌

Observatorio ambiental De Bogota (http://oab.ambientebogota.gov.co/index.shtml?s=i&v=2&p=21) Gasping for a solution to Bogota's Air Pollution Problem (2014.8) (http://colombiareports.co/bogota-says-car-traffic-colombias-capital-doubled-past-decade/) 보고타 시 '차없는날' 제도 현황, 주콜롬비아대사관,

중남미 주요 도시의 대기질 고찰 (멕시코시티, 상파울루, 산티아고)

장유운(한·중남미녹색융합센터 연구교수)

중남미 도시의 대기질은 인구 증가와 경제 집중으로 인한 도시화로 심각한 수준이다. 특히 멕시코시티와 산티아고 시는 분지형 도시로 대기 오염물질의 정체와 산곡풍의 영향으로 오존과 미세먼지가 심각한 수준이다. 상파울루 시는 도시 대기오염과 더불어 사탕수수 재배지의 수확전 소각(pre-harvest burning)으로 발생하는 미세먼지의 영

<그림 1> 중남미의 멕시코시티, 상파울루, 산티아고의 도시 지형

향이 문제시 되고 있다.

오존과 미세먼지는 대부분의 국가에서 인간의 건강에 해로운 대기오염물질이기 때문에 환경기준이 적용되고 있다. 세계 보건기구(WHO)에서는 오존에 대하여 8시간 평균 100ug/m^3 이내로 규정하고 있으며, 미세먼지는 연평균 20ug/m^3 이내로 설정하고 있다. 멕시코, 브라질, 칠레의 오존 환경기준은 각각 160ug/m^3(1시간 기준), 140ug/m^3(8시간 기준), 120ug/m^3(8 시간 평균) 수준이다. 미세먼지는 24시간 기준으로 멕시코에서 150ug/m^3 이며, 브라질과 칠레는 120ug/m^{3}이다. 미세먼지의 연평균 기준은 브라질에서 40ug/m^{3}이며, 멕시코와 칠레는 50ug/m^{3}이내로 규정하고 있다.

CAI(2012) 자료에 따르면 멕시코시티와 상파울루 시 그리고 산티아고 시의 2011년 미세먼지의 연평균 농도는 57.0ug/m^3, 36.5ug/m^3, 67.0ug/m^{3}으로 산티아고 시의 미세먼지 오염이 가장 심각하였다. 산티아고 시의 미세먼지 농도가 높은 것은 겨울철에 난방용 연료 사용과 도시 주변의 높은 산맥 그리고 300m 수준으로 낮아지는 혼합층(mixing height)으로 인하여 미세먼지가 도시 내에 정체되기 때문이다. 오존은 멕시코의 과달라하라(Guadalajara)시와 레온(Leon) 시가 연평균 69.3ppb와 69.8ppb로 가장 심각한 수준이며, 멕시코시티도 상파울루나 산티아고보다 심각한 수준이었다. 멕시코시티, 상파울루, 산티아고 시의 오존과 미세먼지는 세계 보건 기구에서 권고한 환경기준을 모두 초과하였다. 대기중의 고농도 오존이나 미세먼지에 노출되면 삶의 질이 낮아지고 조기 사망의 원인이 된다. 또한 시민의 보건위생과 더불어 사회 복지와 경제에도 영향을 끼칠 수 있다.

산업시설에서 주로 발생하는 이산화황(SO_2)성분은 중남미 국가들의 저유황연료 사용 노력으로 1997년에 비하여 2011년에는 평균 67% 감소하였으며 청정한 수준을 유지하였다. 차량에서 주로 배출되며, 오존생성에 크게 기여하는 이산화질소(NO_2) 성분 또한 최근에 양호한 수준인 것으로 평가되었다.

<그림 2> 이산화황과 이산화질소의 장기간 추이

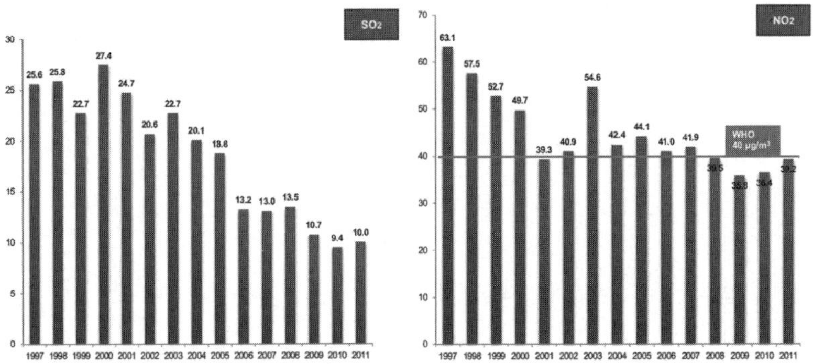

출처 : CAI, 2013

중남미 지역에서 이산화황이나 이산화탄소 같은 인위적 오염물질의 대기 농도가 크게 감소한 것은 각 국가의 꾸준한 대기 환경 정책에 기인하고 있다. 반면, 중남미 국가들이 대기환경 개선을 위하여 환경 제도와 차량 규제 그리고 측정망 운영을 통한 대기질을 관리하고 있지만, 오존이나 미세먼지 성분은 여전히 대기질 악화의 원인이 되고 있다. 이들 오염물질에 대해서는 정밀한 정책과 모델링 그리고 상시·정밀 감시 체계 구축이 필요하기 때문에 향후 한국환경공단과 한국환경산업기술원 그리고 한국환경정책·평가연구원 등 국내 환경 전문 기관의 참여가 기대된다. 이러한 협력을 통하여 궁극적으로 중남미 지역의 기후변화 문제에 함께 대응할 수 있는 계기가 될 것으로 전망한다.

참고문헌

1) CAI. 2013. Air Quality in Latin America: An Overview

멕시코시티의 대기자동측정망 현황

장유운(한·중남미녹색융합센터 연구교수)

멕시코시티는 중남미 주요 도시들과 비교하여 대기오염이 심각한 곳이다. 멕시코시티는 약 40년 전부터 대기 측정을 하였지만, 자동으로 대기오염물질과 기상을 통합한 측정은 2000년 12월에 시작하였다.

멕시코시티의 대기 측정망인 SIMAT(Sistema de Monitoreo Atmosféra)은 대기자동측정망(Automatic Air Quality Monitoring Network, RAMA)·대기수동측정망(Red Manual Air Monitoring, REDMA)·대기침착량측정망(Network Atmospheric Deposition, REDDA)·기상측정망(Network of Meteorology and Solar Radiation, REDMET)으로 구성되어 있다.

대기자동측정망은 오존(O_3)·이산화항(SO_2)·질소산화물(NOx)·일산화탄소(CO)·미세먼지(PM10)·초미세먼지(PM2.5)를 실시간으로 측정하

<그림 1> 멕시코시티의 대기측정망 분포

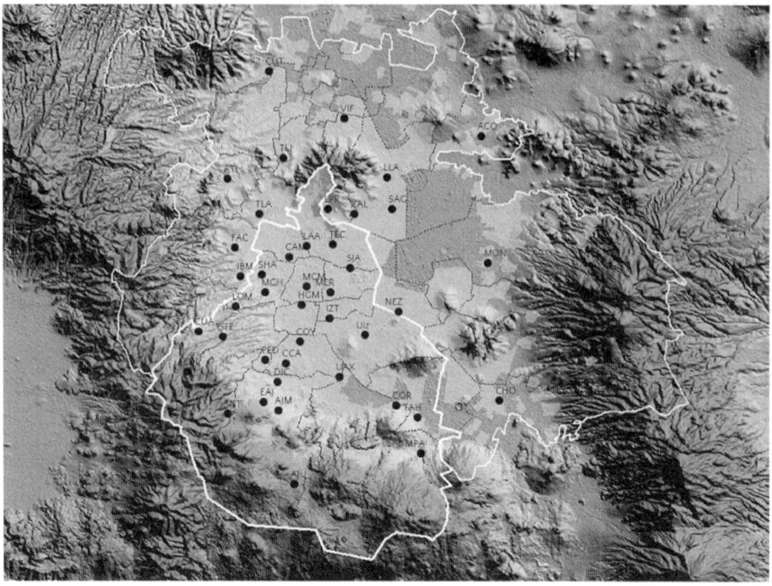

출처 : SIMAT

고 있다. 측정된 자료는 도시대기질정보(IMECA, Metropolitan Index of Air Quality)로 수치화하여 공개된다. 대기자동측정망은 멕시코시티에 34개의 측정소를 갖추고 있다. 연방구역(Federal District)에 21개가 있으며, 나머지 지역에 13개가 분포해 있다.

대기수동측정망은 24시간 간격으로 시료를 자동 채집하고 6일마다 필터를 교체하고 있다. 분석 항목은 총부유분진(Total Suspended particles, TSP), 미세먼지(10um 미만 입자, PM10), 초미세먼지(2.5um 미만 입자)를 대상으로 연방구역에서 5개 측정소가 운영되고 있으며, 나머지 도시 지역에 7개 측정소가 분포되어 있다.

대기침착량측정망은 빗물에 포함된 오염물질을 평가하는 습윤침착(Wet deposition)과 비오지 않는 날에 대기의 오염물질 침착량을 평가하는 건식침착(Dry deposition)으로 구분하여 운영하고 있다. 습윤침착은 강수량, 빗물의 산성도(pH), 전기 전도도, 황산염이온, 질산염이온, 염소, 탄산이온, 암모니움이온, 나트륨, 칼륨, 칼슘, 마그네슘과 같이 빗물에 이온화되는 성분들을 분석한다. 건식 침착에서는 알루미늄, 아연, 망간, 비소, 구리, 카드뮴, 비소, 철, 납, 스트론튬과 같은 건강에 유해한 중금속 물질을 분석한다. 대기침착량측정망은 연방구역에 12개의 측정망이 있으며, 나머지 지역에서 4개 측정소가 운영되고 있다.

기상자동측정망은 시간에 따른 오염물질의 이동을 이해하고, 오염물질의 예측을 위한 모델에 이용하기 위하여 16개 측정소에서 운영되고 있다. 기상자동측정망에서는 1986년부터 풍속, 풍향, 온도, 습도를 측정하고 있으며, 2001년에는 자외선량도 관측하고 있다. 연방구역에 10개 측정소가 위치해 있다.

멕시코시티의 대기자동측정망은 5개 지역으로 구분하여 운영하고 있으며, 실시간으로 자료를 공개하고 있다(그림 2). 북동·북서·남동·남서·중앙 지역으로 구분하고 있으며, 지역별로 한 개 측정소 이상에서는 모든 대상의 대기오염물질을 측정하고 있다. 멕시코시티의 심각한 대기오염은 주간에 대기로 배출되는 오염물질이 지형과 기상조건

<그림 2> 멕시코시티의 실시간 대기오염 공개 자료

출처 : SIMAT

에 의하여 확산이 어렵기 때문이다. 해발 2,200m에 위치한 멕시코시티의 주변 지형은 남부와 동부에 3,000~4,000m 수준의 높은 산이 둘러싸여 있으며, 상층에서는 고기압의 침강역전에 의해 공기가 정체된다. 북동풍 계열의 바람이 유입되면, 멕시코시티 중앙지역의 자동차에서 배출된 오염물질이 남서지역으로 이동하면서, 고농도 오존을 발생시키게 된다.

멕시코시티는 자동차 배출규제와 차량 운행 제한을 통하여 꾸준한 대기질 개선을 진행하고 있지만, 중남미 대도시에서는 대기오염이 심한 도시로 분류되고 있다. 최근 측정망 자료 분석 결과 오존과 미세먼지의 연평균 농도는 감소하지 않고 박스권에서 유지되는 것으로 평가되고 있다.

오존과 같은 광화학 대기오염물질의 감축을 위해서는 자동차 배출량 규제와 더불어 산업시설의 휘발성유기화합물 배출량을 규제할 필요가 있으며, 이는 한국의 굴뚝원격감시체계(TMS)와 같은 시스템을 접목할 경우 오염물질 배출량 감소에 따른 대기질 개선에 큰 효과가 있을 것으로 전망된다.

멕시코시티의 대기질 특성

장유운(한중남미녹색융합센터 연구교수)

세계 보건기구에 따르면, 중남미 국가에서는 100만 명 이상의 사람들이 대기오염에 노출되어 있을 것으로 평가하고 있으며, 대부분 빈민층이 영향을 받는 것으로 추정하고 있다. 대기오염으로 인한 사망자수는 브라질의 경우 20,000~25,000명 수준으로 가장 많고, 아르헨티나와 멕시코가 15,000명 내외인 것으로 조사되었다. 멕시코시티의 대기자동측정망의 자동 분석결과, 주요 대기오염물질인 일산화탄소와 이산화황 그리고 입자상물질과 질소산화물의 농도는 지역별로 차이는 있었지만, 대부분 과거에 비하여 꾸준하게 개선되었다(그림 1)

지역에 따라서 산업체에서 주로 발생되는 이산화황은 도시의 북동지역에서 높게 분포하였다. 대기에서 비교적 안정한 오염물질인 일산화탄소는 도심지역과 더불어 남서부 지역으로 확산되어 분포하였

<그림 1> 멕시코시티에서 측정한 도심지역(측정소 : MER) 대기오염물질의 장기 추세

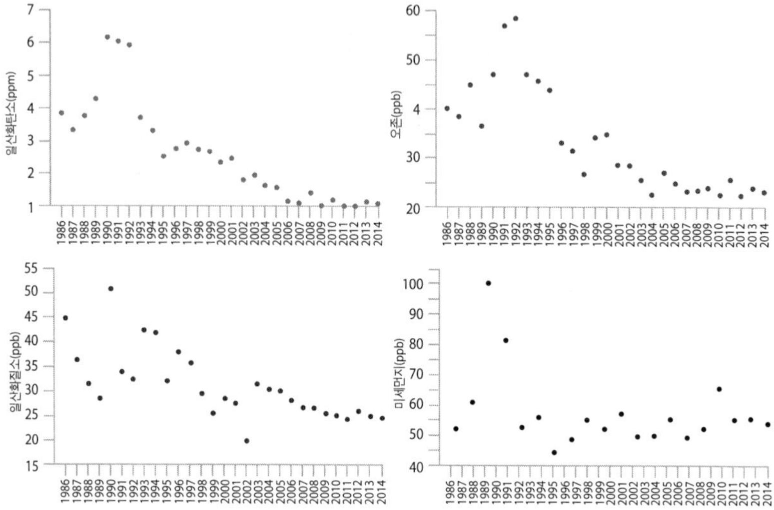

다. 자동차와 같은 이동 차량에서 배출되는 질소산화물은 도심 지역에서 출퇴근 시간에 가장 높게 분포하였으며, 광화학 스모그인 오존은 도시 남부 지역에서 공기 정체에 대한 영향으로 체류시간도 증가하여 고농도 오존이 발생하고 있다.

멕시코시티의 오존은 일사량이 강한 3~5월에 높게 분포하였고, 환경기준 초과 일수 또한 3월과 5월에 높은 수준을 나타내고 있다. 멕시코시티의 미세먼지와 초미세먼지의 경우는 유럽 환경기준(40ug/m^3, 25ug/m^3) 보다 43%와 48%가 높은 것으로 알려져 있다.

멕시코시티의 대기오염은 지형 특성과 기상이 중요한 영향을 주는 것으로 알려지고 있다. 동쪽과 서쪽 그리고 남쪽으로 둘러싸인 산맥들의 영향으로 산곡풍이 발달하고 공기의 확산이 어려워 오염물질의 체류시간이 증가할 수 있다.

도시에서 비교적 오염물질 배출이 낮은 남부지역까지 일산화탄소

<그림 2> 멕시코시티 대기오염물질 측정소의 이산화질소와 오존의 지역 특성

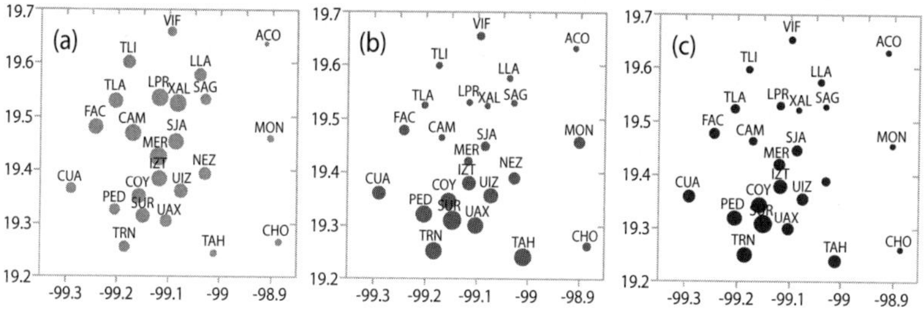

(a) 이산화질소의 상위 90% 평균 농도 분포 (b) 오존의 상위 90% 평균 농도 분포 (c) 오존의 1시간 기준인 110 ppb를 초과한 사례 분포

의 오염물질이 확산되고 남서부 지역에서 오존의 환경기준 초과일이 가장 많이 관측 되는 것은 주로 북서풍의 영향이 많은 풍하지역이기 때문이다.

또한 상층의 고기압 발달로 따뜻한 공기가 하강하면서 멕시코시티의 공기가 상승하지 못하고 주변 산맥으로 인해 오염물질의 정체 시간이 증가하여 멕시코시티 전역에 걸쳐 오존과 초미세먼지 성분들이 증가할 수 있다.

멕시코시티는 연료의 품질 개선과 도심으로 유입하는 교통량 감축 그리고 노후차량의 교환 등 다양한 정책적 노력을 기울이고 있어서, 대기질은 점진적으로 개선될 것으로 기대된다.

참고자료

http://www.mexicocityvibes.com/air-pollution-in-mexico-city/

칠레의 대기자동측정망 현황

장유운(한·중남미녹색융합센터 연구교수)

칠레는 남북으로 4,200 km 이르는 광대한 지역으로 북부, 중부 남부 지역으로 구분하여 15개의 주를 구성하고 있다(그림 1). 칠레의 북부는 사막이 있고, 중부는 지중해의 사계절 기후를 갖고 있으며, 남부는 해양성 기후와 추운 날씨를 대표한다. 그리고 안데스산맥에 인접한 분지에 위치하여 대기오염물질의 영향이 큰 지역이다. 밀집된 산업단지와 미비한 교통 시설로 인한 오염물질 배출량 증가 그리고 겨울철 목재를 활용한 난방시스템은 칠레 대기오염을 가중시키는 원인으로 작용하고 있다.

칠레의 대기 측정 자료는 신카(SINCA, National Information System for Air Quality) 홈페이지에서 제공하고 있다(그림 2). 대상 측정소에서 오염물질과 측정 기간을 선택하면 시간, 일, 월, 연간 단위로 제공하는 자료

<그림 1> 칠레의 대기측정소 분포 현황

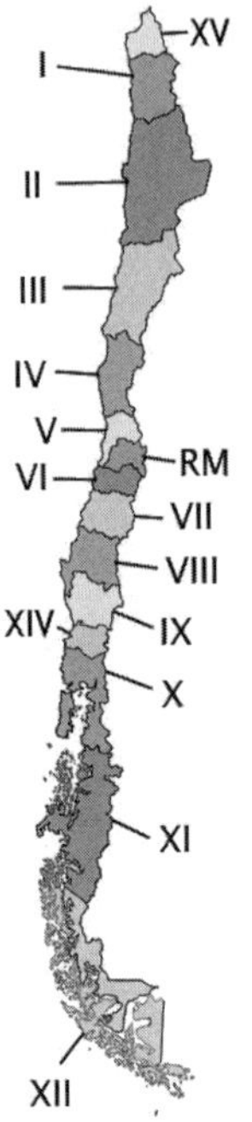

지역	측정소수
XV	1
I	3
II	29
III	26
IV	17
V	36
RM	11
VI	15
VII	7
VIII	31
IX	4
XIV	6
X	5
XI	2
XII	1

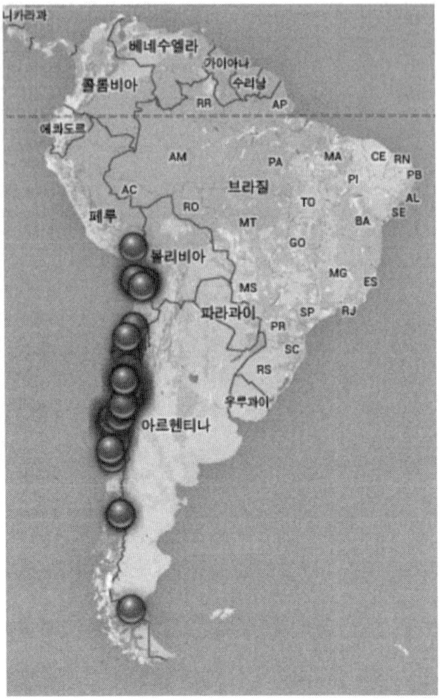

출처 : Wikipedia (Regions of Chile), SINCA

를 그래픽으로 확인할 수 있고, 텍스트 파일(CSV)로 저장할 수 있다. 그래픽의 경우 파란색은 검증된 자료를 의미하며, 초록색은 자료 오류를 나타낸다. 그리고 주황색은 검증 전 자료로 검증이 필요한 상태를 의미한다.

신카는 칠레 환경부에서 국가대기질정보 관리를 맡고 있으며, 홈페이지를 통하여 실시간으로 기상자료와 대기측정 자료를 제공하고 있다. 신카에서는 대기자동측정소의 자료를 3단계로 제공하고 있다. 첫 번째는 "검증전 자료"로 측정소에서 자동으로 전송된 자료로 시스템 상에 저장되는 자료다. 두 번째는 측정소 운영자가 자료를 검증하는 단계로 측정과정에서 기기 점검이나 기기 고장 등 특정 오류가 발생한 자료를 제거한 자료다. 세 번째는 정부기관으로 전달되어서 최종적으로 자료를 검증하는 단계로 구분되어 있다.

칠레에서 대기질 관리는 환경부, 보건부, 농축산기구, 국가 환경 기구 등 다양한 곳에서 관여하고 있었기 때문에, 환경 개선이 효율적이지 못하였다. 그러나, 환경부의 신카를 통하여 표준화된 측정 시스템을 도입하였고, 보고체계를 개선하였으며 정부에서 정책에 활용할 수 있는 정보를 생산할 수 있는 시스템을 마련하였다. 신카는 대기자동측정망을 통하여 산출되는 다양한 정보를 이용하여 대기오염물질에 관한 신뢰할만한 자료를 산출하여 환경관리의 효율성과 시의성을 높이는 것을 목표로 하고 있다. 이를 통하여 시민들의 건강을 보호하고, 여러 분야의 학술 연구 자료로 활용할 것을 기대하고 있다.

<그림 2> 신카 공개 자료

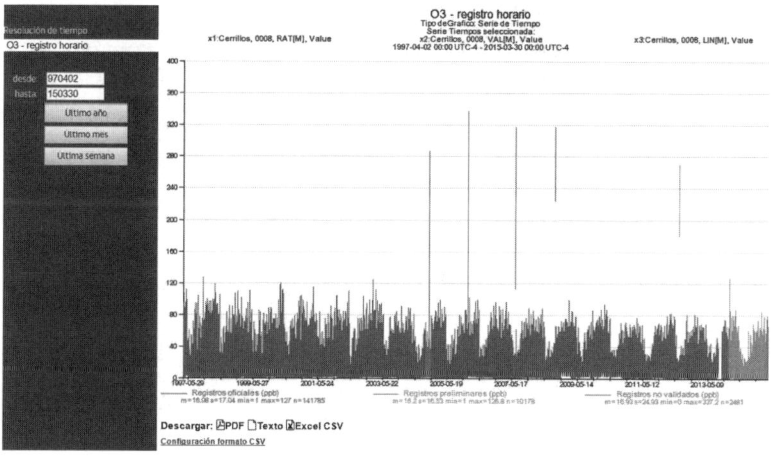

칠레의 수도 산티아고 시는 11개의 측정소를 운영하는 측정망이 있으며, 2012년 신설된 환경부에서 관리하고 있다(그림 3). 인데펜덴시아(Independencia) 측정소와 라 플로리다(La Florida) 측정소를 제외한 9

개 측정소에서 메탄, 휘발성유기화합물(VOCs), 미세먼지(PM10), 초미세먼지(PM2.5), 오존(O_3), 일산화탄소(CO), 일산화질소(NO), 이산화질소(NO_2), 질소산화물(NOx), 이산화황(SO_2) 성분을 측정하고 있다.

산티아고 시의 측정망에서는 기상항목으로 온도, 습도, 풍속과 풍향도 측정하고 있으며, 그림 3에서처럼 측정소를 선택하면 기상자료를 확인할 수 있다. 산티아고 시를 포함한 측정망 자료는 SINCA(http://sinca.mma.gob.cl) 네트워크를 통하여 공개하고 있다.

<그림 3> 산티아고 측정망의 분포와 공개 자료

Estación	MP 2,5	MP 10	SO_2	NO_2
Cerrillos Comuna de Cerrillos				
Cerro Navia Comuna de Cerro Navia				
El Bosque Comuna de El Bosque				
Independencia Comuna de				

참고문헌

한국환경산업기술원(2012) 칠레 대기환경 개선 마스터플랜 수립 사업

한국환경산업기술원(2013) 칠레 대기환경 관리개선 마스터플랜 수립 사업

Sistema Nacional de Calidad del Aire (http://sinca.mma.gob.cl)

칠레의 대기오염 특성과 개선방안

전의찬(세종대학교 환경에너지공간융합학과 교수)

01 와인의 나라, 안데스를 대표하는 나라, 칠레

칠레는 와인 애호가에게 친근한 이름이다. 2012년 수입 와인 중 칠레 와인의 비중은 24.3%로서 우리 국민들이 가장 선호하는 와인을 수출하는 나라이기 때문이다. 칠레 와인이 유명한 것은 일교차가 크고 구리 성분이 많은 지형이 포도 재배에 유리하기 때문이고, 안데스산맥의 빙하에서 녹아내리는 청정수가 있기 때문이다. 안데스산맥은 칠레는 동쪽의 경계를 이루며, 북쪽에는 사막지대, 서쪽에는 남태평양을 면하고 있으며, 남극도 칠레 영토의 일부이다. 칠레의 면적은 한반도의 3배가 넘는 75만 7천 ㎢이며, 남극령을 포함하면 한반도의 9

배가 된다.

칠레는 길이 약 4,270km, 폭 대략 177km의 특이한 국토형태로 말미암아 매우 다양한 기후대가 형성되어 있다. 칠레는 기후 및 산업특성에 따라서 <그림 1>과 같이 3개 권역으로구분할 수 있다. 북쪽에는 세계에서 가장 건조한 사막인 아타카마 사막이 있고, 국토 중앙부는 지중해성 기후를 보인다. 남쪽에는 비와 눈이 많고 피오르, 빙하, 호수가 있는 서안은 해양성 기후 특성을 보이고 있다. 북부의 사막에는 광물자원 특히 구리가 풍부하다. 상대적으로 작은 중앙부 지역은 수도 산티아고가 있으며, 인구와 농업자원이 많아 이 나라를 주도하는 지역이다. 19세기 말 칠레가 남부와 북부 지역을 병합하며 팽창한 이래 이 나라의 문화적/정치적 중심지가 되었다. 칠레 남부는 숲이 울창하고 초지가 많으며 화산과 호수가 띠를 이루고 남쪽 해안은 피오르와 어귀, 운하, 복잡한 반도와 섬으로 미로를 이루고 있다.

<그림 1> 칠레의 주와 대기관리권역

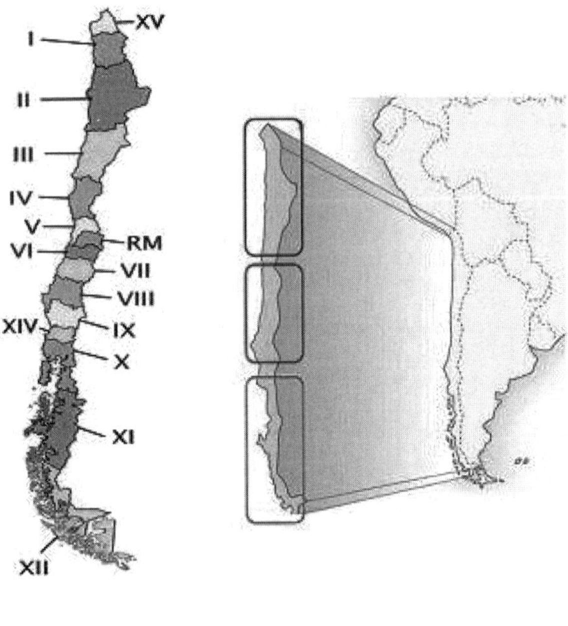

02 칠레의 권역별 대기오염 특성

칠레는 남북으로 길게 늘어져 산업, 에너지 이용, 생태환경 등에 있어서 커다란 차이가 있다. 따라서 권역별 배출원과 오염물질의 종류가 달라지며, 대기오염특성도 달라진다.

북부지역은 다수의 구리제련소와 이를 지원하기 위한 화석연료 발전소 때문에 산업도시형 대기오염이 심각하다. <그림 2>에서 보는 바와 같이, 북쪽지역은 산업부분이 90%, 이동오염원이 10%를 차지하고 있다.

중부지역은 산티아고 등 대도시를 중심으로 자동차의 운행에 따른 대기오염 문제가 심각하다. 또한 대도시 주변에는 중소규모의 화력발전소, 제련소, 공장 등이 있어서 대기오염을 증가시키고 있다. 산티아고가 포함된 수도권 지역(RNM)의 대기오염원 비중은 산업부문이 27%, 이동오염원이 37%, 화목인 장작이 15%를 차지하고 있다. 특히 겨울이 되면 화목인 장작의 비중이 30%로 두 배로 늘어나고 있

<그림 2> 칠레의 지역별 주요 대기오염원

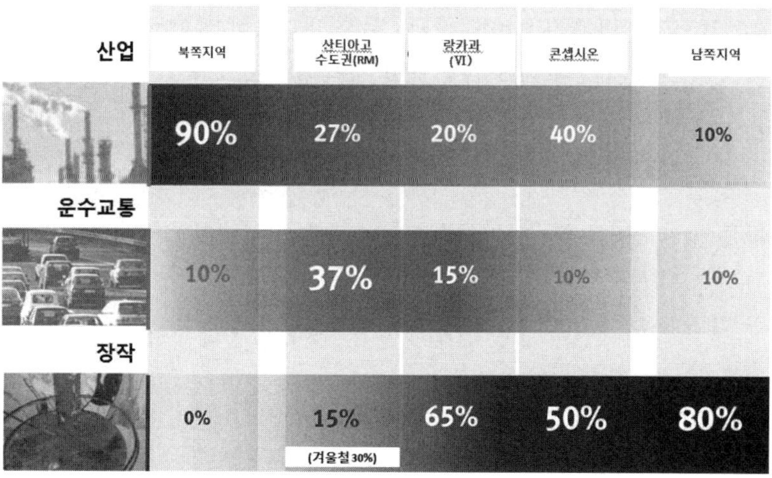

다. 이는 난방용 연료를 화목에 의존하고 있기 때문이다. 산티아고 남쪽이 위치하고 있는 랑카과와 콘셉시온과 같은 대도시 지역은 산업부문과 화목인 장작에 의한 비중이 높은 편이다.

남부지역은 목재를 연료로 사용하여서 심각한 대기오염 문제를 초래하고 있다. 남쪽지역은 산업부문이 10%, 이동오염원이 10%, 화목인 장작이 80%를 차지하고 있다. 주요도시인 남부의 테무코(Temuco) 등은 산티아고보다 훨씬 심각한 대기오염을 겪고 있는데 가정에서 사용하는 목재 때문이다. 일부 발전소 등도 목재를 이용하여 발전하고 있는 실정이다.

03 칠레의 대기오염 개선방안

칠레는 권역별 대기오염특성에 따른 개선방안을 수립하여야 한다. 북부지역의 경우에는 구리제련소와 발전소 등 고정오염원에서의 대기오염 발생을 제어하기 위해서 배출허용기준 강화와 고효율 방지시설 설치가 요구된다. 중부지역의 경우에는 이동오염원에서의 배출량을 저감하기 위하여 DPF와 같은 자동차에서의 매연저감장치와 함께, 광화학스모그 발생을 제어하기 위하여 주유소 등에서의 VOC 저감대책을 수립할 필요가 있다.

칠레 대기오염의 가장 큰 특성은 난방연료로 장작을 사용하는 데 따른 대기오염문제이다. 목재산업이 발달한 남부지역은 물론이고 화석연료를 확보하기 어려운 수도권 등 중부지역의 경우에도 장작난방에 의한 대기오염이 대단히 심각한 상황이다. 칠레에서 사용하고 있는 화목보일러에서는 다량의 매연이 발생하고 있으므로, 무엇보다도 연소율을 높일 수 있는 구조로 개선되어야 하며, 일단 발생한 매연을 제거할 수 있는 장치가 부착되어야 한다. 또 현재 가정에서는 수분 함량 60%인 장작을 그래도 사용하면서, 불완전 연소로 인한 대기오염물질이 많이 발생하고 있다. 따라서 사용자들이 화목보일러에서 마른 목재를 사용토록 홍보하고, 연료로서는 마른 장작만 거래될 수 있도록 제한하는 제도 마련이 필요하다. 그리고 RDF와 같이 매연이 덜 발생하는 연료에 대한 연구도 필요하다.

칠레 산티아고(Santiago) 대기환경 실태

박일수(한·중남미녹색융합센터 연구교수)

01 산티아고 일반 대기환경 현황

수도권 지역인 산티아고 지역은 15,552.5km²의 표면적으로 85.7%의 산악 지형으로 형성된 도시로서 11%의 농업 지역 및 3.3%의 도시화 공간으로 구성되어 있다. 산티아고는 산의 풍경이 지배적인 안데스 산맥과 강변에 위치한 일종의 분지 지역형으로 북쪽은 Chacabuco 산맥이 발파라이소 지역에서 분리되고, 남쪽 방향은 Angostura 및 Chada봉이 O'Higgins의 영역과 경계를 형성하고 있으며 분지는 3,200미터가 넘는 산들(Ramon산)이 있는 안데스 산맥의 슬로프 동쪽으로 경계를 형성하고 있다. 서쪽으로는 2,000m가 넘는 높이로 연안 산맥(Roble Alto산)이 있는데 동남쪽 지역으로 분지를 이루는 Maipu 강계곡까지 이르고 있다.

중심 도심은 중앙 고원을 둘러싼 산악들이 바람의 순환에 심각한 제한을 주고 있으며 가을과 겨울에 대기 안정으로 인한 대기 순환에 장애가 발생된다. 특히 겨울 평균 500m의 안정적 기층의 형성에 따라 대기오염의 정체가 야기되어 대기의 순환이 지역적 영향에 따라 이루어지지 않으며 도심의 배출원으로 인한 대기오염 현상이 심각한 상황으로 나타나고 있다.

02 산티아고의 대기오염 문제

산티아고를 포함한 수도권의 인구는 칠레 전체인구 1,740만 명의 3분의 1에 해당하는 약 550만 명이다. 산티아고 주변에는 구리 광산이 많아 매연도 심각하고 노후차량의 교체가 지연되고 있으며, 신규차량의 증가도 급격하게 이루어지고 있다. 산티아고는 멕시코에 버금갈 정도로 대기환경이 좋지 않은데, 겨울철에는 시정거리가 1-500m 정도에 불과한 경우도 많다. 산티아고를 포함한 수도권 지역에서의 가장 중요한 변화는 바로 가정용 난방 원료의 변화이다. 기존 가스 난방 시스템에서 등유, 바이오매스 등 오염물질 배출량이 많은 에너지원으로의 변화가 이루어지고 있다(그림 참조).이러한 현상의 원인으로는 최근 몇 년 간 난방 원료 가격의 상승을 들 수 있다. 렌카화력발전소는 산티아고 대기오염의 주범으로, 전력 부족시만 가동된다(100MW, 디젤유 이용).

산티아고 지역의 겨울철 대기오염이 심각한 이유는 무엇보다도 분지라는 지형적 특징과 바람의 방향이 안데스 산맥 쪽을 향하면서 공

<그림 1> 수도권 지역의 화석연료의 매매 및 유통 추이자료

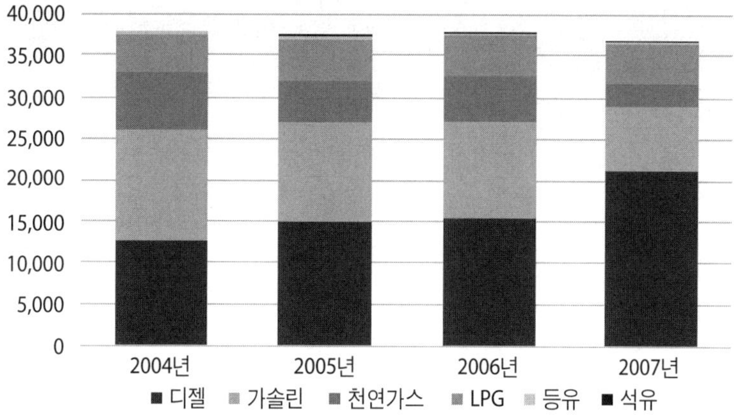

기 순환이 원활하지 않기 때문이다. 또한 각 주거지역의 원활한 난방시스템 부재, 비싼 연료가격으로 인한 가정별 단독 난방기기 사용 일반화 등도 겨울철 산티아고 대기오염의 주원인이라고 할 수 있다. 실제로 칠레 소비자들은 주거형태를 불문하고 자체 난방시스템 사용보다는 등유, 가스, 목재연료 등을 사용하는 단독 난방기기를 사용하며 저소득층 주택은 특히 나무연료에 의존하는 비중이 높다.

03 산티아고의 미세먼지 문제

2011년 12월 31일까지 PM10의 기준은 24시간 농도로 150um/m² 이었다. 그러나 2001년 9월 11일자로 수정된 대법원 규례 59호에 따라 2012년 1월 1일부터 24시간 120um/m²의 농도로 규제가 강화되었다. 이를 위해서는 칠레정부는 일일 최대 평균의 50%를 감축하여야 하며, 연평균 43%를 감소시켜야 강화된 PM10의 규제를 만족시킬 수 있을 것으로 보고 있다.

<표 1> PM10 배출 규정

PM10 기준	1997년 μg/m³	2007년 μg/m³	기준 μg/m³	2007년 현황	
				기준내	기준초과
연간 기준 PM10	97	70	50	57%	43%
24시간 기준 98% 해당농도	317	233	150	50%	50%

출처 : 칠레 대기환경 개선 마스터플랜 수립 사업(한국환경산업기술원)

브라질 상파울루 시의 대기 자동 측정망 현황

장유운(한·중남미녹색융합센터 연구교수)

상파울루 주는 미세먼지(PM10), 초미세먼지(PM2.5), 이산화황(SO_2), 오존(O_3), 일산화탄소(CO), 일산화질소(NO), 이산화질소(NO_2), 질소산화물(NOx)에 대한 대기오염물질을 측정하고 있다. 상파울루 주가 운영하고 있는 측정소는 50개 측정소로 대기오염물질과 기상 측정을 포함하여 15개 항목을 측정하고 있다. 대기오염물질과 기상 항목을 동시에 운영하는 측성소는 43개로, 풍속·풍향·온도·습도·기압·일사량을 측정하는 곳은 20개에 이른다. 상파울루 주의 대기자동측정망은 CETESB(Companhia Ambiental do Estado de Sao Paulo)에서 관리하고 있다.

상파울루 시는 대서양에서 50km 떨어진 내륙에 위치해 있으며 인구 1,800만 명의 대도시다. 1970년대에 심각한 대기오염을 경험한 도시였지만 자동차 연료로 바이오 에탄올을 이용하면서 일산화탄소

<그림 1> 상파울루 주의 대기자동측정망 분포(상파울루 시는 제외)

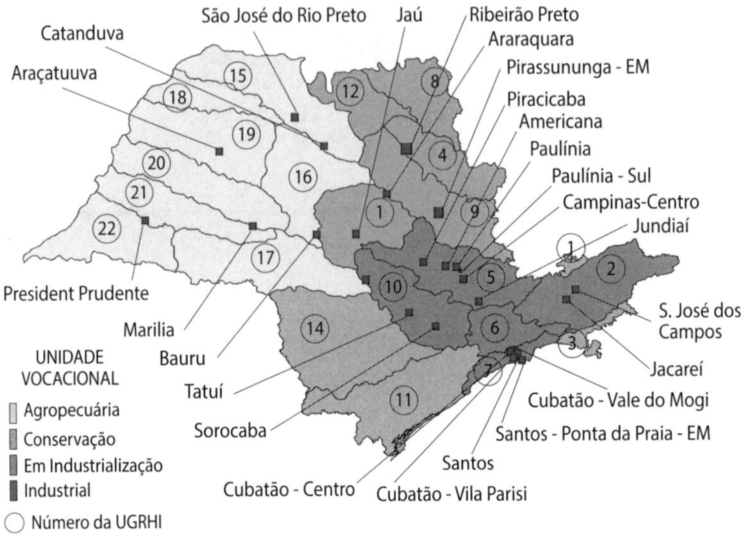

와 중금속의 대기 농도가 감소하기 시작하였다. 상파울루 시는 순번제·시간제에 따라 자동차 운행 제한을 통하여 지속적으로 대기오염 개선을 진행하고 있다.

상파울루 시의 대기오염물질의 관측은 1972년에 14개 측정소에서 이산화황(SO_2)과 검댕(black smoke)을 하루 단위로 측정하기 시작하였다. 1981년에는 자동으로 대기오염물질을 관측하는 시스템이 도입되어서 이산화황, 미세먼지, 오존, 질소산화물, 일산화질소, 비메탄유기화합물을 측정하였으며, 기상요소도 함께 관측하였다. 측정 주기는 기존 하루 단위에서 1시간 간격으로 측정해상도를 높였다.

상파울루 시는 26개의 대기오염측정망을 운영하고 있으며, 인접한 연안 지역에서도 5개 측정소가 운영 중이다. 가장 많이 측정하는 대기오염물질은 미세먼지로 24개 측정소에서 관측되고 있으며, 오존(19개), 질소산화물(17개), 이산화황(15개), 일산화탄소(6개), 초미세입자

<그림 2> 상파울루 시의 대기측정망 위치

출처 : CETESB

(5개) 의 순서로 측정소에서 관측되고 있다.

대기오염물질은 실시간으로 홈페이지(http://sistemasinter.cetesb.sp.gov.br/Ar/ php/ar_resumo_hora.php)를 통하여 공개하고 있다. 시각화를 위하여 '좋음'·'적정'·'나쁨'·'매우나쁨'·'경보'의 5개 수준으로 구분하여 대기수준을 공개하고 있다. 상파울루 주의 공개 홈페이지는 국내의 에어코리아(Airkorea)에 비하면 부족하지만, 장기간의 관측 자료를 제공을 하지 않는 국내와 달리 상파울루 주는 과거부터 현재까지 시간별 측정 자료를 개방하고 있다.

시간별 자료를 취득하는 첫 번째 방법은 홈페이지에 공개되어 있는 2013년 5월 8일부터 측정된 자료를 내려 받는 것이다(http://sistemasinter.cetesb.sp.gov.br/Ar/php/ar_dados_hora rios.php). 이 방법은 시간별 자료를 저장할 수 있지만, 한 번에 일일 단위로 한 개 측정소의 자료만 내려 받을 수 있어서 여러 측정소에서 그리고 필요한 기간이 많을 수록 어려움이 따를 수 있다.

다른 방법은 브라질 시민권이 있을 경우로 CETESB에 가입하면 과거 자료까지 확보할 수 있다. 이 방법은 측정소에 따라 기간을 설정하고 자료를 내려 받을 수 있지만, 필요한 자료를 저장할 경우는 특정 오염 물질 1개만 다운 받을 수 있도록 제한되어 있는 단점이 있다.

상파울루 시는 다른 중남미 도시에 비하여 좋은 대기질을 유지하고 있지만, 2011년에 약 4만 명 이상이 대기오염으로 사망한 것으로 전해지면서 대기오염에 대한 관심이 높아지고 있다. CETESB에 따르면, 상파울루 시에서 오존의 환경기준 초과일 또한 증가하는 경향을 나타내는 것으로 조사되었다. 대도시에서는 차량 배출량 저감이 오히려 대기 오존 농도를 증가 시키는데 기여할 수 있기 때문에 대도시 대기질 관리 정책은 더욱 세밀하게 검토되어야 한다.

브라질 히우 데 자네이루(Rio de Janeiro)의 이벤트 도시 구축과정과 전략적 배제

장수환(한·중남미녹색융합센터 연구교수)

브라질 히우(Rio de Janeiro)가 대형 국제 행사의 장소로 등장한 것은 1992년 세계 환경정상회의(World Summit on the Environment) 개최 이후이다. 그동안 히우는 글로벌 자본을 끌어들이는 핵심 전략으로서 대형 이벤트 도시개발 모델(mega-event model)을 구축했다. 히우는 2007년 범미주경기대회(Pan American Games), 2011년 세계 군인 체육대회(Military Games), 2010년 세계도시포럼(World Urban Forum), 2013년 세계청년대회(World Youth Day), 2014년 월드컵대회(FIFA World Cup), 그리고 2016년 올림픽(Olympic Games)의 개최 도시이다. 이러한 "히우의 기회(Rio moment)"에 기여한 패러다임이 있었다. 1990년대 신자유주의 거버넌스(governance)의 도입이 그것이다. 브라질 대도시에서 이러한 신자유주의적인 접근법은 유동성이 증가한 글로벌 금융자본을 끌어들이기 위한 "가공의(mythical)" 도시 간 경쟁을 위해, 그리고 글로벌화에 의한 새로운 상황에 대응하기 위해 선택한, 탁월한 방법으로 간주되었다. 이 접근법에서는 도시 이미지를 개선하여 그 자산을 재포장하고(repackageing), 외국의 투자자, 납세자, 부유한 여행객, 전문가들을 끌어들이기 위해서 경쟁적인 이익을 마케팅하는 데 중점을 두었다.

새로운 도시정책 동향을 좀 더 이해하기 위해서는 간단하게나마 1980년 말에서 1990년대 중반까지의 몇몇 특징들을 살펴보는 것이 중요하다. 이 시기는 도시계획활동가가 도시정치에 영향을 준 마지막 시기라고 볼 수 있으며, 실제로 프로젝트와 정책으로 도시변화(urban transformation)에 영향을 주었다. 이 시대의 유산으로는 주택 및 환경정책, 그리고 도시 마스터플랜, 도시재생에 관한 일반적인 가이드라인 구성, 슬럼가 청산, 모든 계획단계에서 일반대중 참여 수용, 진보적인 토지세 수용을 위한 초석 등이 포함된다. 이러한 혁신은 분명 브라질의 재 민주화(re-democratization)과정과 관련이 있다.

그러나 1990년대 도시정치에서 많은 변화들이 나타났는데, 이는 공공과 민간영역사이의 새로운 공생관계를 옹호하면서 도시의 제도적 구조와 관리 양식에 영향을 주었다. 이러한 관계는 특히 부동산 자본과 시의 행정 권력 사이의 '오랜 동맹의 합법화(legitimation of old alliances)'로 볼 수 있다. 이 시기 동안에 계획 활동 범위는 허가와 조사로 축소되었고, 부동산 시장과 공공서비스의 민영화를 제공하거나 촉진하는 것으로 한정되었다. 이러한 정치적 재편은 사회적 불평등을 줄이는 데 도움이 될 수 있는 정책 시행에는 방해물로 등장하였다.

다양한 도시 근린지역을 세밀히 구상했던 도시재건축계획(PEU)이 1989년 마스터 계획의 중심이었던 반면에, 이러한 계획제도는 시간이 흐르면서 점차적으로 무시되었다. 1996년도에 시작된 재건축 시기에는 마스터 계획이나 시의 일반적인 계획도 전혀 참고하지 않았으며, 히우 시다지(Rio Cidade)와 같은 상징적인 프로젝트 등은 상업지역을 재생하는 국제적인 모델을 따랐다. 히우는 1990년대 중반에 기업형 거버넌스 모드를 채택했으며, 바르셀로나에서 착수되었던 전략계획 접근 방법을 따랐는데, 이 접근법은 특히 라틴아메리카에서 그리고 세계적으로도 모방된 방법이기도 했다. 바로셀로나의 경우는 도시기반시설 재생과 쇠퇴된 도시이미지를 활기차게 끌어올릴 문화 스포츠 이벤트에 민간자원을 동원하고 외부자본을 끌어들이는데도 성공했으며, 바르셀로나를 글로벌 경제로 편입시키는 데도 성과를 내었다.

이러한 바르셀로나의 경험은 히우의 새로운 도시비전에 영향을 주었을 것이다. 1995년 말, 히우는 라틴아메리카의 첫 번째 전략 계획인 히우 시의 전략계획(Plano Estratégico da Cidade de Rio de Janeiro)을 내놨다. 이 계획의 주요내용은 히우 시의 '자연적인' 특색을 관광자원으로 복원하는 것과 내부투자를 끌어들이고 도시를 가시화하는 방법으로써 대형 스포츠 이벤트를 계속적으로 개최하는 것이었다. 히우의 최근 메가 이벤트 수용은 지자체, 주, 연방수준에서의 정치적 연합의 결과이기도 하다. 룰라 대통령과 노동당, 히우 주지사인 세르지우 까브랄(Sergio Cabral), 그리고 히우 시장인 에두아르두 빠에스(Eduardo Paes) 사이의 강한 정치적 연대도 이러한 이벤트 수용이 실현되는데 영향을 주었다.

2014년 월드컵과 2016년 올림픽 개최를 위해 시장친화적인 계획, 그러면서도 동시에 엘리트적이고, 분리적이고, 배타적인 성격의 비전을 가지고 도시프로젝트를 계획하였다. 히우의 대형 이벤트는 도시계획에서 권력과 자본의 집중을 촉진하고 공공서비스와 공공 장소의 민영화를 촉진하는 공공정책으로 제안되었다. 대형 민간 회사와 건축회사(Odebrecht, OAS Ltd)가 도시에서 영향력을 확장해 왔고 월드컵과 올림픽 관련 프로젝트의 많은 주요 공사 입찰을 따냈다. 그중에서도 이러한 회사들은 새로운 간선급행버스체계(Bus Rapid Transit, BRT), 전철의 확장, 마라까낭 축구경기장(Maracanã Stadium) 보수, 히우의 큰 항구 재생프로젝트인 마라빌랴 항구(Porto Maravilha) 사업에도 참여하였다. 이러한 투자로 도시경관 및 교통부문에서 민간회사들의 역할이 강화되는 결과가 나타났다.

히우에서 메가 이벤트의 촉진으로 나타난 특징 중 하나는 편의주의적인 프로젝트의 선호와 채택이었다. 많은 공공 프로젝트는 지방자치정부의 자급자족 시장 이니셔티브로 사용되어 왔으며, 지방정부는 올림픽 이벤트가 가져올 스포츠 및 도시기반시설, 대중교통 등의 긍정적인 요소들을 약속했다. 히우에는 올림픽 관련 투자에 2백억 달러 규모가 투입된 것으로 추산되고 있으며, 이 중 대부분은 다양한 정부수준에서 직접 투자 또는 보조금 융자의 형태로 온 것이다. 비록 이러한 투자가 올림픽이나 월드컵만을 배타적으로 지원하는 것은 아니라 할지라도, 이 두가지 대형 행사만으로도 연방정부는 브라질의 새로운 'showcase' 로서의 히우에 더 많은 예산 지출을 정당화할 것은 분명하다. 특히 규모면에서 대형인 BRT lines은 히우 2016 교통 프로젝트의 중심이며, 히우의 역사상 교통부문에서 가장 규모가 큰 투자이다. 150km가 확장되기로 되어 있어서 건설과정에서 수만 명의 거주자들이 그 지역을 떠나야 하며, 이러한 교통체계는 도시경관에 앞으로 영구적인 사회적, 물리적 영향을 줄 것으로 예상된다.

밀톤 산토스(Milton Santos)에 의하면 '글로벌화는 자본주의 세계의 국제화의 정점(culminating point)이며, 경제적인 영역에서 뿐만 아니라 특히 새로운 도시정책이나 새로운 절차 패러다임을 합법화하여 도시공간생산에서도 그 영향력을 나타낸다. 올림픽 도시의 생산은 다수의 에이전트와 복잡한 토지이용 전략을 동원하여 강렬한 이미지를 구축하는 과정에서 나온 결과이다. 이는 공간의 주요 재배치를 필요로 하며, 종종 시장지향의 공간 배치를 가져오며 시와 시정부를 깊숙이 변형시킬 수 있는 관리 접근법을 필요로 한다. 모든 시민에서 이익이 될 것이라는 '도시 재생산'이라는 가공의 이미지를 투영하여 종종 도시공간의 상품화(commodification)의 결과를 가져오며 지역주민을 소외하는 사회-공간상의 배타성을 띤다.

도시의 합성적인 이미지의 확산과 전망은 히우의 정치적 경관에서 새로운 현상은 아니다. 200년 동안 히우는 브라질의 수도(national capital)였으며, 독특한 지리적 위치 때문에 상징적인 프로필이 그 개발을 대표해온 도시이기도 하다. 그러나 메가 이벤트 주최지로서의 기회는 'Rio's turn' (A Vez do Rio) 또는 'Rio's moment' (O Momento Rio)라는 단어로 떠올려지듯이 글로벌 관심, 내부로의 투자, 그리고 도시의 '상징적 수도라는 원시적 축적(primitive accumulation of symbolic capital)'을 향상시킬 수 있는 특별 이벤트로 이해될 수 있다. 그러나 그 과정에서

<그림 1> 올림픽 클러스터와 마라빌랴 항구 프로젝트 지역위치

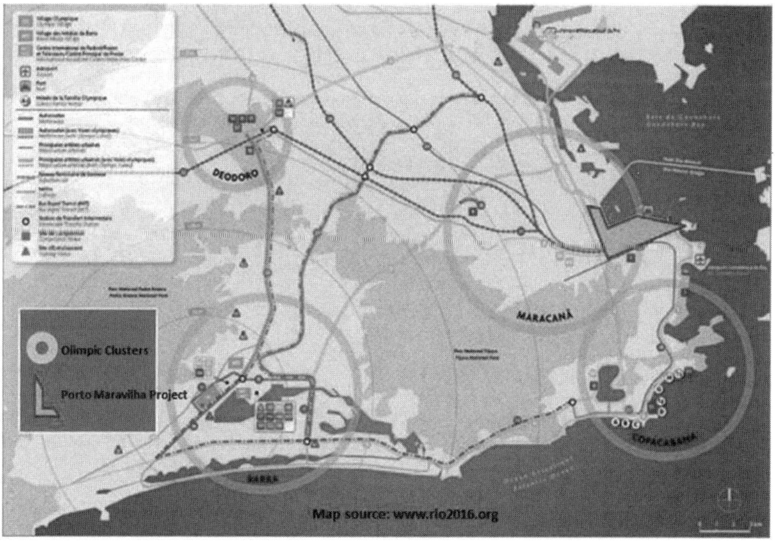

배타와 배제는 메가 이벤트의 한 세트처럼 따라왔다. 마라빌랴 항구(Porto Maravilha)에서 고급주택화(gentrification)와 사회적 배제는 시장의 보이지 않는 손에 의한 도시 리뉴얼의 우연한 산물이 아니라, 시장주도의 도시 재개발과 부동산 투기를 위한 중요한 조건이기도 했다. 아래 그림은 마라빌랴 항구의 위치(v)와 올림픽 클러스터 위치(3개의 원)를 나타낸 것이다.

원래의 계획은 이 지역에 2만 세대의 저임대주택을 지을 작정이었으나 뒤이은 계획은 재개발지역의 가치를 떨어뜨리지 않도록 5백 개의 사회주택을 지가가 저렴한 중앙 철도역(Central do BRAZIL) 인근에 짓는 것으로 축소했다. 2013년 8월 한 기고문에서 에두아르두 빠에스(Eduardo Paes)는 이 항구 지역에 거주용도보다는 상업 용도에 우선권을 줄 것이라고 인정했다. 금전적인 측면에서 보면 가장 좋은 프로젝트 시나리오는 저소득 거주자들을 마라빌랴 항구(Porto Maravilha)의 바깥쪽으로 완전히 재배치시키는 것이다. 이미 2011년 말에 약 5천 가구가 이주하였다. 공유지를 무단으로 점유하고 있는 많은 사람들

<그림 2> MCMV 프로젝트에 의해 빈민거주지역에서 인구이동(2008-2012)

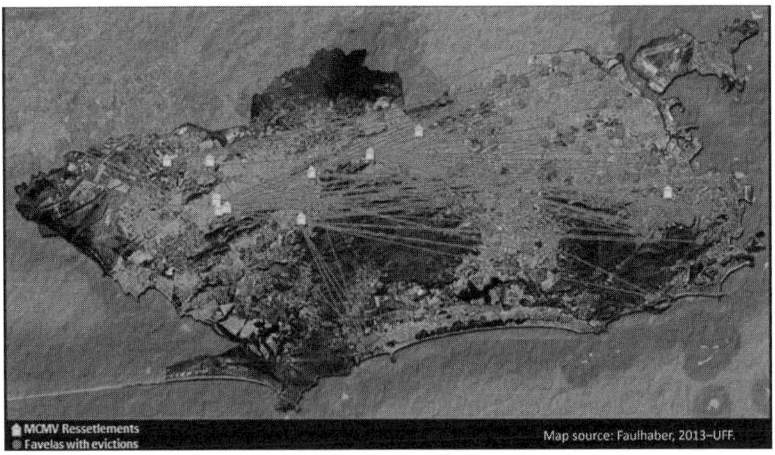

은 건물 보수를 하고 소유권을 얻기 위해 협상에 참여하고 있다. 아래 그림은 2008년에서 2012년 동안 MCMV 프로젝트(Minha Casa Minha Vida: My House, My Life Housing Project)에 의해 빈민거주 지역에서 재배치된 인구이동 방향을 나타낸 것이다.

메가 이벤트 도시전략계획의 초기에 인근지역사회는 마라빌랴 항구(Porto Maravilha) 프로젝트로 인해 건설 및 서비스 부문에서의 고용창출을 기대하고 있었다. 그러나 점차적으로 희망은 두려움 또는 적개심으로 변해갔다. 이제 사람들은 그 지역사회가 직면한 위생, 교육, 보건과 같은 중요한 문제를 해결하는 데 엄청난 수백만 달러의 프로젝트는 도움이 되지 않는다고 불평을 하고 있다. 대형 이벤트의 이해당사자들의 이익을 위해 정작 거주민들은 그 지역에서 의도적으로 추방당하고 있다고 느끼고 있다.

참고문헌

1) Fernanda Sánchez & Anne-Marie Broudehoux (2013), Mega-events and urban regeneration in Rio de Janeiro: planning in a state of emergency, International Journal of Urban Sustainable Development, 5:2, 132-153

환경보호 vs. 환경테러

조성권(한성대학교 행정대학원 교수)

01 문제제기

20세기 후반부 지구온난화에 따른 기후변화로 인해 환경에 대한 관심이 대폭 증가하고 있다. 선진국은 말할 것도 없이 개발도상국조차 민간단체를 중심으로 환경보호운동이 급속히 전개되고 있다. 이처럼 인간이 환경에 대한 관심은 매우 오래되었으나 2차 대전 이후 환경에 대한 전환점은 1962년 라첼 카슨(Rachael Carson)이 "봄이 왔어도 새가 울지 않는다"라는 『침묵의 봄*(Silent Spring)*』을 발간하면서 시작되었다고 해도 과언이 아니다.

국제적 차원에서 환경운동의 본격화는 1972년 스톡홀름에서 개최된 환경 관련 회의에서 출발한다. 이때부터 중남미 국가들도 환경운동에 관심을 보이기 시작했으나 대부분 개발도상국 수준에서 정부차원의 환경운동은 한계가 있었다. 더구나 80년대 대부분의 중남미 국가들은 군사독재에서 민주정권으로 이양되었지만 외채 등의 경제문제에 치중하느라 환경운동에는 크게 관심을 두지 못했다.

그러나 1992년 브라질의 히우에서 UN 환경 및 발전회의를 시작으로 새로운 국면을 맞이했다. 왜냐하면 중남미는 세계에서 가장 많은 생물다양성이 존재하면서 동시에 생물서식지에 대해 가장 많은 파괴가 이루어지고 있는 지역이기 때문이다. 이후 글로벌 차원의 환경에 대한 관심은 1997년 교토 기후협약과 2009년 코펜하겐 기후변화협약 등 환경 관련 다양한 국제레짐과 이슈들이 제정되고 등장하면서 더욱 증가하고 있다.

이처럼 국제적, 국가적, 그리고 민간차원에서 환경에 대한 관심과 보호운동은 지속적으로 증가하고 있다. 그러나 급격히 악화되는 환경문제로 인해 일부 전통적 환경보호주의자 중에서 환경에 대한 이런 점진적인 증가에 대한 온건한 방법에 불만을 품은 개인이나 단체가 등장했다. 이들은 단순한 환경 관련 데모 혹은 주장을 넘어 좀 더 과격한 에코타지(ecotage; 공해 반대운동으로 환경파괴를 막기 위해 실력 행사를 함)와 방법을 통해 환경을 파괴한다고 판단하는 국가차원의 사업이나 개발회사 등에 방해를 하고 있다. 급기야 이들은 환경보호라는 미명하에 범죄 및 테러행위를 자행하고 있다.

02 환경 관련 테러

환경 관련 테러행위는 미국에서 시작됐다. 70년대 미국에서 일련의 환경 관련 보호법이 제정되면서 환경보호운동이 시작됐다. 그러나 일부 환경론자들은 환경보호가 별로 진척을 이루지 못했다고 믿었다. 따라서 환경을 파괴하면서 경제적 이득을 획득하고 있는 일부 개발주의자 혹은 산업주의자에 대해 물리력을 동원해서라도 저지해야 한다는 소위 적극적 혹은 급진적 환경운동(radical environmentalism)이 전개됐다.

최초의 급진적 환경운동은 미국에서 포맨(Dave Foreman)을 중심으로 1979년 결성한 'Earth First'라는 테러조직이다. 이 조직은 카슨의 『침묵의 봄』에서 영감을 얻고 산림감시원이었던 애비(Edward Abbey)의 1975년 저술(The Monkey Wrench Gang)에서 급진적 환경운동을 위한 기술적 도구를 얻었다. 포맨과 애비는 1985년 공동으로 환경보호를 위한 지침서(Ecodefense: A Field Guide to Monkeywrenching)를 저술하면서 적극적인 행동을 취했다.

예를 들면 이들 저술은 벌목을 방해하기 위해 벌목장 주변에 커다란 말뚝을 박는다든가 혹은 벌목장비에 불을 지른다든가 하는 행위의 기술을 분석한 것이다. 이 기술들이 결국 환경테러리스트의 도구가 된 것이다. 이들은 초기 캘리포니아와 태평양 북서부 지역의 벌목을 지연시키는 행위에 성공했다. 이들은 또한 거대한 목장의 울타리에 불을 지르거나 파괴하였다. 현재 이 조직의 뜻에 동참한 조직들이 19개 국가에서 활동하고 있으며 중남미에서는 멕시코가 유일하다. 또 다른 환경 관련 테러조직인 '지구해방전선(the Earth Liberation Front: ELF)'은 'Earth First'가 폭력적 행위를 줄일 때인 90년대 말에 결성했다. ELF의 테러행위는 주로 불을 질러 재산상의 손해를 입히는 것이다. 예를 들면 ELF는 1998년 야생고양이의 서식에 부정적 영향을 주는 콜로라도의 스키 리조트에 방화를 하여 약 1,200만 달러의 재산상의 피해를 입혔다. 또한 이 조직은 2000년 캘리포니아의 맨션건설 현장에 방화를 일으키기도 했다.

03 중남미에서 환경 관련 테러

중남미 국가에서 환경 관련 테러행위가 점차적으로 증가하고 있다. 아마도 중남미에서 최초의 환경 관련 테러는 멕시코 유카탄 남부에 위치한 벨리즈(Belize)에서 발생했다. 1992년 벨리즈에서 미국인 소유 리조트에 대한 폭탄테러가 발생했다.[1] 2009년에는 멕시코 ELF가 할리스코 주의 수도인 과달라하라에서 굴착기를 불태웠다. 2013년에는 멕시코에서 '야생을 관리하는 사람들'이라는 ITS(Individualidades Tendiendo a lo Salvaje) 조직은 "기술과 문명이 생태적 재앙을 유도한다"고 선언하면서 멕시코국립자치대학(UNAM)에 위치한 생명기술연구소의 연구원에 대한 폭탄테러 시도를 했다고 인터넷 블로그에 올렸다.[2]

<그림 1> '지구부터(Earth First)'의 상징

원래 이 조직은 2011년 멕시코 시내에 있는 몬테레이 기술 및 고등교육 연구소(the Monterrey Institute of Technology

1) Egbert Higinio & Ian Munt, "Belize: Eco-Tourism Gone Awry," NACLA, Vol.26, No.4, 1993, https://nacla.org/article/belize-eco-tourism-gone-awry

2) Robert Beckhusen, "Mexican Eco-Terrorists Declare War on Nanotechnology," 03.12.13, http://www.wired.com/dangerroom/2013/03/mexican-ecoterrorism/

and Higher Education)에 우편폭탄을 보내 두 연구원에 심각한 부상을 입히면서 처음으로 언론의 관심을 받았다. 이들은 같은 해인 2011년 국립자치대학의 생명기술 연구원에 대해 총격을 가해 살해하기도 했다. 2013년 2월에는 우편박스에 폭탄을 설치하여 관리인을 부상시키기도 했다. 이처럼 멕시코에서 ITS는 급진적 환경론자들과는 다른 더욱 폭력적 성향을 보이고 있다. 다음 글에서는 환경 관련 '환경테러'와 '에코테러' 등에 대한 개념적 정의를 살펴보고 그 방법과 행위자를 중심으로 논의를 전개한다.

03

라틴아메리카 기후변화 대응정책 딜레마

제20차 기후변화협약 당사국총회 기후행동 결정문 의의

박일수(한·중남미녹색융합센터 연구교수)

제20차 유엔기후변화협약 당사국총회(COP20)가 페루 리마에서 개최되어(2014. 12.1 ~14) 결정문인 “Lima Call for Climate Action”이 채택되었다. POST-2020(2020년 이후) 국가별 온실가스 감축목표 제출서 지침이 확정되었다. 금번 총회에서는 Post-2020 감축목표 등 각국의 기여(INDC ; intended nationally determined contribution)와 관련하여 제출 범위, 제출시기, 협의절차, 제출성보 등을 담은 당시국총회 결정문을 채택하였으며, 2020년 이후 신 기후체제를 규정하는 협정문(“2015 Agreements”) 작성을 위한 주요요소(element paper)를 도출하였다. 또한 녹색 기후 기금(GCF; Green Climate Fund)의 초기 재원조성 목표액인 100억불을 초과 확보하는 성과를 거두었다.

당사국총회가 채택한 더반플랫폼 작업반(ADP ; Ad-hoc Working Group

on the Durban Platform for Enhanced Action) 결정문에서는 INDCs에 감축 목표를 중심으로 하되 적응 관련 사항도 포함하는 것에 합의하였다. INDCs 제출준비가 된 국가는 2015년 3월까지, 여타 국가는 COP21에 충분히 앞서 제출하기로 합의하였다. 각국의 제출된 INDCs를 홈페이지에 게재하고 2015년 10월 1일까지 제출된 INDCs의 총량적 효과를 분석한 종합보고서를 2015년 11월 1일까지 준비하도록 사무국에 요청하였다. 각국이 현재의 감축행동을 넘어서는 강화된 자발적인 감축 보고서를 제출하도록 합의하였다. INDCs 투명성과 명확성을 확보하기 위한 사전정보에 기준 년도, 계획 기간 및 적용범위 등을 포함하기로 결정하였다. 그리고 목표수립을 위한 계획절차, 온실가스 배출·흡수량 관련 방법론, 국가별 상황과 협약의 목적달성에 기여하는지에 비추어 공정하고 의욕적임을 설명하는 이유 등을 제공하도록 결정하였다.

2015년 말 파리 당사국총회(COP21)까지 채택하기로 한 신 기후체제 협정문의 주요항목이 포함된 문서를 확정하였으며, 동 문서를 토대로 신 기후체제 협정 문안을 본격 조율해 갈 예정이다. 감축분야에서는 장기적이고 지구적인 관점의 감축 수준, 감축공약, 시장메커니즘 등 보조적 감축수단, 관리체계 등을 포함하고 있다. 전 지구적 적응목표, 적응공약 또는 기여, 평가체계, 정보공유, 재정과의 연계 등 관리체계도 포함되었다. 재원은 주요 원칙, GCF 등 기구의 역할, 기후재원의 규모 및 재원 관련사항, 지원의무 대상 등을 포괄하고 있다. 기술 개발 및 이전, 능력형성, 그리고 투명성 등에 대한 각국의 공약 및 관리체계도 포함되었다.

현재의 감축목표가 산업화 이전 대비 지구평균기온 상승을 2도 또는 1.5도 이하로 억제하기에는 미흡하다는 데 공감하고, 기존의 2020년까지의 기후변화 대응행동 이행에 대한 점검절차와 감축강화

방안을 마련하였다. 선진국의 2013~2020년간의 의무감축목표를 담기 위해 도하에서 개정(2012.12월)된 교토의정서 개정안의 비준을 촉구하였다. 2016년 및 2017년 협상회의에서 협약기구 운영상황, 개도국 지원(재원, 기술, 능력형성) 정도 및 모범사례 공유 등의 진전 상황을 검토하고 협약기구의 업무 등을 점검·평가하는 포럼을 개최하기로 합의하였다. 또한 정책수단 발굴·기술이전·이해관계자별 역할강화·국제협력 활성화 등으로 추가 감축수단을 모색하기 위한 전문가회의를 개최하고 기술보고서 및 정책결정자용 요약보고서를 작성하여 공유하기로 합의하였다. 리마 기후행동 고위급회의와 유사한 기후행동 고위급회의를 매년 개최할 것을 권고하였다.

회의기간 중 노르웨이(1.29억달러 추가지원), 호주(2억 호주달러), 벨기에(5천만유로) 등 선진국뿐만 아니라 페루, 콜롬비아(각 6백만달러) 등도 GCF 공여금액을 발표하면서 초기재원 조성규모가 28개국에서 102억불로 증가하였으며, 재원의 투명성에 대한 논의가 진전되었다. 2년마다 재원조달과 흐름을 평가하는 재정상설위에서는 전반적인 기후재원에 대한 규모를 측정하여 총회에 보고하였으며, 총회는 재정상설위에게 측정, 보고, 검증 체계를 개선하여 기후재원에 대한 투명성을 확대할 것을 요청하였다.

제 5차 IPCC 과학평가 보고서 분석

- 21세기말 기온은 3.7도, 해수면은 63cm 높아져 -

박일수(한·중남미녹색융합센터 연구교수)

기후변화에 관한 정부간협의체(IPCC : Intergovernmental Panel on Climate Change)는 1990년 이래 5~6년 간격으로 지금까지 4차례의 기후변화평가 보고서를 발간했다. 2013년 9월 27일 스웨덴 스톡홀름에서 IPCC「WGI (기후변화의 과학적 근거를 담당) 제5차 평가보고서」중「정책결정자를 위한 요약보고서」에는 기후변화의 원인, 기후시스템과 최근 변화에 대한 이해와 미래의 기후전망 등이 포함되어 있다. 이번 종합보고서는 2014년 10월에 개최된 회의와 총회에서 각각 채택되었다.

"최악의 경우 해수면이 현재보다 91.4cm 상승할 수 있다. 기후 변화의 주된 원인이 인간이라는 사실은 95% 확실하다." 유엔 산하 정부간기후변화위원회(IPCC)가 스웨덴 스톡홀름 국제 기후회의에서 발표한 5차 평가 보고서의 주 내용이다. IPCC는 현재 수준으로 온실가스가 배출될 경우 21세기 말 지구 해수면은 29~91.4cm 상승할 수 있는 것으로 평가했다. 최악의 경우 뉴욕이나 런던·상하이(上海)·시드니와 같은 세계 주요 도시가 모두 물에 잠기게 된다. 한국에서도 인천 등 주요 해안 도시들이 위험에 처할 것으로 보인다.

IPCC는 2007년 4차 평가 보고서에서 2100년의 해수면 상승치를 18~59cm로 예측했다. 로이터에 따르면 IPCC는 6년 전 전망을 상향 조정해 최소 29cm, 최대 82cm까지 오를 수 있는 것으로 결론 내렸다. 최대 상승 가능치가 23cm나 높아진 것이다. NYT는 IPCC 과학 패널 중 일부는 해수면이 최소 53cm, 최대 91.4cm까지 상승할 것으로 보는 더욱 어두운 전망도 있다고 소개했다.

해양환경관리공단 모의실험에 따르면 해수면이 50cm만 올라가도 한반도에선 여의도 면적의 11배에 달하는 $49km^2$가 물에 잠긴다. 최악의 시나리오대로 1m 가까이 상승한다고 가정할 때 여의도의 33배에 달하는 면적이 사라진다. 경제적 피해도 막대하다. 3월 한국환경정책평가연구원은 2100년 한반도 해수면이 1.36m 상승할 것으로 예측했다. 이럴 경우 경제적 피해 규모는 현재가치로 286조 3,721억원에 달한다.

이번 IPCC 보고서는 특히 기후 변화의 주범이 인간이라는 사실이 95% 확실하다고 밝혔다. 2007년엔 90%, 2001년엔 66%였지만 이젠 화석연료 사용과 같은 인간의 활동이 주된 원인이라는 사실에 별 의심의 여지가 없어진 것이다. NYT는 보고서가 "인간의 활동이 1951~2010년 지구 표면 온도 상승의 주된 원인이며, 이로 인해 해수면 상승 등 극단적인 기후 변화가 발생했다는 데 강한 확신을 갖는다"고 명시했다고 전했다.

온실가스의 감축 없이 현재와 같은 추세로 온실가스를 배출하는 경우(이산화탄소(CO_2) 농도가 2100년 936ppm에 도달할 경우), 21세기 말(2081~2100년) 지구의 평균기온은 1986~2005년에 비해 3.7℃ 오르고 해수면은 63cm 상승할 것으로 전망됐다. 최악의 경우 기온은 4.8℃ 해수면은 현재보다 91.4cm 상승할 수 있다고 전망하였다. 그러나 감축이 상당히 실현되는 경우(CO_2 농도가 2100년 538ppm에 도달할 경우), 평균기온은 1.8℃, 해수면은 47cm 정도로 상승폭을 완화시킬 수 있을 것으로 내다봤다. 온난화 현상이 지속될 경우에는 2100년 뉴욕·상하이는 물에 잠기며, 한반도에서는 여의도의 33배 면적이 사라지는 것으로 예측되었다.

지구에너지에 불균형을 초래하는 모든 물질과 과정이 기후변화의 원인이 되고, 특히 대기 중의 CO_2 농도가 주요 원인임을 밝혔다. CO_2 농도는 2011년 391ppm으로 산업화(1750년) 이후 인간 활동에 의해 40% 증가하였다. 지구의 평균기온은 1850년 이래 지난 30년(1983~2012년) 동안이 가장 더웠고, 21세기의 첫 10년은 더 더웠던 것으로 나타나 지구온난화가 지속되고 있음을 확인했다.

또한, 지구온난화로 인한 지구 평균기온은 지난 133년간(1880~2012년) 0.85℃(0.65~1.06℃) 상승했다. 평균 강수량의 변화는 뚜렷하지는 않으나, 1901년 이후 북반구 중위도 육지에서 강수량이 증가했다. 지구의 평균 해수면은 110년간(1901~2010년) 19cm(17~21cm) 상승했다. 지구의 빙상과 빙하의 양은 줄고 있다. 지난 34년(1979~2012) 동안 북극 해빙은 연평균 면적이 10년에 3.5~4.1%의 비율로 줄어들었을 가능성이 높고, 남극 해빙은 1.2~1.8%의 비율로 증가했을 가능성이 매우 높다.

지역적으로 예외가 있지만, 지구 대부분 지역에서 온난화된 기후로 인해 건조지역과 습윤지역의 계절 강수량 차이가 커지고, 우기와 건기 간의 기온의 차이도 더 벌어질 것이다. 고위도와 적도 태평양의 경우 강수량이 증가할 가능성이 매우 높다. 동아시아의 경우, 21세기 말(2081~2100년)의 평균기온은 1986~2005년에 비해 2.4℃ 상승하고, 강수량은 7% 증가할 것으로 전망하고 있다. 가장 중요한 내용은 "기후변화의 주된 원인이 인간이라는 사실은 95% 확실하다" 는 것이다.

제 5차 IPCC 기후변화 영향 및 적응에 관한 평가보고서 분석

박일수(한·중남미 녹색융합센터 연구교수)

기후변화에 관한 정부 간 협의체인 IPCC(Intergovernmental Panel on Climate Change)는 2014년 3월 25일~29일 간 일본 요코하마에서 제10차 제2실무자그룹(WGⅡ) 회의 및 제38차 총회를 개최하여 "제5차 평가보고서(Climate Change 2014: Impacts, Adaptation and Vulnerability)"를 승인했다.

IPCC는 이번 보고서에서 기후변화의 부정적인 영향을 줄이기 위한 수단으로 적응의 중요성을 크게 강조하면서, 인류에게 중대하고 돌이킬 수 없는 영향을 미칠 수 있는 기후변화의 주요 위험(key risk)을 구체적으로 제시하고, 지역과 상황에 따른 효과적인 적응 행동이 기후변화의 위험 수준을 크게 감소시켜 인류의 지속가능한 발전을 이끌 수 있다고 강조하였다. 이번 보고서는 전 세계 300여명 이상의 저자들이 참여하였으며, 자연 및 인간 시스템에서 관측된 기후변화 영향과 취약성, 부문별·지역별 미래 위험, 미래 위험관리와 회복력 강화 등으로 구성되어 있다.

01 관측된 기후변화 영향 및 취약성

기후변화로 인한 강수량 변화, 눈과 얼음의 융해가 지구의 수문학적 시스템을 변화시키고 있으며, 기후변화로 인해 빙하 및 영구동토층 감소, 생물종 서식범위와 개체 수 변동 등의 영향이 나타나고 있다. 농작물의 생산 저하와 곡물가격 급등, 폭염·가뭄·홍수·산불 등은 인간시스템이 기후변화에 상당히 취약함을 보여주며, 특히 빈곤층에게 추가적인 부담이 된다. 아시아 대륙에서는 기후변화로 시베리아·중앙아시아의 영구동토층 감소, 열대 아시아 해양의 산호초 감소, 동아시아의 식물생육 변동, 남아시아 지역의 밀 생산량 감소 등이 나타나고 있다.

02 부문별·지역별 미래 위험

2013년 9월에 승인된 IPCC 제1실무자그룹 제5차 평가보고서의 기후변화 전망[1)]에 따른 미래의 주요 위험 요소들로 (i) 해수면 상승, 연안 홍수 및 폭풍과 해일로 인한 생명·재산피해, (ii) 홍수로 인한 재

1) 지난 112년간 지구 평균기온이 0.89℃ 상승하였으며, 현재 추세로 감축 없이 온실가스를 배출한다면(RCP8.5), 21세기 말(2081~2100년)에는 전 지구의 평균기온이 3.7℃, 해수면은 63cm 상승하는 것으로 전망.

해 및 질병, (iii) 사회기반시설과 핵심 공공 서비스의 와해, (iv) 극한의 장기간 혹서로 인한 취약 도시인구의 사망, 질병 및 기타 재해 위험, (v) 농업생산성 저하 및 식량 불안정 등을 지목하였다.

부문별로는 대부분의 건조 아열대지역에서 지표수와 지하수의 감소, 20세기 말 2℃ 상승할 경우 2030년부터의 식량생산량 감소, 육상 및 담수 종의 멸종위험 증가, 연안홍수로 인한 토지유실 등 전 부문에 걸쳐 위험 수준이 증가하며, 세계경제 총 손실액이 소득의 0.2%~2.0%(1,400억~1조 4천억 달러)에 달할 수 있다. 한반도를 포함한 아시아 지역에서는 홍수로 인한 사회기반시설 파괴, 폭염 관련 사망, 가뭄 관련 물·식량 부족이 미래의 주요한 기후변화 위험이 될 것으로 전망된다.

03 미래 위험관리와 회복력 강화

기후변화로 인한 위험 요소들을 줄이고 그 부정적인 영향에 대한 회복력을 강화하는 효과적 적응의 원칙으로서, 지역과 상황의 특수성 고려, 개인과 정부의 상호협력, 공동편익을 고려한 적응정책 추진, 경제적 인센티브 제공 등 지원을 제시하였다. 또한, 인류의 지속가능 발전 경로로 기후회복 경로를 소개하면서 온실가스 감축과 적응의 연계를 통한 상호 시너지 효과의 활용, 정치·경제·기술적 시스템의 전환을 강조하였다.

환경부는 기후변화적응 부문의 총괄부처로서 이번 총회에서 제시된 전 지구적 기후변화적응 분야의 과학적 연구결과와 적응원칙·사례 등 주요 내용을 국내에 전파하고 적응대책에 반영할 예정이다.

라틴아메리카의 화석연료 부문 이산화탄소 배출 증가 전망과 평가

하상섭(한·중남미녹색융합센터 연구교수)

에너지 수요 증가는 세계 탄소 배출량 증가를 유인하는 가장 큰 원인이다. 세계에너지전망(IEA 2007)의 '배출전망치(Business-as-usual) 시나리오'에 의한 통계를 보면, 2030년에 이르면 세계 에너지 수요가 오늘날에 비해 거의 55% 정도 증가할 것이라고 보고하고 있다(연평균 1.8% 증가 고려). 특히 이러한 증가율은 대부분 개발도상국의 수요 증가(74%)에 의해 확대될 것으로 전망하고 있다. 사실 2030년까지 개발도상국은 현재의 41%(2010년)에서 상승하여 거의 세계 절반이 넘는 에너지 시장 수요를 책임질 것이다. 하지만 여기에서 주목해서 봐야 하는 국가들은 중국과 인도로 이 두 국가가 세계 총에너지 수요 증가분의 45%를 차지하고 있기 때문이다. 세계에너지공급 관점에서 보면 특히 화석연료가 미래 에너지원으로 지배적일 것이며, 배출전망치

시나리오 상으로 그리고 에너지수요 측면에서도 이 화석연료는 84%를 점하게 될 것이라고 분석된다. 개발도상국의 점증하는 에너지 수요에 의해 에너지 필요성도 점차적으로 증가하기 때문에 현재 에너지 공급에서 화석연료의 중요한 비중은 계속 유지될 것으로 전망된다. 이러한 이유들로 인해 '배출전망치 시나리오' 상으로 보면 상당할 정도의 온실가스 배출이 발생할 것으로 전망된다.

상대적으로 에너지와 관련된 부문에서 적은 배출량을 보이는 라틴아메리카 국가들의 경우 예상되는 연간 배출량의 규모는 다른 대륙들에 비해 상당할 정도로 낮다. 2006년 국제에너지기구(IEA)의 세계에너지 전망에 의하면, 라틴아메리카 에너지 관련 이산화탄소 배출은 2004년-2015년 사이 27%까지 증가할 것이고, 2004년-2030년 사이에는 71%까지 증가할 것으로 예상하고 있다. 하지만 라틴아메리카의 에너지 관련 이산화탄소 배출은 그다지 크지 않은 규모이며, 여타 개발도상국의 증가 예상치, 예를 들어 2015년에 이르면 현재보다 51%까지 증가하고 2030년에 이르면 108%까지 약 2배 정도는 증가할 것으로 예상되는 지역과는 다르다.

비교적 차원에서 접근해 보면 OECD 국가들의 화석연료 이산화탄소 배출은 2004년-2030년 사이에 21%까지 증가하는 것으로 예상되고 있으며 2015년까지는 12%에 머무를 것으로 예측되고 있다. 가장 기본적인 '배출전망치 시나리오'에 위하면 국제에너지기구(IEA)는 2006년 중간까지 현재 채택하고 있거나 이행 중에 있는 모든 국가들의 정부 정책들을 보면 - 배출 완화 조치 차원- 대부분의 많은 국가들이 여전히 실질적 이행은 안하고 있는 것으로 보고되고 있다. 2006년 국제에너지기구는 좀 더 긍정적인 대안 정책 시나리오를 통해 개별 국가들의 에너지 안보와 에너지 관련 이산화탄소 배출의 균형을 맞출 수 있도록 하는 대안 정책들을 받아들이도록 권고했다. 미래 배출 증가에 대한 예상 결과로 라틴아메리카를 포함한 개발도상국의 경우 약 33%로 낮았으며 이는 거의 OECD 국가들에 비해 90% 낮은 수치이다. 이러한 시나리오로 보면 2030년까지 OECD의 배출은 2004년 수준에서 약 3% 정도 증가가 예상되지만, 라틴아메리카의 경우는 47%, 그리고 여타 개발도상국 지역에서는 70% 증가가 예상된다.

라틴아메리카 지역에 대한 국제에너지기구(IEA)가 예상하는 에너지 관련 배출량의 느린 증가라는 가정은 여타 지역과의 비교에서 산출량이 느리게 증가할 것이라는 예측에서 비롯된다. 예를 들어, 라틴아메리카 지역의 산출량은 연간 4.7% 비율로 증가하는 다른 지역들과 비교해 3.2% 비율로 느리게 증가하고 있기 때문이다(OECD의 경우는 2.2%). 이처럼 개발도상국에서 예상되는 GDP 성장률과 인구 성장률 가정은 연간 1%에 가까우며 OECD 국가들은 0.4%로 예상된다. 현재 국제에너지기구(IEA)는 이러한 배출 증가 예상 비율 그리고 에너지 집중 지수를 통해 배출 감소를 예상해 보거나 감축시나리오를 제공해 오고 있다. 이에 더하여 국제에너지기구(IEA) 의 배출량 예상 변화를 나타낸 '카야의 탈구성'이라는 분석 모델에 의하면, 에너지의 탄소 집중에서 감축에 대한 기대는 라틴아메리카 국가들이나 OECD 국가들에서 크게 발생하지 않을 것으로 보인다.[1]

하지만 다른 개발도상국가에서는 특히 2004-2015년 사이 실질적으로 에너지 단위당 배출량의 증가가 있을 것이라고 국제에너지기구

1) 일명 '카야의 구성(Kaya composition)'은 지구온난화, 혹은 탄소배출 주요 원인과 정도(level) 연구에 집중한 일본학자인 가야(Kaya)에 의해 고안된 것으로 이러한 카야의 구성에 의하면, 온실가스의 주요요인인 이산화탄소 배출을 결정하는 인간 활동들과 배출 수준은 다음과 같은 네 가지 요인 - 인구수, 일인당 GDP, 단위 GDP당 에너지사용, 에너지소비 단위당 탄소배출 –에 의해 결정된다는 주장과 함께 그는 일명 '가야 방정식'을 구상했다: F(총배출량)=P·(G/P)·(E/G)·(F/E)=(F/G)·G. 설명하자면, F는 총탄소배출량, P는 인구, G는 GDP, E는 에너지소비이다. 좀 더 자세한 내용은 Kaya, Y. and K. Yokobori(1993), pp. 271-80; 김진웅·김원규·노영진(2011), p. 36 각주 9 설명 참조.

(IEA)는 기대하고 있다. 그럼에도 불구하고 '기조선(베이스라인)' 시나리오에 의하면 개발도상국가에서 에너지 집중에서 많은 감축이 예상되고 있다. 라틴아메리카 지역에서 이러한 감축은 OECD의 59% 수준의 감축에 비교해 2004년 이 지역 배출 수준의 94%를 감축할 것으로 예상된다. 다른 개발도상국에서도 비슷한 감축을 보일 것이며 아마 243% 배출 감소로 나타날 것으로 예상된다.

국제에너지기구(IEA)의 긍정적인 대안 전략은 에너지 탄소 집중 부문에서 배출 감소 잠재성을 증가시키는 역할을 하고 있다. 탄소 집중 부문에서 예상되는 감소량은 이 지역의 2004년 배출량의 6% 정도에 해당하는 기여를 할 것으로 기대된다. 조금 큰 규모의 감소량으로 약 12% 정도는 OECD 국가들에서 예상된다. 라틴아메리카 지역의 경우 이 예상치가 의미하는 바는 이 지역의 1차 에너지 공급 부문에서 2004-30년 동안에 20%에서 29%로 가스 연료의 사용량 증가가 예상된다. 주로 오일과 바이오매스 대신에 다른 에너지원들 예를 들어, 현재 기본적으로 정체를 보이고 있는 석탄, 수력발전 그리고 다른 재생에너지원들이 대체해 나갈 것으로 전망된다.

좀 더 긍정적인 시나리오에 의하면 수력이나 원자력, 바이오매스 그리고 여타 재생에너지원에 의한 에너지 공급이 2004년 30%에 비해 2030년에는 1차 에너지 공급에서 35%에 이를 것으로 전망된다. OECD 국가들에 대한 예상에서 국제에너지기구(IEA)는 오일이나 석탄의 경우 10% 정도 감소량을 보일 것으로 예상하고 있으며 이는 이들 국가들에서 재생에너지원의 증가가 이를 가능하게 할 것이라고 전망하고 있다. 라틴아메리카 경우와는 반대로 여타 개발도상국의 경우 그리고 가장 긍정적인 시나리오 상으로도 여전히 석탄, 오일 그리고 정도는 낮지만, 가스의 사용에 더 의존할 것이라는 전망을 하고 있다.

참고문헌

1) Augusto de la Torres et al., "저탄소 발전: 기후변화에 대한 라틴아메리카의 대응(Low-Carbon Development: Latin American Responses to Climate Change)", World Bank, 2010, 제5장: '라틴아메리카 온실가스(GHG) 배출' 부분에서 중요 부분 번역 및 인용함.

2) Kaya, Y. and K. Yokobori(1993), Environment, Energy, and Economy, Bookwell Publications, pp. 271-280.

3) 김진웅·김원규·노영진(2011), "녹색경쟁력과 생산성 간의 관계 연구", 경제·인문사회연구회 녹색성장 종합연구 총서 11-02-14, 산업연구원 연구보고서 2011-593, p. 36 각주 9 설명 참조.

라틴아메리카와 카리브해 지역의 청정개발체제(CDM) 발전 가능성

장수환(한·중남미녹색융합센터 연구교수)

라틴아메리카와 카리브해 지역은 초기의 청정개발체제(Clean Developmant Mechanism, 이하 CDM)에서 분명 가장 적극적인 지역이었다. 그 예로 이 지역개발은행이 일찍이 설립한 첫 탄소 기금 프로그램인 라틴아메리카 탄소프로그램(PLAC: Programa Latino Americano del Carbono)은 1999년에 안데안 개발협력기구(Andean Development Corporation)에 의해 만들어진 것으로, 마라케쉬 합의문(2001)에서 CDM에 대한 양식과 절차가 수정되기 이전이었다. 1999년부터 2002년 사이, 이 지역은 세계의 여타 지역보다 CDM국가승인기구(Designated National Authorities, DNAs)가 많이 있었으며, CDM관련 능력 육성부문에 미화 1,800만 달러를 지원받기도 했다. 2001년에서 2004년까지 전세계 CDM 사업 중 62%를 이 지역에서 집행위원회에 제출했고, 승인된 CDM 사업의

68%를 진행했다. 집행위원회가 등록한 첫 프로젝트는 2004년 브라질에서의 노바제랄(NovaGerar) 매립식 쓰레기처리 메탄포집 프로젝트였으며, 배출감축에 대한 첫 인증서는 2005년 온두라스의 블랑코 강(Rio Blanco)과 라 에스페란사(La Esperanza) 물 프로젝트에서 발행되었다. 그러나 라틴아메리카 지역의 이러한 우위적인 입지는 2006년에 무너졌다.

라틴아메리카와 카리브해 지역은 2004년 단지 61개 활성 프로젝트로 CDM포트폴리오에서 모든 활성프로젝트의 68%를 차지하였던 것이, 2006년에는 1,387개 프로젝트의 32%, 그리고 2008년 6월초에는 3,498개의 활성 프로젝트 중 단지 20%를 차지하였다. 마찬가지로 거래된 CDM사업에 의해 얻은 탄소배출권(CERs)의 총량 중에서 라틴아메리카와 카리브해 지역이 차지하는 비율은 2003년 72%에서 2007년 11%로 떨어졌다. 이 중에서도 절반인 6%는 브라질에 의한 것이었다.

이에 반해 아시아 지역이 CDM의 전성시대를 맞았다. 중국은 74%, 인도는 6%로 CDM 사업에서 선두적인 국가로 떠올랐다. 라틴아메리카와 카리브해 지역의 CDM 부진 요인으로는 몇 가지를 들 수 있다. 2006년 초, 시장 참여에 대한 한 조사에서 여타 지역과 비교하여 이 지역이 시장에서 선도지역으로서의 이점을 잃고 있으며, 라틴아메리카와 카리브해 지역에서 아래의 정책 및 규제상의 약점을 확인했다고 지적하였다. 첫째, 이 지역 국가승인기구(DNAs) 중에서 주요 절차 차이로 타 지역보다 많은 주최국 요건, 그리고 더딘 승인과정을 들고 있다. 게다가 아시아와 비교하여 이 지역의 배출감축 잠재성이 낮다고 지적받아 왔다. 둘째, CDM에서 라틴아메리카와 카리브해 지역 국가들이 차지하는 비율이 감소하게 된 요인으로 포스트 교토 체제와 관련된 불확실성을 들고 있다. 탄소시장을 유지하기 위해서는 산업국가들의 장기적 위임이 필요하다. 라틴아메리카와 카리브해 지역에서 CDM 프로젝트의 개발에 대한 세 번째 중요한 장벽은 합의된 CDM 전략의 부족을 들 수 있다. 이 지역에서 겨우 일부 국가만이(예를 들면, 브라질, 멕시코) 합의된 완화전략을 가지고 있고, 대부분의 경우는 CDM의 이용을 촉진하는 특정 절차를 포함하지 않고 있다. 예외 국가는 칠레로, 제조업연맹(Manufacturers Society)과 칠레투자촉진(Chilean investment promotion) 에이전시와 같은 비즈니스 조직을 통해 CDM 프로젝트를 촉진하는 프레임을 갖추고 정부와 민간 영역에서 시너지를 내고 있다.

넷째, 적절한 CDM 절차가 부족하다는 점이다. 앞에서 지적한 바와 같이 이 지역의 배출잠재성이 높은 주요 부문이 아직 CDM으로 통합되지 않았다는 점을 들 수 있다. 예를 들어 CDM에서 토지이용 변화와 산림 항목은 조림과 재식림 활동에 제한되어 있고, 심지어 규모와 유형에서도 제한적이다. 교통부문에서는 단지 한 가지 승인된 절차가 있을 뿐이다. 수송부문에서는 화석연료에서 액체 바이오연료로의 전환을 지원할 뿐만 아니라, 더 광범위한 대중교통 수송부문의 CDM 절차를 개발하여야 한다.

다섯째, 공기업이 탄소시장에서 참여하는 데 매우 소극적이며, 탄소시장에 대한 인식이 가장 낮은 집단으로 라틴아메리카와 카리브해 지역에 남아 있다는 것이다. 이러한 지적에 의하면, 공기업이 직면한 몇몇 한계는 데이터 공개와 기타 절차적 제한요소와 관련 있다. 예를 들면 국가소유의 공공시설에서는 최저 비용 계획과정에서 CDM 재원을 고려하는 것이 일반적으로 허용되지 않는다. 결과적으로 재정 추가 논의의 여지를 남길 가능성이 있는 CDM 프로젝트를 추진할 수 없다. 더욱이 국가 시설은 미래 확장 계획에서 모든 주요 재원을 명시해야 하는데, 이점에서 추가적인 논의는 불가능하다. 왜냐하면 확장

계획은 배출전망치(business-as-usual)시나리오에서 기본이 되기 때문이다. 마지막으로 국가가 운영하는 시설은 조정자가 국가 유틸리티의 이윤을 결정할 요율을 결정하므로 복잡한 CDM 과정에 참여할 동기를 거의 갖지 않고 있다.

마지막으로 라틴아메리카와 카리브해 지역에서 CDM개발에 대한 장벽 중 하나는 집합가능성의 부족이다. 이는 개별적으로 작은 규모이고 많은 지역에 분산되어 있는 배출감축프로젝트를 방해하는 요소로 작용한다. CDM 양상과 절차는 장소당 비교적 배출감축량이 큰 단독의 배출감축 장소를 기반으로 수행되어 왔다. 이 부분은 앞으로 개선의 여지가 있을 것이다. 새로이 도입된 프로그램 CDM(pCDM) 은 소규모의 배출감축 노력을 집합하여 구성하는 가능성을 제공한다. 이는 소규모 국가들이 큰 배출시설 없이도 현저한 배출감축을 달성할 잠재성을 가질 수 있음을 의미한다. 수많은 소규모 프로젝트를 단일의 프로그램에 집합시킴으로서 CDM을 얻을 수 있도록 해줄 것이다. 또한 앞에서 지적된 산림부문에서의 CDM도 더욱 확대될 것으로 기대하기 때문에 라틴아메리카와 카리브 해 국가들의 CDM 부문 발전 가능성은 그렇게 부정적이지만은 않다. 더구나 이 지역이 이미 가지고 있는 장점도 있다. CDM 프로젝트 사이클에 대한 이해, 견고한 프로젝트 설계 서류(Project Design Documents, PDDs), 민간부문의 활발한 참여, PDDs 전문 지역 자문가, 그리고 CDM에 활발히 참여하기 위한 각 정부로부터의 분명한 위임 등도 앞으로 더욱 성장할 수 있는 잠재력으로 작용할 수 있다.

라틴아메리카의 기후변화와 지속가능한 발전에 대한 제고

정상희(계명대학교 스페인어중남미학과 조교수)

기후변화에 대한 대응은 영토라는 지리적인 개념을 넘어선 전 지구적인 차원에서 국가들 간 협력을 통해 대처해야 하는 공동의 과제로 인식되고 있다. 이러한 배경에서 1992년 기후변화에 관한 유엔 기본협약(United Nations Framework Convention on Climate Change: UNFCCC)이 체결되었으며 1997년 선진국의 온실가스 감축의 목표치를 규정한 교토의정서가 채택되었다. 그러나 2009년부터 덴마크 코펜하겐, 멕시코 칸쿤, 남아프리카 더반 등에서 개최되었던 기후변화 회의의 결과에서 알 수 있는 것처럼, 현재까지 온실가스 감축 목표에 대한 각 국가의 달성상황은 불충분하며 실효성 있는 제도적 개선 방안이 강구될 필요성이 대두되고 있다. 또한 기후변화에 대한 대응은 정치적인 의지와 글로벌 차원의 대화와 협력체제 구축을 통해 장기적이고 통합적인 시각으로 접근할 필요가 있다.

이러한 흐름 속에서 최근 전 세계는 기후변화로 인해 발생하고 있는 심각한 문제들을 경험하고 있다. 영국의 빈민구호단체 옥스팜(Oxford Committee for Famine Relief: Oxfarm)은 평균기온의 2도 상승이 세계 생물종 20~30%의 멸종을 가져올 수 있으며 그 외에도 예측하기 어려운 다양한 생산부문에서 악영향을 끼칠 수 있다고 경고하였다. 또한 이러한 상황은 국제적 평화와 안정, 사회, 경제, 환경, 정치적인 불안정을 초래할 수 있으며, 지구전체의 안보에도 영향을 끼칠 수 있다.

전 세계 생물의 다양성과 풍부한 천연자원의 보고의 상징인 라틴아메리카는 지진, 홍수, 허리케인 등으로 발생하고 있는 다양한 자연재해와 해수면 상승, 사막화, 동식물종의 파괴 등과 같은 기후변화와 관련된 환경문제를 가지고 있다.

그렇다면 이러한 기후변화로 인해 발생하고 있는 다양한 문제들은 실제로 라틴아메리카 국가들에게 어떠한 영향을 끼치고 있을까? 유엔 중남미경제위원회(CEPAL)에 의하면, 이 지역의 평균기온이 2050년까지 2.5도 상승한다면 국내총생산의 불확실성은 1.5%~5% 높아질 수 있다. 이와 같이 기후변화로 인해 발생할 수 있는 전반적인 생태계 파괴 위기는 산업부문 특히 농업과 어업분야에 직접적인 영향을 미칠 수 있으며, 자연자원 및 문화유산과 관련된 관광업에도 심각한 피해를 야기할 수 있다. 따라서 기후변화와 직접적인 연계성을 보이는 산업부문에서 일자리 감소현상이 나타날 수 있으며, 결국 이러한 상황은 지역 인구의 생존에도 영향을 줄 수밖에 없다. 농업부문에서는 식량가격이 상승하며, 이는 장기적으로 빈곤층 확대에 영향을 끼친다. 보건부문에서는 기온의 상승으로 인해 스트레스, 말라리아, 뎅기열, 콜레라 등의 전염성 질병이 발생할 수 있다.

이처럼 기후변화로 인해 발생하는 문제들은 환경 분야에서 국한되어 나타나는 현상이 아니며 경제, 사회적인 부문과 더불어 인류의 생존과도 직결될 수 있다. 특히 UNDP에 의하면, 빈곤과 불평등 상황에 처해있는 계층일수록 기후변화에 취약하며, 기후변화는 빈곤과 불평등을 심화시키고 빈곤의 악순환과도 높은 연관성을 보이고 있다.

온실가스의 대부분은 선진국에서 방출되는 것으로 인식되고 있으나 라틴아메리카에서는 산업, 교통, 농업, 산림, 쓰레기 폐기물 등과 관련하여 온실가스가 배출되고 있다.

아래 표에서처럼, 라틴아메리카의 주요 국가들은 온실가스 배출에 있어서 중간정도에 위치해 있다. 즉, 이들 국가는 아직까지 세계 기후변화에 있어서 결정적인 영향을 끼치지 않고 있으나, 기후변화로 인해 발생하고 있는 다양한 취약성 상황에 직접적으로 노출되어 있다. 물론 국가와 시기별 정확한 통계를 수집하는 것에 있어서 한계가 있으며 우리는 표를 통해 모든 라틴아메리카 국가의 세부적인 현황을 파악할 수 없다. 한편, 라틴아메리카 대부분 국가에서 온실가스 배출의 주요 근원은 전기, 난방, 제조, 건축, 교통 등 에너지(42%), 농업

<표 1> 라틴아메리카 국가의 온실가스 발생상황(Kiloton)

라틴아메리카	2008	%	2007	%
세계	32.082.583,0	100	32.327.181,0	100
미국	5.461.013,7	17,02	5.581.537,0	17,40
캐나다	544.091,1	1,70	544.171,8	1,70
멕시코	475.833,6	1,48	499.860,2	1,40
브라질	393.219,7	1,23	368.368,5	1,15
아르헨티나	192.378,2	0,60	183.727,7	0,57
베네수엘라	169.532,7	0,53	163.555,5	0,51
칠레	73.109,0	0,23	70.098,4	0,22
콜롬비아	67.700,2	0,21	63.439,1	0,20

자료: Herran(2012), World Bank자료를 재인용하여 작성

(28%), 토지이용 변화와 임업(21%)분야로 알려져 있다.

라틴아메리카 발전의 새로운 전략은 "미래세대의 욕구를 제약하지 않으면서 현세대의 욕구를 만족시키는 개발"이라는 지속가능한 개발(Sustainable Development)이다. 역사적으로 라틴아메리카의 환경은 착취의 대상이 되어왔으며 환경과 지속가능한 성장의 조화는 라틴아메리카 국가들이 해결해야 할 선결과제 중 하나였다. 이제까지 위에서 설명했던 기후변화의 문제는 현재 라틴아메리카의 지속가능한 발전에 영향을 미치고 있다.

한편, 국제개발협력에서도 환경은 개발과 유기적인 연계성을 가진 주제이며 개발의 전 과정에서 고려해야 할 범주류적인(Cross cutting) 이슈로서 인식되면서 환경 분야의 ODA는 확대하고 있다. 현재 논의되고 있는 Post-MDGs 체제는 이러한 국제적인 흐름을 반영하고 있으며, 환경보전과 지속가능한 발전을 모색하기 위한 전반적인 방향이 설정되어 있다. 따라서 지속가능발전목표(Sustainable Development Goals: SDGs) 17개 중에는 "기후변화와 그것의 파급효과에 대처하기 위한 긴급조치의 시행(Take urgent action to combat climate change and its impacts)" 이라는 관련조항도 포함되어 있다.

이처럼 Post-MDGs 체제의 흐름과 기후변화 등 환경문제를 바라보는 새로운 접근시각을 통해 우리는 환경 분야에 대한 ODA지원이 확대될 것을 예측할 수 있다. 따라서 라틴아메리카는 기후변화 문제의 심각성에 대한 인식을 높이고 이를 해결하기 위한 제도적인 역량을 강화할 필요가 있으며, 특히 이 분야에 대한 지원에 있어서 정부뿐 아니라 시민사회와 기업 등 새로운 주체의 참여를 좀 더 활성화 할 수 있는 효율적인 방안을 모색할 필요가 있다. 이와 더불어 앞에서 언급했던 것처럼, 기후변화로 인해 발생하고 있는 문제점들은 특정한 부문에서 국한되어 나타나고 있는 현상이 아니며, 다른 분야와의 연계성을 가진 문제라는 점을 다시 한번 강조하고 싶다. 따라서 환경 뿐 아니라 경제와 사회의 문제를 통합적으로 해결하기 위한 접근법이 고려될 필요성을 제기하고자 한다.

참고문헌

1) Cepal(2014), "Acerca de la agenda para el desarrollo post-2015", http://www.cepal.org/es/acerca-de-la-agenda-para-el-desarrollo-post-2015/(검색일: 2014. 12. 23.)

2) Cepal(2014), "Los impactos ya perceptibles del cambio climático en la región serán más intensos en el futuro", http://www.cepal.org/es/comunicados/los-impactos-ya-perceptibles-del-cambio-climatico-en-la-region-seran-mas-intensos-en-el futuro/(검색일: 2014. 12. 23.)

3) Herán Claudio(2012), "El cambio climático y sus consecuencias para América Latina", http://www.fes-energioyclima.org/(검색일: 2014. 12. 29.)

라틴아메리카 기후변화 제도발전 및 방향 고찰

하상섭(한·중남미녹색융합센터 연구교수)

솔레단 아길라르(Soledad Aguilar, LSE, London) 와 에우헤니아 레시오(Eugenia Recio, Complutense Univ, Madrid)는 2013년 라틴아메리카 지역의 몇몇 국가들의 기후변화에 대한 제도발전의 특징을 분석 요약한 바가 있다. 이들의 논의에 따르면 이 지역에서 기후변화에 관한 제도화는 2013년(현재) 유아기 과정으로 발전하고 있으며 대부분의 국가들에서 기후변화 전략들 그리고 몇몇 개별 국가들만이 기후변화 실행 계획, 기후변화 적응에 대한 부문별 실행 계획 등만이 정책적으로 포괄되는 다소 '연성적(soft)' 형태로 발전해 오고 있다고 분석하고 있다. 브라질, 멕시코를 포함해 콜롬비아, 에콰도르 등의 국가들에서 이러한 제도 발전은 목격되며 특히 몇몇 국가들에서 기후변화 적응 부문에 대한 정책적 선호도가 목격되기는 하지만 일반적으로 기후변화 '완화'(mitigation, 온실가스 배출감축) 부문이 '적응'(adaptation, 기후변화 영향으로부터 위험 최소화) 부문보다 제도적 틀이 더 발전해 있다고 분석하고 있다. 하지만 대부분의 국가들에서는 이러한 제도들의 정책적 이행 문제가 심각한 도전에 직면해 있으며 특히 정부 예산의 할당, 관련 정책에 대한 지속적인 정치적 지원 등의 문제는 가장 큰 도전 과제라고 분석한다.

대부분의 라틴아메리카 국가들은 기후변화에 대한 대응은 '경성적(hard law)' 접근보다는 다소 '연성적(soft law)' 수준의 제도발전 위에 개별 국가 차원의 전략과 실행 계획 마련 등 정책적 수단에 상당히 의존적이다. 물론 개별 국가들마다 기후 전략에 대한 법적 수준 및 채택 과정은 상당히 다르다. 예를 들어, 콜롬비아, 도미니카공화국, 멕시코 그리고 에콰도르 등은 기후변화를 국가차원의 대응 계획 마련 혹은 전략적 차원에서 대응하고 있는 반면에, 다른 국가들은 행정부 차원에서 단순한 기후변화 전략 혹은 정부 프로그램으로서 실행 계획과 활동을 이행하고 있다. 예를 들어, 페루와 과테말라 같은 국가들은 기후변화 전략을 강제성 있는 법적 장치 마련 혹은 대통령령으로 규제해 그 영속성을 보장한다는 제도개혁 방향을 갖고 있기도 하다(2013년).

시민사회의 참여와 관련해서는 예를 들어 콜롬비아 같은 경우 기후변화 전략 마련 및 정책 결정 과정에 시민사회 참여를 법적으로 규제했다(Law N.99, 1993). 다른 국가들에서도 '특별한' 참여 과정을 마련해 통합적 관점에서 시민사회의 기후변화 전략 마련 참여에 힘을 실어주고 있다. 대표적으로 아르헨티나, 브라질, 멕시코, 우루과이, 코스타리카, 도미니카공화국 그리고 칠레가 이 경우에 속한다. 기후변화 완화 및 적응 전략 마련에 대한 개별 국가들의 정책은 다소 차이가 있지만 그럼에도 불구하고 거시적 차원에서 고찰해 보면 다음과 같은 수준들에서 정책 선호도를 갖고 있다.

- 국가발전 계획과 전략(에콰도르, 콜롬비아, 엘살바도르, 도미니카공화국, 멕시코).
- 환경정책과 전략(쿠바, 페루).
- 구체적이고 명확한 기후변화 정책 혹은 전략(브라질, 칠레, 멕시코, 과테말라, 코스타리카, 온두라스, 파나마 그리고 페루).

라틴아메리카 개별 국가들마다 기후변화 영향은 상대적이며, 개별 국가들마다 이런 상대적인 영향으로 인해 기후변화 완화 필요성 및 이에 준하는 제도 발전도 차이가 있기 마련이다. 그럼에도 불구하고 몇몇 공통적인 특징은 많은 개별 국가들이 이전의 완화 조치 정책 마련에서 점차적으로 적응 부문에 대한 정책 마련 및 정책의 이행으로 정책 선호도를 전환해 가고 있다는 것이다. 예를 들어, 기후변화 영향의 주요 특징인 극심한 날씨 변화에 대한 취약한 지역적 특징을 가지고 있는 카리브 지역의 경우 이러한 경향은 두드러지며 중미 지역의 경우도 빈번한 자연재해로 인해 사회경제적 손실(인명 및 재산 피해 급증)이 커지면서 완화보다는 적응 관점의 정책적 선호를 보이고 있다. 예를 들어 콜롬비아의 경우 2010-2014년 국가발전 계획인 '모든 이를 위한 번영(Prosperity for All)'은 콜롬비아의 기후변화 취약성 평가를 통해 '적응' 부문에 대한 국가 계획을 강화해 오고 있다. 에콰도르의 국가 계획인 '좋은 삶을 위한 국가 계획(Plan Nacional para El Buen Vivir)'에서도 '적응' 부문을 강조하며 이를 위해 생태계 취약성을(2013년까지 23%까지 감소) 정책적 대상으로 한 바가 있다. 기후변화 적응 문제 국가 전략으로 채택한 최초의 국가는 남미의 우루과이이다. 기후변화 대응에 대한 국가 전략으로 위험 관리, 수자원, 에너지, 생태계 그리고 생물다양성, 소비와 생산, 삶의 질, 건강 등의 분야에서 적응 전략을 마련하기도 했다.

기후변화 '완화' 및 '적응'에 대한 개별 국가들마다의 정책 방향, 제도 발전과 정책 선호의 변화 이해와 더불어 기후변화 관련 정책들의 공공정책으로서 실질 이행도 중요하다. 제도만 있고 정책적 이행이 없다면 공염불에 지나지 않기 때문이다. 특히 정책적 이행 강화를 위해 요구되는 기후변화 정책(계획, 혹은 전략) 관련 정부 예산의 확보, 지속적인 정책 결정자들의 지원, 정치적 의지, 충분한 과학적 지식 그리고 이에 대한 합법적 이행(규제) 조치 마련 등은 상당히 중요하다고 할 수 있다.

예를 들어, 아르헨티나의 경우는 다른 남미 국가들과 비교해 기후변화 완화 및 적응에 제도화 수준은 상당히 낮다. 특히 기후변화 관련 정부 차원의 대응 프로젝트 마련을 위한 중앙정부 예산은 작으며 정치적 의지도 상당히 낮다. 제도적 관점에서 브라질 그리고 멕시코와 비교해 아르헨티나의 경우는 현재(2014) '기후변화 일반법'도 존재하지 않고 있다. 그럼에도 불구하고 아르헨티나는 '재생에너지' 부문에 대한 개발과 투자에 대해 국가 계획은 상당히 발전해 있다. 정책 영역과 방향이 전략적인 기후변화에 대한 국가 차원의 정책적 관심이 아닌, 에너지 안보와 관련된 정책 이행 차원에서 대응하고 있기 때문이다.

가장 강하게 기후변화에 대해 대응하고 있는 국가는 물론 브라질과 멕시코이다. 브라질의 경우 국가 예산 부분에서 기후변화 적응과 대응에 대한 정부 예산 할당이 있으며 특히 영농 부문에 대한 적응을 위한 R&D 기술 투자, 저탄소 농업 발전을 위한 부문별 계획 이행을 위해 이 예산이 활용되고 있다. 이외에도 국가기후변화기금 및 아마존 기금 등의 직간접적 활동을 통해 기후변화에 대응하고 있다. 대표적인 이 분야에 대한 투자를 리드하고 있는 금융에이전시는 브라질 국가개발은행(BNDES)으로 2012년에 2014년까지 기후변화 완화 및 적응 프로젝트에 석유 산업의 로얄티로부터 발생하는 자금 중 약 5

억 7천만 달러를 할당한다는 투자 계획을 가지고 있기도 했다(Soledad Aguilar and Eugenia Recio, 2013: 27).

멕시코의 경우는 실제 2009년에서 2012년 사이 비록 기후변화법이 국회의 승인을 얻지 못한 상태에서도 국가개발계획으로 특별한 기후변화 프로그램을 운용해 완화 조치를 감행 한 바가 있으며 특히 칼데론 정부의 기후변화 대응에 대한 정치적 의지는 멕시코를 기후변화 리드 국가로 만들었고 이에 호응해 칸쿤(Cancun) 기후변화 회의를 멕시코가 주재했으며, 2012년 '그룹 20' 회의에서는 기후변화 이슈를 가장 중요한 회의 의제로 내세우기도 했다.

기후변화에 대한 대응에서 콜롬비아도 다년간의 계획으로 특히 국가개발계획으로 정부 예산을 할당해 기구(CONPES)를 형성하고 많은 완화 및 적응 정책을 이행해 오고 있으며 에콰도르의 경우도 경제적 규모에서나 탄소 배출량도 작은 국가이지만 잘 구성된 기후변화 대응 전략을 개발해 적극적으로 기후변화에 대응하고 있기도 하다(National Plan for Good Living).

라틴아메리카 지역의 기후변화에 대한 제도 발전 및 실제 대응 정책과 방향에서 솔레닫 아길라르(Soledad Aguilar, 2013)와 에우헤니아 레시오(Eugenia Recio, 2013)가 주목하듯이, 특히 제도화와 정책 이행 부문에서 점차 완화 전략에서 적응 전략도 균형감 있게 추구되어야 한다. 이는 이 지역의 특징상 그리고 다른 지역과 비교해도 21세기 초반 최근 들어 지나치게 큰 규모의 자연재해가 자주 발생하고 있고 이로 인해 필연적으로 인적 및 물적(사회경제적) 피해가 증가하고 있기 때문이다. 기후변화 완화를 위한 기존의 CDM(청정개발메커니즘) 프로젝트들도 중요하지만, 동시에 강도는 더욱 세지고 빈도는 더욱 자주 발생하는 자연재해에 대한 제도적/정책적 대응도 이제는 중요해졌기 때문이다.

참고문헌

1) Soledad Aguilar and Eugenia Recio, Climate Change Law in Latin America, in Erkki J Hollo, Kati Kulovesi & Michael Mehling(eds), Climate Change and the Law(Springer, 2013).

라틴아메리카 기후변화 정책 제도화 및 기후 투자 평가

하상섭(한·중남미 녹색융합센터 연구교수)

라틴아메리카 지역을 대상으로 처음 실시된 '기후변화 대응과 적응'에 대한 블롬버그(Bloomberg)의 2012년 지역 기후변화평가 보고서에 의하면 <그림 1> 그리고 <그림 2>의 평가순위에서 관찰되듯이, 브라질의 경우 2.64의 점수로 기후변화에 대한 최고의 대응을 하고 있다. 니카라과는 2위(2.13점)로 등장했는데 이는 니카라과가 청정에너지 투자부문 특히 그린 마이크로 금융의 유용성 부문에서 많은 발전을 보였기 때문이다. 파나마는 3위(1.97점)를 차지하고 있는데 이는 개별 국가 차원에서 온실가스 배출 저감에 대한 지속적이고 상당한 노력의 결과이며 특히 제도화 부문에서 많은 두각을 나타내고 있음을 알 수 있다.

라틴아메리카 기후변화 대응 부문에 대한 평가는 숫자 0에서 5까

<그림 1> 라틴아메리카 기후변화 대응에 대한 평가

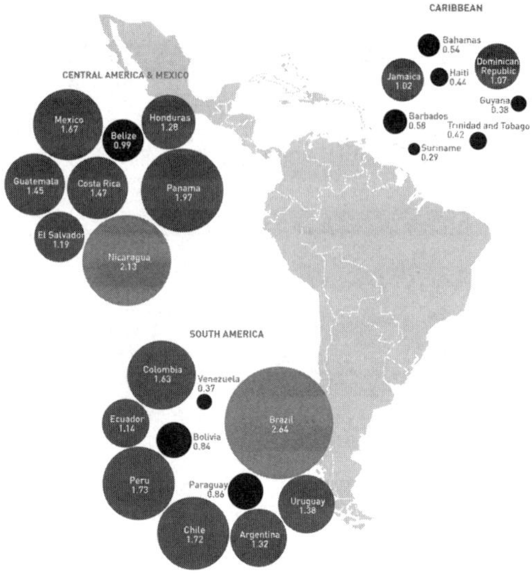

출처: Bloomberg New Energy Finance (BNEF), CLIMATESCOPE 2012: "Assessing the Climate for Climate Investing in Latin America and the Caribbean", p. 28.

<그림 2> 라틴아메리카 기후변화 대응에 대한 개별 국가별 평가 순위

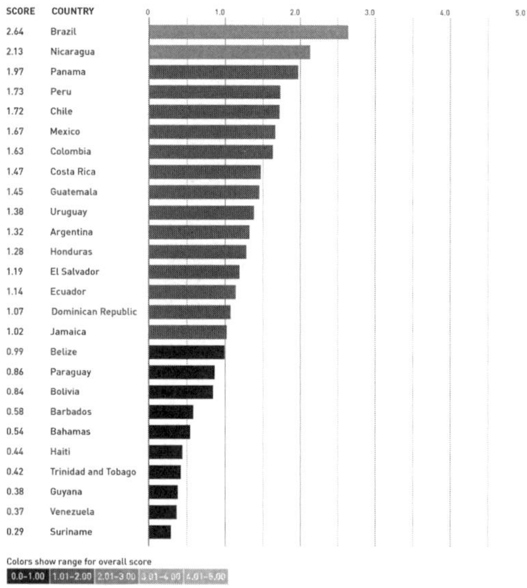

출처: Bloomberg New Energy Finance (BNEF), CLIMATESCOPE 2012: "Assessing the Climate for Climate Investing in Latin America and the Caribbean", p. 19.

지 레벨로 라틴아메리카 국가들의 기후변화에 대한 다양한 부문들에서 가중치를 두어 총체적인 평가가 이루어졌으며 스코어가 높을수록 기후변화 대응은 높은 수준으로 관찰된다. 매개 변수로는 1) 기후변화 대응에 대한 제도화 수준; 2) 청정에너지 투자 및 기후금융; 3) 저탄소 비즈니스와 청정에너지 가치사슬; 그리고 4) 온실가스 관리 활동들로 구성되어 각 개별 국가에 적용해서 계량 수치화되었다. 하지만 가장 중요한 제도화 수준에서 평가는 위와 같은 종합 평가와는 사뭇 다른 결과를 내고 있다. 라틴아메리카 국가들의 기후변화 정책 제도화 수준에 대한 평가만을 매개변수로 해서 살펴보면 다음과 같다.

<그림 3>에서 보듯이, 오늘날 라틴아메리카 국가들의 기후변화 대응에 대한 제도화 수준 비교평가에서 파나마가 2.70점으로 단연 우수한 평가를 받았다. 뒤를 이어 브라질이 2위 그리고 콜롬비아의 경

<그림 3> 라틴아메리카 기후변화 대응 제도화 수준 평가

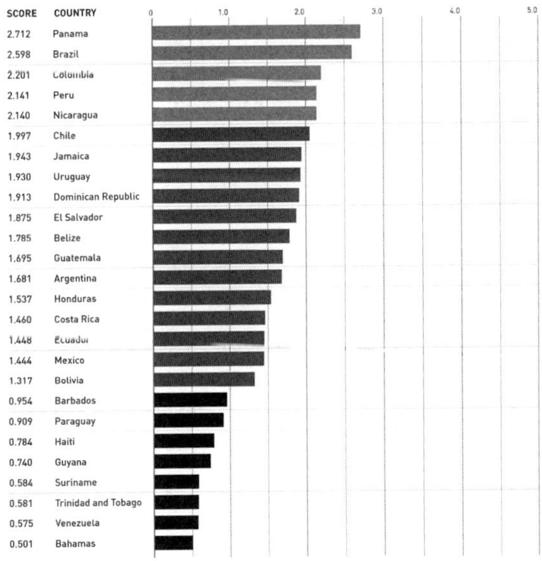

출처: Bloomberg New Energy Finance (BNEF), CLIMATESCOPE 2012: "Assessing the Climate for Climate Investing in Latin America and the Caribbean", p.21.

우 전체 평가에서 7위에 있지만 제도화 부문에서는 오히려 높은 위치인 3위에 올라 있다.

세부적인 가중치 평가 부문을 보면 역시 청정에너지 정책과 이의 제도화 수준에서 가장 큰 가중치를 두고 평가가 되어 있는데 브라질의 경우 3.90점 그리고 뒤를 이어 콜롬비아와 멕시코가 동시에 2.90점을 받아서 수위를 차지하고 있지만 이 지역 어느 국가도 가장 높은 수준인 5.0에 도달해 있지는 않다.

이는 이 지역 대부분의 국가들이 제도발전 차원에서 청정에너지 정책 및 이의 제도화를 이제 막 시작한 단계이기 때문으로 보인다. 브라질의 경우는 전력 부문 구조 그리고 바이오에탄올 생산 부문에서 특히 좋은 평가를 받았다. 물론 전력 부문에 대한 개방 수준에서 브라질을 비롯한 여타 다른 국가들 – 칠레, 콜롬비아, 엘살바도르 그리고 페루 –이 좋은 평가를 받고 있다. 상대적으로 보다 규제를 받는 전력시장 구조를 가지고 있는 코스타리카, 온두라스, 멕시코, 파라과이, 베네수엘라 등은 낮은 평점을 받았다. 이러한 국가들은 전력부문 발전에서 새로운 발전소 건립 등에 대한 사적투자에 유연성이 떨어지는 특징을 갖는다.

청정에너지의 농촌전화(rural electrification) 지수를 보면 평가 대상 26개국 중에 18개국만이 이행 프로그램을 가지고 있었다. 다시 말해서 청정에너지가 농촌의 빈곤 계층에게도 접근이 가능했다는 것이다. 그럼에도 불구하고 아르헨티나, 바하마, 바베이도스, 벨리즈, 아이티, 파라과이, 수리남 그리고 트리니닷 토바고에서는 이러한 프로그램이 없었다. 몇몇 국가들에서는 농촌전화 프로그램이 있음에도 불구하고 실질적으로 많은 프로그램 이행은 발생하지 않아 효과는 저조했다.

벨리즈, 아이티 그리고 니카라과의 경우는 조금 다른 이유들로 인해 총 발전량에서 재생에너지 부문 공유가 큰 잠재 지역으로 평가된다(대 수력은 포함 안 됨). 벨리즈는 총 설비 용량 136 메가와트 중에 60%가 재생에너지 부문이지만 실질적으로 전력의 4분의 1 가량이 이웃 국가로부터 수입에 의존하고 있다. 니카라과의 경우도 전력에서 재생에너지 부문이 차지하는 양이 지역에서 세 번째로 높지만 실질적으로는 더러운 오일이나 디젤에 심각하게 의존적이다. 이러한 관점에서 이들 국가들은 여전히 청정 에너지원으로의 개선 및 전환 가능성이 많이 남아 있다. 자메이카, 우루과이와 파나마의 경우 2010년-2011년 사이 새로운 청정에너지를 통한 전력 공급 용량을 확대해왔다. 동일한 시기에 온두라스, 페루, 에콰도르 그리고 엘살바도르의 경우도 지열발전 프로젝트 이행과 바이오매스 부문에 대한 투자 기회 확대 등을 통해 순위가 많이 향상되었다.

라틴아메리카 그리고 카리브 지역 국가들 중에 오식 5개국만이 비이오연료 생산 능력이 있다: 브라질(24.7bn 리터), 아르헨티나(3bn 리터), 콜롬비아(0.85bn 리터), 페루 (0.19bn 리터) 그리고 파라과이(0.14bn 리터) 이다. 개별 국가들 마다 상대적으로 그들의 경제적 규모를 고려해 순위를 평가해 보면 브라질, 아르헨티나 그리고 파라과이가 상대적으로 높은 바이오연료 생산국들이다. 흥미로운 점은 바이오연료 생산 능력의 성장을 분석해 보면 페루의 경우 2010에서 2011년 사이 그 능력이 86% 증가했다는 점이다. 벨리즈의 경우는 반대로 비슷한 시기 동안 바이오연료 생산량이 18% 하락했는데 이는 높은 설탕가격으로 인해 가격 경쟁력을 상실했기 때문이다.

높은 전기 요금의 유지는 청정에너지 프로젝트 개발자들에게 많은 투자 요인을 가져다준다. 특히 몇몇 국가들의 경우는 전기 요금이 도소매 분야에서 상당히 높이 나타나는데 예를 들어, 자메이카, 바베이도스, 벨리즈의 경우는 전기요금(소매)이 상당히 높은데 이는 전력 생산용 화석연료를 대부분 수입에 의존하고 있기 때문이다. 전기 소매가가 낮은 국가들로는 수력에 의존하는 파라과이 그리고 정부의 높은 보조금 지급 때문에 전기 요금이 싼 베네수엘라 등이 존재한다.

장래 이 지역에서 재생에너지 분야 시장규모 확대는 최근의 전력화 수준과 향후 전력 수요 성장률에 달려 있다. 예를 들어 전력화가 낮은 국가일수록 향후 시장은 많이 열려 있으며 미래 투자자들에게 새로운 기회를 제공할 것이다. 파라과이(11.6%), 수리남(8.5%) 그리고 아르헨티나(6%)에서 2010년-2011년 사이 가장 빠른 전력 수요 성장율의 증가를 보였다. 반면에 과테말라(–0.31%), 자메이카(–3%) 그리고 베네수엘라(–3%)는 맨 바닥에 위치해 있다.

**본 글은 Bloomberg New Energy Finance (BNEF), CLIMATESCOPE 2012: "라틴아메리카 및 카리브 지역 기후 투자를 위한 분석 평가" 일부를 번역 요약한 글임. 좀 더 자세한 본문은 http://www5.iadb.org/mif/Climatescope/2012/img/content/pdfs/eng/Climatescope2012-report.pdf 참조.

라틴아메리카 기후변화 완화 잠재성 부문별 고찰

하상섭(한·중남미녹색융합센터 연구교수)

라틴아메리카 지역에서 완화 잠재성이 가장 큰 분야와 부문들은 산림벌채의 방지, 수력발전의 확대 그리고 에너지 효율화, 지속가능한 도시교통 그리고 고체 쓰레기 관리 등에 있다.

1) 산림벌채 방지

라틴아메리카 지역에서 가장 크게 배출에 영향을 주는 것은 산림벌채 그리고 토지이용 부문에서의 배출인데 이러한 배출은 그 양에서뿐만 아니라 미래에도 지속적으로 남아 있다는 데에서 주목받는다. 산림 벌채 감소를 위한 정책들은 몇몇 국가들에서 이미 이행되고 있음에도 불구하고 경제적인 이유들은 - 예를 들어, 대두 및 육류 가격의 상승 등 – 산림 보존 정책들을 압도할 수 있다. 산림 벌채 및 토지 악화를 방지해 배출량을 줄이는 국내적 그리고 국제적으로 노력들이야말로 이 지역에서의 기후변화 완화를 위한 가장 큰 선호도이다.

2) 수력발전

라틴아메리카 지역에서 저비용으로 그리고 상대적으로 낮은 환경영향 잠재성을 통해 증가하는 전력 수요에 대응하는 방법은 수력 발전에 있다. 브라질, 콜롬비아, 페루의 경우 수력은 이미 석탄과 비교해, 가장 최소의 비용으로 전력공급 가능 대안으로 등장해 있지만 사회적 그리고 환경적 차원의 장애물로 그리고 무엇보다도 기후변화 그 자체에 대한 잠재적 위험에 직면해 있다. 이 지역에서 수력발전 프로젝트들의 감소에 대한 대안은 새로운 사회적 그리고 환경적 프레임을 세우는 것이며 보다 낮은 환경영향 수력 프로젝트들을 추구하는 것이다.

3) 에너지 효율성 분야

이 지역에서 에너지 이용 효율성 개선을 위한 그리고 상당할 정도의 잠재성을 지닌 방법들이 틀림없이 존재하며 그리고 이 과정에서 재정을 절약하고 동시에 지방 환경에 혜택을 제공할 수도 있을 것이다. 이 잠재성은 에너지 효율 기기들의 보급과 가정, 상업 지역 그리고 건물 등에서 조명의 개선 등을 통해 실현될 수 있으며 동시에 무엇보다도 중요한 것은 산업, 교통 그리고 공공 부문에서 뿐만 아니라 에너지 산업 그 자체에서의 효율 개선이 필요하다.

4) 지속가능한 도시교통 실현

인구, 상품 그리고 서비스의 이동은 라틴아메리카 에너지 소비 활동들에서 가장 큰 몫을 차지하고 있으며 이러한 활동은 경제성장 및 동력화 비율의 확대 등과 보조를 맞추어 세계에서 가장 높게 증가하고 있다. 하지만 라틴아메리카 지역은 '지속가능한 교통' 부문에서 세계적인 리드 국가들이다. 예를 들어, 브라질의 꾸리찌바의 대중교통 개선 사례, 이 시스템의 콜롬비아 보고타와 다른 라틴아메리카 도시들로의 점진적 파급 등은 이 분야를 선도하고 있다. 완화 옵션들은 현재의 프로젝트 - 프로젝트 접근이 아니라 모든 전략이 하나의 부분들이 되어 통합적으로 관리되고 이를 통해 제도적 개선과 인간 행동의 변화가 유도되어야 한다. 이러한 전략들은 좀 더 효율적 방식의 교통 시스템 도입, 모드의 통합(modal integration), 교통 수요의 감소, 좀 더 나은 토지이용 계획을 통한 접근성의 개선, 그리고 혼잡 지역에서의 사적 차량 이용 감소 등이 요구된다.

5) 고체 쓰레기 관리

다른 부문들과 비교하면, 고체 쓰레기 관리 관행의 개선을 통한 모든 온실가스 완화 잠재성은 상대적으로 낮다. 하지만 많은 완화 옵션들은 본질적으로 비-유감 성격이 강하다. 고체 쓰레기의 정확한 수집과 처리는 건강과 공공 안전이라는 혜택을 제공한다. 이 지역에서 고체 쓰레기 관리 개선에 대한 시민 사회의 요구 증가는 이를 통한 지속가능한 발전에 대회의 기회의 획득 그리고 궁극적으로 온실가스 배출 감축으로 이어지고 있다. 지방 정부들에서 고체 쓰레기 관리의 문제는 이제 가장 중요한 정치적 의제가 되고 있으며 완화 조치들 또한 이행 과정에서 완만한 증가 비용과 더불어 지방에 가장 큰 공동 혜택을 가져다주고 있다. 고체 쓰레기 관리에 성공적인 사례를 보여주고 있는 국가들은 브라질, 콜롬비아, 멕시코로 이들 국가들은 고체쓰레기 관리의 통합된 접근 방식을 활용하고 있는데, 예를 들어 대중 교육과 함께 기술지원 확대, 쓰레기 수거 문제 해결을 위한 대중 참여 메커니즘 개발, 시정부 사이 경계의 극복 등에 대한 접근 방식을 통합적으로 발전 시켜 오고 있다.

현존하는 다양한 기술을 활용하여 에너지 수요를 줄일 수 있는 잠재성이 큰데, 예를 들어 에너지 효율 제품(냉장고, 전구, 에어컨, 자동차 및 트럭 그리고 태양열 온수기)의 대량 공급과 보급을 통해 가능하다. 다양한 에너지 효율 제품들의 수명주기 비용을 고려하면 값싸고 그리고 덜 효율적인 대안 제품보다는 월등하다. 하지만 이러한 시장 변화만으로는 충분하지 않다. 문제의 하나는 정보 부족인데, 에너지 효율 기기들이나 다른 기구들에 대한 효율화 표시 프로그램 이행은 많은 혜택을 부여해 준다. 에너지 효율화 제품을 소비하는 소비자들에게 이미 제공되고 있는 구매 할인혜택은 물론, 의무적 효율성 기준 채택(일종의 '당근과 채찍')정책은, 비록 적은 소비규모를 차지하지만, 산업 장비들, 보일러 모터 그리고 펌프 등의 제품에서 조차 효율성 전환에 도움을 주고 있다.

에너지 효율성을 위한 인센티브와 함께 규제가 필요한 또 다른 영역은 전력 유통 부문이다. 상세하게 전력 규제로 통합되지 않는다면, 유통 회사들은 최종용도 효율성 조치 개선을 위한 자연적인 인센티브를 갖지 못하는데 이는 전형적으로 판매와 수익이 낮아지기 때문이다. 대신에 규제 시스템을 다시 고안하여 에너지 보존이나 효율성(시설 부문이나 혹은 그들의 소비자들에게)에 대한 혜택을 부여해야 한다. 에너지 효율성에 대한 유통 회사들의 수익을 %로 배정하는 방식을 제도화해 관리하고 있는 브라질의 사례는 금융적으로 에너지 효율성 투자를 돕고 있는 한편 멕시코의 FIDE 프로그램은 최종용도 효율성에 대한 투자를 통해 성공적으로 에너지를 절약하고 있다.

<표 1> 라틴아메리카 그리고 카리브 지역의 완화 옵션: 잠재성, 비용 그리고 기술적, 제도적 장벽들

	완화 잠재성	단기 (5년)	장기 (10년 이상)	완화 비용 (달러/ tCO_2 감소)	기술 및 상업화 준비	비-금융. Non-CO_2 공동 혜택
재생에너지						
1. 대수력	H	M	H	L	H	L/M
2. 소수력	M	M	M	L/M	M/H	M
3. 풍력	M/H	L	H	M	M	L
4. 태양광 발전	L	M	L	H	M	M/H
5. 고집광 태양에너지	M?	M	M	M/H	L	L
6. 태양열 온수급탕	M		M	L	M/H	M
7. 현대식 바이오매스	M		H	L	M	M/H
8. 2세대 바이오연료	M?		M	M	L	M
에너지 효율성						
1. 가정	H	H	M	L	H	L
2. 상업/산업	H	H	M	L	H	M
3. 공공 부문	M	M	M	L/M	H	M
교통						
1. 공공	H	M	H	L/M	H	M/H
2. 상업	H	M	H	L/M	H	M
3. 사적	H	M	H	M/H	L/M	L/M
쓰레기 관리						
1.매립지 메탄 포집	M	M	M	L/M	H	H
2. 비료화 및 재활용	M	M	M	M/H	M	M
농업						
1. 보존경운	H	M	H	M/H	L	M
2. 가축 관리	M/H	M	H	H	L/M	L/M
산림						
1. REDD	H	M	H	L/M	H	H
2. 농림업	M	M	M	M/H	H	L/M

주) L: 낮음, M: 중간, H: 배출 감축의 높은 잠재성.
출처: Augusto de La Torres, et al.(2010: 172)

라틴아메리카 지역의 몇몇 부분은 경쟁력을 갖추었지만, 신재생에너지 분야는 – 풍력, 지열, 태양전력 그리고 바이오에너지 – 금융이나 투자 차원에서 보면 다른 에너지원(수력, 천연가스 그리고 석탄 같은)과 비교해 그리 경쟁력을 지니고 있지 못하다. 지방의 환경적 혜택이나 혹은 탄소 수익이 없는 상태에서 많은 라틴아메리카 국가들은 다가오는 미래 5년 이내에 석탄 화력발전 확장을 추구할 것이다. 탄소 지불은 전력 부문에서 이들 국가들이 고 탄소 연료에서 저 온실가스 기술(수력, 풍력, 천연가스)로 '전환'하게 도움을 줄 것이다 특히 이러한 전환에는 장기적 관점의 투자는 필수적이다.

심지어 토지이용 변화 및 산림 벌채 부문을 제외한다고 해도, 농업은 이 지역 배출량의 큰 원천이다. 이 지역이 세계 식량 공급의 주요 행위자로 등장하면서 그리고 이를 위한 질소 비료 이용의 증가와 가축 생산으로부터 발생하는 메탄 발생의 증가는 이 지역 농업 부문의 배출량을 더욱 증가시키고 있다. 이러한 농업 부문의 배출량 감축을 위한 많은 옵션들 - 가축 사육 개선, 보존경운 등이 존재하고 있음에도 불구하고 효율성과 비용은 기후와 사회경제적 조건들에 따라 다양하며, 현재는 라틴아메리카 지역에서(세계적으로도) 농업 부문에서 온실가스 감축을 위한 인센티브는 거의 존재하지 않는다. 완화 해결책들은 이렇듯 구체적인 상황에 따라 다양하며 복잡하다.

이 지역의 부문들 그리고 정책 기제들 간의 상호작용은 이들 국가들의 기후변화 전략을 모색하는 데에 또 다른 중요 고려 사항이다. 많은 완화 옵션들은 – 특히 농업과 관련된 것들, 바이오연료 생산, 산림업 그리고 수력발전을 위한 저수지 및 댐 건설 등 – 토지이용의 변화를 유도한다. 이러한 상호작용이 단지 인식 차원에서 중요한 것뿐만 아니라 실질적인 정책 이행으로 옮겨가야 한다. 그렇지 않다면, 구체적인 완화 옵션들에 대한 인센티브는 종종 의도하지 않은 왜곡된 결과만을 가져 오기 쉽기 때문이다.

1) 본 글은 아우구스토 데 라 또레스(Augusto de la Torres), 외, “저탄소 발전: 기후변화에 대한 라틴아메리카의 대응(Low-Carbon Development: Latin American Responses to Climate Change)”, World Bank, 2010, pp. 170-73에서 부분 발췌 번역함.

2) 연구나 이 분야에 대한 좀 더 정책적인 언급 내용은 EMERICs 중남미(2014), “21세기 라틴아메리카 기후변화 완화정책 우선 고려 부문들과 장벽들 고찰”(2014-03-07) 참고. 웹사이트: http://www.emerics.org 후 번역함.

라틴아메리카와 카리브 지역의 기후변화 적응

장수환(한·중남미녹색융합센터 연구교수)

인간은 여타 지구생태계와 마찬가지로 현재의 기후조건에 맞게 그들의 복지(wellbeing)가 최적화되도록 자신의 특성과 행위를 점진적으로 변화시켜왔다. 따라서 현저한 기후 변화는 불가피하게 긴장(stress)을 가져올 것이다. 온난화가 어떤 면에서는 결과적으로 유익한 효과를 줄 지역에서조차도 변화된 기후에 적응하는 데에는 대가가 따르게 마련이다. 인간과 생태계는 가능한 한 대가 또는 희생을 줄이고, 이익을 향상시킬 수 있는 그들만의 방식으로 반응할 것이다. 이 시점에서 정부와 국제사회의 주요 과제는 이러한 적응 과정을 용이하게 해 줄 수 있는 제도적 기반 및 공공재를 공급하는 것이다.

적응이론(Adaptation theory)에서는 기후변화적응(climate adaptation)을 기후변화 예측과 기후변화에 대응하는 행동양식에서의 변화로 정의하고 있다(IPCC 1996, IPCC 2001). 사람들이 적응할 것이라는 생각은 간단함에도 불구하고, 적응 그 자체는 복잡하며, 이는 기후변화에 대한 내인성 반응(endogenous response)이라고 한다. 기후가 변함에 따라 적응 반응은 변화하는 기후에 맞추어 변하여야 한다. 더욱이 적응은 획일적이지 않다. 예를 들면 한 농부에게 최적의 대응은 그의 외적인 환경뿐만 아니라 재정적, 물리적, 인적 제한요소나 자산 등의 개인적 상황에 따라 달라질 것이고, 따라서 동일의 지역에서조차도 한 농부에게 최적인 대응방법이 다른 농부에게도 반드시 최적의 대응 방법이라고 할 순 없다. 적응은 각 장소에서 매우 다양한 반응(responses)으로, 경관에서 퀼트(quilt, 각각의 반응으로 인한 다양한 모습)처럼 나타날 것이다. 적응을 직접적으로 보조하는 활동은 이러한 역동적이고 지역적인 특성을 세심하게 배려하여야 할 필요가 있다. 이는 하나의 방법으로 모든 곳에 대한 해결책을 제시하기보다는 다양한 옵션을 주요 목표로 해야 한다는 함의를 가진다.

개인 및 정부차원에서 적응 계획에 대한 활동은 기후예측의 불확실성으로 인해 더욱 어려워지고 있다. 온난화 정도에 대한 예측 모델은 모델마다 어느 정도 비슷한 경향을 보이지만 강수패턴 변화 예측은 변동폭이 크다. 강수패턴 변화는 적응계획에서 매우 중요한 변수이기 때문에 이러한 불확실성은 적응 계획 수립을 어렵게 하는 요인이다. 라틴아메리카와 카리브해 지역 내의 "셀(cells)"(지역들)에 대한 다양한 모델로부터 도출된 예측들을 비교해보면, 강수패턴변화의 방향성에 대해서 절반 이하의 모델 일치가 나타난 셀(cells)이 15%였으며, 매우 높은 정도의 일치가 있는 곳은 단지 18%에 지나지 않았다. 라틴아메리카와 카리브해 지역 내에서 강수변화예측에서 일관성이 가장 낮았던 지역은 브라질의 건조지역과 적도 남부지역이었다. 적응계획은 "평균적인" 예측뿐만 아니라 이러한 높은 불확실성을 고려해야 한다.

기후변화가 갑작스럽고 재난을 일으키는 변화를 초래하여 어떤 전환점(tipping points)에 도달할 가능성은 있지만, 대부분의 경우에는 수십 년, 심지어 수백 년에 걸쳐 점차적으로 일어날 것이다. 이는 우리가 기상패턴(weather patterns)에서의 일반적인 변동 및 불확실성과 결합된, 점진적인 변화속성을 내포한, 미래의 불확실한 시그널에 근거하여 우리 행동을 적응시켜야 함을 의미한다. 여기서 함의하는 바는 만약 불확실성을 줄이는 방법이 있다면 적응에 소요되는 비용을 상당히 줄일 수 있다는 것이다. 또 다른 함의는 유동성에 대한 프리미엄(premium)이 매우 높을 것이라는 점이다.

각 지역에서 기후가 변함에 따라, 그 지역에 자생적인 식물과 동물들은 점차적으로 스트레스를 받게 된다. 그러나 동시에 인접한 다른 지역은 좀 더 쾌적해질 수도 있다. 이 경우, 생물체가 살아가는 지리적 영역의 변화를 통해 적응이 일어날 수 있다. 기온이 올라감에 따라 이러한 영역은 일반적으로 적도에서 멀리 떨어지기도 하고 고도상으로는 더 높은 지역으로도 이동할 것이다. 비교적 크기가 큰 포유동물과 날 수 있는 조류와 곤충류는 이동을 통해 터전을 쉽게 바꿀 수 있다. 다른 동물종과 식물군에서는 이러한 이동이 매우 느리게 일어날 수도 있다. 결국은 느린 이동으로 인해 온난화가 심한 일부지역에서는 죽는 종도 생길 것이다. 반면 이전에 너무 추웠지만 점점 쾌적해지는 인근지역에서는 번성할 것이다. 온난화에 대한 내응은 이미 나비의 이동영역과 새들의 둥지변화 및 이동패턴에서 목격되고 있다.

그러나 많은 생물체의 경우, 이러한 자동적인 적응 과정은 잘 작동하지 않을 것이다. 왜냐하면 몇몇 생물체들은 기온 외에도 다른 요인에 의해 특정 장소에서 번식할 수 있도록 오랜 시간에 걸쳐 고도로 분화되어 왔는데, 온난화는 그 장소에서 그들의 생리적 내성의 한계를 벗어나게 할지도 모른다. 또 어떤 경우는 기후변화가 그들의 현재 서식지 인근지역에 쾌적한 환경을 만들지 않을 수도 있다. 예를 들면 생물체들이 이미 산에서 높은 지역에 살고 있는 경우, 온난화를 피해 더 높은 고도로 올라갈 수는 없다. 또한 극지역에 서식하는 경우와 점유에 부적합한 넓은 지역에 둘러싸여 있는 서식지에 살고 있는 경우, 이동은 적응 방법이 될 수 없다. 이 경우는 멸종위험이 높다.

기후예측의 불확실성을 줄이는데 가장 귀중한 정보의 유형은 역사적인 기후 데이터베이스, 기상 모니터링 툴, 기후데이터를 분석하는 시스템이다. 이 정보를 가지고 연중 및 계절별 변동과 극한의 패턴, 시스템 취약성에 대한 데이터 및 적응 효과성을 측정한다(예를 들면, 회복력, 중요 임계점). 이러한 정보데이터 구축은 기상 불확실성이 높고 엘니뇨 남방진동(ENSO) 및 기상변동과 관련된 과거 경험이 미래를 대비하는 데 중요한 자료가 되는 라틴아메리카와 카리브 지역에 더욱 투자가 절실한 부문이다.

참고문헌

1) World Bank, Low-Carbon Development Latin American Responses to Climate Change. Washington, D.C. : World Bank, 2010.

라틴아메리카 지역 기후변화의 경제사회적 영향과 함의

하상섭(한·중남미녹색융합센터 연구교수)

21세기 기후변화는 전 지구적 차원의 도전 의제이다. 이미 글로벌 차원의 환경 이슈를 넘어서 기후변화는 경제사회적 관점- 일종의 빈곤 경감, 경제 성장 등의 이슈들과 연결되어 위협적인 요소로 작용하고 있다. 라틴아메리카와 카리브 지역은 세계 온실가스(GHG) 방출량에서 다른 지역과 비교해 보면 상대적으로 덜한 12% 정도에 달한다. 2005년 세계자원연구소(WRI)의 보고에 의하면, 이러한 수치도 에너지 사용에 국한했을 경우 6%에 불과하며 전체적으로 12%라는 수치는 토지이용 변경과 이에 따른 엄청난 규모의 산림 황폐화를 포함한 수치이다. 2007년 유엔개발계획(UNDP)의 보고에 의하면, 이 지역은 비록 온실가스방출이나 지구온난화에 대한 영향이 적은 편이지만 여전히 기후변화로 인해서 국민들의 복지, 가정 그리고 다양한 경제사회 생활에서는 여전히 취약한 구조를 가지고 있으며 이를 해결하려는 개별 정부들의 책임감이나 사회인식이 다른 지역에 비해 상당히 낮다고 분석하고 있다. 비록 적은 규모이기는 하지만 기후변화에 대한 노출의 빠른 변화에도 불구하고 개별 국가들의 정책적 대응과 사회 전반적인 인식의 변화는 더딘 편이라는 것이다. 특히 많은 전문가들이 경고하고 있듯이(특히 World Bank 보고서들), 기후변화에 대한 적절한 적응(adaption)과 완화(mitigation) 정책은 이 지역의 빈곤 감축, 일상생활의 보호 등의 관점에서 상당히 시급한 과제이며 이는 이 지역의 경제사회적 혹은 환경과 정치적 회복이라는 측면에서 빠른 대응이 요구된다고 시사하고 있다.

01 기후변화에 대한 경제사회적 영향

오늘날 기후변화는 일상생활에서 일반 가정의 자산 훼손에 심각한 영향을 주고 있다. 특히 빈곤 계층에게는 그들의 자연, 물리적 조건, 금융, 인간, 사회 그리고 문화적 자산 등에 영향을 준다. 이들의 삶의 거주지는 대개 자연재해에 취약한 환경적 구조에 놓여있는 경우가 많다. 가뭄과 홍수, 해수면 상승 그리고 산사태 등에 취약한 환경을 거주지로 하는 경우가 많기 때문이다. 농업에 종사하거나 실업자 상태에서 충분한 식량 확보가 어렵다든지, 빈약한 의료, 교육, 사회적 소외, 신용이나 보험에 대한 접근의 어려움 등 많은 한계를 지니고 있는 것도 사실이다. 예를 들어 대표적으로 라틴아메리카 원주민 공동체들이 이러한 어려움에 처해있다(Kronik and Verner, 2010). 아래 도식은 인간 활동의 증가와 더불어 발생하는 온실가스 방출이 이들의 일상적인 삶과 어떠한 연관 관계를 가지고 있는지를 잘 보여 주고 있다.

예를 들어, 지역의 환경 악화는 인간 소비에 중요한 수자원의 질을 악화시키며(가정용, 농업 및 산업용 그리고 전력용), 더 나아가 해양 생태계에도 악영향을 미친다. 이러한 1단계의 환경적 영향은 도식에서 보듯이 2단계인 경제사회적 영향으로 옮겨간다. 지역민들의 일상생활, 식량과 건강 문제 등에 많은 악영향을 미치는 것이다. 이러한 부정적인 영향은 특히 빈곤 계층들을 더욱 빈곤하고 사회적으로 소득 불평등에 취약한 상태로 만들며 더불어 거주지를 떠나는 국내이주 및 이와 관련한 다양한 경제사회적 갈등 등을 유발하게 된다.

<그림 1> 기후변화의 경제사회적 영향

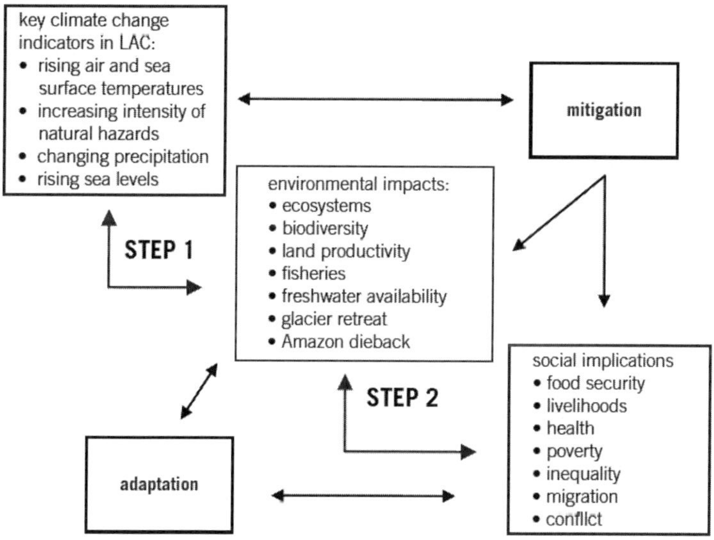

출처 : http://siteresources.worldbank.org/INTPREMNET/Resources/EP61.pdf)

사실 라틴아메리카 지역에서 기후변화에 대한 다양한 영향에 대한 정확한 분석은 힘들다. 이 지역의 다양한 기후조건들, 해수면 측정 그리고 극심한 기후변화(예를 들어, 홍수, 가뭄 등)에 대한 정보나 자료의 부족은 기후변화를 통한 경제사회적 영향이라는 모델이나 시나리오를 만들기 힘들게 하고 있다. 국제환경기구들조차 이 지역에 대한 정확한 자료나 통계의 부족으로 적절한 적응과 완화 정책을 만들기도 힘든 상황이다(IPCC 2007).

02 라틴아메리카 지역 전반적인 기후변화 양상

예상되는 온도 변화

일반적으로 그리고 다른 지역과 마찬가지로 라틴아메리카 지역의 온도는 점점 더워질 것으로 예상된다. 특히 남아메리카 지역의 온도는 세계 평균보다도 더욱 온도가 상승할 것으로 예상되고 있다. 각 계절마다 이러한 온도 변화는 더욱 뚜렷하게 나타날 것으로 예상되며 장기간의 혹서 현상이 빈번해지고 강도는 더욱 강해질 것이며 대부분의 온도 및 날씨가 온난 계절화로 변동해 갈 것으로 전망된다. 물론 이러한 온도 변화는 이 지역에서 허리케인과 같은 많은 태풍을 동반할 것이다. 안데스 고지대 지역의 경우 이러한 온도 상승은 고지대의 눈, 얼음 그리고 빙하들을 녹임으로서(융빙 현상 강화) 수자원에 대한 관리에서 어려움이 증가할 것으로 예상된다. 아마존 지역의 경우, 예상되는 온도 상승은 산림황폐화에 대한 파괴적 효과를 더욱 가중시킬 것이고 자연산불의 위험을 증가시킬 것이다.

예상되는 강수량의 변화

기후변화로 예상되는 이 지역의 강수량의 변화로 인해 건조지역은 더욱 건조하게 그리고 습한 지역은 더욱 습한 지역으로 변화할 것이라는 전망이 보고되고 있다. 예를 들어 카리브 지역 연안 국가들과 남아메리카 북쪽 지역(브라질 북부, 칠레 그리고 파타고니아 등)은 예상되는 강수량이 줄어들 것으로 예상되는 반면, 적도 지역 부근에 위치한 콜롬비아, 에콰도르, 페루 등 남아메리카 남동부 지역은 강수량은 증가할 것으로 보인다. 라틴아메리카 내륙의 중간 지역, 예를 들어 아마존 밀림지대 그리고 멕시코 북부 등은 여름 동안에 더욱 건조한 지역으로 변해 갈 전망이며 이는 극심한 가뭄 현상과 산림의 자연화재가 점점 증가할 전망이다. 연평균 강수량은 안데스 남부 지역에서 줄어들 것이며 이러한 변화는 상대적으로 여름 동안에 더욱 심하게 나타날 것으로 전망된다.

<그림 2> 라틴아메리카 기후변화 영향의 주요 지역과 이슈

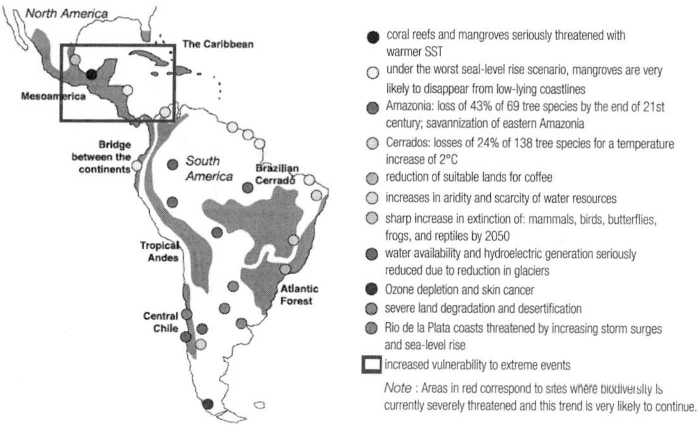

Source : Verner (2010) based on IPCC (2007b).

출처: http://siteresources.worldbank.org/INTPREMNET/Resources/EP61.pdf.

극심한 자연재해 증가

21세기 들어 최근 10년 동안 급격한 날씨 및 기후 변화도 오늘날 대부분의 라틴아메리카 국가들은 심각한 자연재해에 노출되어 왔다. 빈번한 폭우, 허리케인 등으로 인하여 수천 명의 사상자가 이미 발생했으며 많은 재산, 사회 인프라 시설, 그리고 자연자원에 대한 막대한 피해를 주고 있다. 이러한 피해의 원인으로 대부분 기후변화가 언급되고 있지만 이에 대한 과학적 원인 규명은 아직 이루어지지 않고 있는 실정이다. 최근 발생하고 있는 극심한 자연재해가 기후변화와 직접적으로 영향이 있는 것인지 혹은 이러한 증거들이 미래에는 어떠한 영향을 미칠 것인지에 대한 정확한 시나리오 혹은 모델 연구가 미흡한 실정이다. 국제환경기구(IPCC) 등의 기후변화와 영향 관점에서 전망 차원의 단지 몇몇 보고서만 나와 있는 정도이다. 예를 들어 아래 <그림 2>가 대표적인 사례이다.

<그림 2>에서 살펴보듯이 기후변화의 영향으로 카리브 지역과 멕시코 만의 경우 빈번한 허리케인의 피해에 노출되어 있으며 그 강도는 점점 증가하고 있다. 산호초 지역의 환경 악화 그리고 해양 온도 상승과 이에 따른 남동 태평양 지역에서의 어획량 감소 위협 등이 기후변화에 관련된 대표적인 사례라고 볼 수 있다. 해수면의 상승 및 빈번한 홍수의 위협 등과 관련해서는 엘살바도르나 가이아나의 해안 저지대 침수 위협 등이 언급되면서 이 지역 공동체의 정치사회적 긴장을 높이고 있기도 하다.

안데스 지역에서는 기후변화로 인한 강수량 패턴 변화, 온난화, 빠른 열대 빙하 지역의 소멸, 그리고 산지습지에 대한 영향 등이 중요 기후변화 이슈들로 언급되고 있다. 물론 이러한 이슈들은 향후 이 지역의 수자원 공급과 관리 문제를 더욱 어렵게 하는 중요 요인들로 작

용할 수 있다. 결국 이러한 위협의 증가는 이 지역 안데스 공동체의 이주문제 및 다양한 사회적 갈등을 유발할 수 있는 많은 문제점을 내포하고 있기도 하다.

아마존 지역에서 가장 중요한 이슈(특히 아마존 동부 지역)는 물론 산림의 파괴가 증가하면서 이 지역의 온도를 높이고 이는 결국 토양의 습기를 줄이면서 점점 사바나 기후로 변해 현재 열대우림 기후를 대처해 간다는 시나리오가 큰 이슈이다. 인간 활동의 증가에 의해 발생하는 산림황폐화 현상은 새로운 위협으로 등장했으며 미래 전망은 암울하다. 현재 산림황폐화의 속도라면 2050년에 이르면 이 지역 산림의 30%가 사라진다고 전문가들은 경고하고 있다. 열대 우림지역이 목초지 형태의 사바나 기후 지대로 변화는 수많은 수종의 사라짐과 이 지역에 유일하게 존재하는 수많은 동식물의 멸종으로 이어질 것이다.

전반적으로 라틴아메리카 지역에서 기후변화의 영향은 상당히 부정적인 결과를 가져온다. 물론 여기에는 예외적인 경우도 발생한다. 남아메리카 혹은 안데스 지역의 온도 상승은 기존에는 재배가 불가능했던 다른 농작물(예를 들어 커피나 옥수수) 생산이 가능하게 하기도 한다.

위처럼 이미 진행되고 있는 기후변화 영향에 대한 부정적인 면을 피할 수가 없다면 이에 대한 개별국가들의 정책 차원의 적응과 완화 전략 마련은 상당히 중요해 진다. 여기에 추가적으로 더욱 중요한 정책 방안 마련은 기후변화의 영향 평가에서 경제사회적 이슈를 포함시켜 가는 것이다. 언급했듯이 기후변화로 인한 경제적 피해 및 사회발전의 장애 요인 등은 영향 평가 및 적응과 완화 정책 마련에서 반드시 고려해야하는 중요한 요소이다. 다양한 정책 결정 과정에서 예를 들어, 완화 및 적응 전략 마련, 적합한 기술 개발 그리고 시민 공동체의 참여 수준 등은 이러한 경제사회적 요소들이 포함된 형태로 진행되어야 한다. 어떻게 기후변화가 빈곤 계층이나 취약 계층에게 영향을 미치고 있는가를 우선적으로 고려해서 한 사회가 직면한 빈곤과 사회 불평등의 문제를 해결할 수 있는 새로운 정책적 고려가 요구된다. 지속가능한 발전 개념의 경제사회적 고려도 필요하다.

참고문헌

1) Dorte Verner(2011), "Social Implications of Climate Change in Latin America and the Caribbean, JULY Number 61, World Bank, in http://siteresources.worldbank.org/INTPREMNET/Resources/EP61.pdf

2) 좀 더 간결한 정책 보고서 자료는 EMERICs 중남미(2013), "중남미 지역 기후변화의 경제사회적 영향과 함의"(2013-01-23) 참고. 웹사이트: http://www.emerics.org

멕시코의 기후변화협상 참여를 위한 국내외 변수 분석

하상섭(한·중남미녹색융합센터 연구교수)

01 기후변화 협상 참여 및 기후변화 정책 도입에 대한 국내 변수들 분석

멕시코가 오늘날 칸쿤 회의(COP 16) 개최 등을 통해 기후변화 국제협상에 적극 참여하는 다양한 국내 요인들을 분석해 보면 기본적으로 기후변화로 인한 자국 농업의 영향(표 1), 해수면 상승 위협(표 2), 극심한 자연재해로 인한 경제사회적 피해(표 3)에 대한 대응에서 찾을 수 있으며 적극적으로 협상 테이블에 참여하는 경우는 일국의 기후변화 완화 능력 배양과 관련된 것으로 이는 일국의 경제 사회적 지표와의 균형에서 나오는데, 예를 들어 OECD 국가(멕시코)로서 위상 및 시민들의 경제사회적 삶에 대한 고려(표 4와 에너지 소비 분야 관련성(표 5, 표 6, 표 7), 경제발전 구조(표 8) 등을 들 수 있다.

<표 1> 기후변화에 대한 농업 영향(2003)

국가	생산 millions $ (GDP에서 %)	생산변화 millions $ (생산변화 % / GDP 변화에서 %)
멕시코	25,043 (4.0)	-8,856 (-35.4 / -1.4)

출처: World Bank(2004), F. Rong, p. 4585에서 부분인용.

주: 대기에 탄소가 증가함으로서 상대적으로 농업 생산량 증가에 혜택을 받는 작물은 배제함

<표 2> 기후변화 영향으로 인한 해수면 상승 시나리오(2009)

국가	지역 영향 (%)		인구 영향 (%)		GDP 영향 (%)	
	1m	3m	1m	3m	1m	3m
멕시코	1.02	1.92	0.60	1.33	0.54	1.29

출처: Dasgupta et al.(2009), F. Rong, p. 4585에서 부분인용.

<표 3> 기후변화 관련 자연재해로 인한 경제사회적 피해(2010)

국가	멕시코
2000-2009	
인구 영향	650,663
POP의 %	0.61
경제적 손실(US$)	1,318,330
GDP의 %	0.21
1990-2009	
인구 영향	428,301
POP의 %	0.46
경제적 손실(US$)	1,025,421
GDP의 %	0.23

출처: F. Rong, p. 4585에서 부분인용

<표 4> 주요 경제 사회 지표(2007)

국가	1인당 GDP ($)	평균 수명	빈곤선 (일일 2달러 미만, %)	개선된 수자원 미활용 인구 (%)	전력 소외인구 (%)	인간개발 지수	인간개발 지수 랭크
멕시코	14,104	76.0	4.8	5.0	-	0.854	53위

출처: UNDP(2009)

<표 5> 연료 타입에 따른 주요 에너지 소비 및 확인 매장량과 이용 연수 (%, 년, 2008)

국가	에너지 소비: 석유	에너지 소비: 천연가스	에너지 소비: 석탄	에너지 소비: 기타**	매장량에 따른 이용 연수: 석유*	매장량: 천연 가스*	매장량: 석탄*
멕시코	53	35	5	6	10	3	5
세계	35	24	29	12	15	15	51

출처: BP, 2009.

* 주: 연간 국내 총에너지소비 대비 실질적으로 확인된 재생에너지 잠재성 따른 사용 가능 연수

** 기타는 수력, 원자력발전, 바이오에너지, 풍력 등을 포함

<표 6> 연간 국내 총에너지소비 대비 실질적으로 확인된 매장량에 따른 사용 가능 연수

국가	수력	풍력	바이오 연료	태양력	지열	총
멕시코	0.03	0.01	0.54	0.48	0.01	1.1

출처: Buys et al. 2009.

<표 7> 원자력 발전과 우라늄 사원재생

국가	원자력 생산 (GWH(e))	총전력공급에서 점유율(%)	우라늄 재생자원(tons)	우라늄의 세계생산량에서 점유율(%)
멕시코	9,359	4.0	1800	0

출처: IAEA 2010, 멕시코: 2008년 데이터

<표 8> GDP 구조(GDP의 %)

국가	농업	산업(제조업)	서비스업
멕시코	4	36(19)	60

출처: World Bank 2009.

02 기후변화 국제협상 참여 및 정책 도입에 대한 대외 변수들 분석

국제적인 요인들로는 금융 및 기술이전(표 9), 실질 탄소 배출 증가에 따른 국제사회의 외부 압력 증가(표 10) 등의 요인들에서 기후변화 정책 도입 및 국제협상 참여를 살펴볼 수 있다.

<표 9> 등록된 프로젝트 및 예상되는 연평균 CERs(2009)*

국가	등록된 프로젝트	예상되는 연평균 CERs
멕시코	118(6.4%)	8,948,550(2.8%)
세계	1831(100%)	318,699,336(100%)

* 탄소배출권(CERs)은 청정개발체제(CDM) 프로젝트 활동으로 인해 줄어든 배출량의 감축분에 대하여 발행된다.

출처: http://cdm.unfccc.int

<표 10> 미래 에너지 관련 분야 이산화탄소 배출 수준 변화 예상(2007/2030)

국가	2007년 연간 이산화탄소 배출 (백만 메트릭 톤)	2007년 연간 이산화탄소 배출 (세계 총 %)	2007년 연간 이산화탄소 배출 (1인당 배출 메트릭 톤)	2030년 예상 배출량 (백만 메트릭 톤 및 세계 총 %)
멕시코	451	1.5	4.1	557(1.4)

다만, 멕시코는 국제적 요인에서 실질적인 이산화탄소 배출에 대한 기술적 혹은 금융적 혜택은 여타 다른 대륙 및 국가들에 비해 미진한 편이어서 국제협상 참여를 결정하는 중요 변수로는 다소 영향력이 떨어질 수 있다.

* 좀 더 자세한 및 '브라질'과 비교분석한 자료는 EMERICs 중남미(2013), "라틴아메리카 국가들의 저탄소 정책 도입 및 기후변화 국제협상 참여 원인 분석: 브라질과 멕시코 사례를 중심으로"(2013-08-19) 참고. 웹사이트: http://www.emerics.org

04

환경과 인문학: 생태비평

생태문학과 중남미

전용갑 (한국외대 스페인어통번역학과 교수)

점점 파괴되어 가는 환경과 생태계 문제는 현재 인류가 당면한 가장 큰 위기 중 하나로 거론되고 있다. 때문에 비단 과학 분야뿐만 아니라 철학과 문학, 예술 등 인류의 존재와 삶을 탐구하는 인문학 영역에서도 생태학에 관한 관심이 고조되고 있다.

원래 '생태학'이라는 용어는, 1869년 독일의 동물학자이자 철학자인 에른스트 헤켈(Ernst Heckel)이 처음 정의하면서 사용되기 시작했는데, 그에 따르면 생태학은 식물이나 동물 같은 유기체가 물리적 환경과 맺고 있는 총체적인 상호관계를 연구하는 학문이다. 때문에 생태학은 지금까지 인류가 지녀왔던 '인간중심주의적'인 관점에서 벗어나 우주에 존재하는 모든 개체를 동등한 존재적 비중과 지위를 지닌 유기체적 관계로 파악하는 에코토피아(Ecotopia)지향적 사유의 산물이라 할 수 있다(송용구, 2000: 35-7).

생태학이 문학적 화두로 등장한 것은 1970년대 이후 환경운동이 활발하게 전개되면서부터이다. 즉, 환경보존과 생태의식이 일반 대중에게 확산되었고 더불어 문학에서도 이 문제를 본격적으로 다룬 작품들이 등장하기 시작했다. 1974년 미국의 문학 이론가 조셉 미커(Joseph W. Meeker)가 처음으로 '문학 생태학(literary ecology)'이란 용어를 사용했고, 1980년대 이후에는 생태문학에 대한 본격적인 연구가 이루어지게 되었다. 특히 소수민족의 권익을 찾기 위한 민권운동과 여성해방과 권리 회복을 위한 페미니즘 운동이 활발해지면서, 환경오염과 산업화로 인한 인간소외를 다루는 생태문학에 대한 관심도 더욱 고조되었다. 그리고 환경운동과 여성운동을 접목시킨 '에코페미니즘(Ecofeminism)'이라는 용어도 출현하여 1980년대 초에는 문학비평이론으로 자리잡기에 이르렀다(황선애, 2005: 230). 현재 생태문학은 '환경문학', '녹색문학', '생명문학' 등의 용어로도 불리고 있다.

생태중심주의적 사고를 문학적 형상화를 통해 묘사하려는 생태문학은 구체적인 환경문제를 다루고 있는 작품뿐만 아니라 생태계 파괴의 근본 원인을 분석하고 대안을 제시하는 작품, 자연과 인간 간의 관계를 비판적으로 조망하는 작품 등 다양한 층위의 주제를 포괄한다. 문학이 구체적인 사회·역사적 맥락에 근거하여 현실에 대한 총체적 인식을 지향하는 노력의 일환임을 고려한다면, 자연과 인간의 관계를 비판적으로 조망하려는 문학의 생태학적 인식 또한 문학 본연의 역할을 수행하는 또 다른 접근법이 될 수 있다. 실제로 생태문학은 자연이나 환경 자체만을 문제 삼는 소재 차원의 장르론에 국한되는 것이 아니라, 자연과 인간과의 관계를 중심으로 현실 비판적 성찰을 통해 세계관의 전환을 도모하는 통합적인 성격을 지닌다(Goodbody, 1998: 25).

생태문학에서는 인류가 자연을 타자화시켜 왔다는 점을 크게 부각시키는데, 그 근본원인으로 인간과 자연을 유리된 존재로 인식하는 이분법적 시각을 지적한다. 그리고 이러한 시각이 근대 '이성주의'와 '합리주의' 하에 매우 강하게 작용해 왔다는 점을 문제시하면서 진보와 발전이라는 미명 하에 박탈당해 온 "자연의 권리 문제"(양명수, 1997: 26)를 돌이켜보고 그 대안을 모색하고자 노력하는 것이다. 생태문학은 이처럼 자연을 '대상화된 타자'에서 인간과 마찬가지로 '의미있는 존재'로 바라보려는 인식의 전환을 내포하고 있다. 때문에 생태문학이 제시하는 대안은 황폐한 현실을 고발하거나 환경문제의 해결을 위한 행동적 대안을 제시하는 수준에 그치지 않는다. 생태학적 인식은 인간들 사이의 타자화의 문제로까지 확장, 전이되어 "총체적인 인간 실현을 지향"(김우창, 2000: 364)하는 근원적인 성찰을 담아낼 수 있는 계기를 마련한다는 점에서 중요한 의미를 지닌다.

조셉 미커가 "문학가라면 마땅히 자연과 환경을 지킴으로써 인류를 파멸의 구렁텅이에서 건지는 일을 떠맡아야 한다"(김욱동, 1998: 28, 재인용)고 주장했듯 문학적 성찰과 생태적 실천은 동일 선상에 위치하며, 문학은 생태문제를 다룸으로써 인간의 세계관을 더욱 심오하고 넓게 확장시키는 문학 고유의 목적에 한 걸음 더 다가설 수 있다. 그렇다면 전통적으로 중남미 문학에서 자연(생태)은 어떻게 인식되어 왔는가? 고대와 중세인들이 희구하던 '신화적 낙원'의 모습을 연상시킨 신대륙은 유럽인들의 생태학적 감수성을 자극하는 공간이었다. '신세계' 아메리카 대륙은 '구세계'와는 다른 희망이 투시된 '파라다이스'로 유럽에 소개되었다. 알폰소 레이에스(Alfonso Reyes)가 주장한 것처럼, 아메리카는 실체가 확인되기 전부터 유럽인들에 의해 꿈꾸어진 공간이었던 것이다. 1942년 아메리카 대륙에 첫발을 내딛은 콜럼버스(Cristóbal Colón)는 다음과 같이 자신의 감회를 밝힌다.

안달루시아의 4월의 모습처럼, 이곳 섬 전체의 초목과 수풀은 푸르다. 작은 새의 노랫소리는 사람들이 발길을 뗄 수 없게 만들 정도로 아름답다. 앵무새 떼가 해를 가린다. 우리의 새들과는 너무나도 다른 온갖 종류의 크고 작은 새들의 모습이 감탄을 자아낸다.(Todorov, 1992: 23). 토도로프의 지적대로, 콜럼버스의 감회는 "어떤 숨겨진 의도나 목적도 없이, 실제 체험에서 저절로 우러나온 자연에 대한 감탄" 그 자체였다. 15세기 이후 스페인, 포르투갈의 정복자들과 함께 아메리카 대륙으로 향한 연대기 작가들은 대륙의 정복, 가톨릭의 전파, 원주민의 생활상 등에 관해 방대한 기록을 남겼고, 생태학적 감수성을 자극하는 '신대륙'의 모습은 유럽인들의 유토피아적 상상력을 더욱 부추겼다. 하지만 18세기에 들어 근대적 인식논리가 등장하면서부터 중남미는 더 이상 정서적 감흥을 유발하는 유토피아가 아니었다. 헤겔은 신세계를 '역사 없는 아메리카'라 규정하였으며, 사르미엔또(Domingo Faustino Sarmiento)는 아메리카를 최초의 발전 단계에도 진입하지 못한 '야만의 땅'으로 평가했다.

현재 중남미 생태문학 작가들의 인식은 추상적이고 현학적이 아니라 현실적이고 구체적이다. 이들은 환경파괴문제가 자본주의, 엄격한 계층구조, 힘의 논리에서 비롯되는 것으로 보고, 이러한 구조와 제도가 생태 공동체의 일원인 자연과 인간의 자유와 잠재성을 극도로 제한한다고 인식한다. 자연을 착취와 정복의 대상으로 여긴 채 경제성장, 기술진보, 물질적 풍요 등의 이념을 추구하는 것이 바로 생태계 파괴의 원인이라고 인식하고, 이것과는 질적으로 다른 생태계 중심의 사고방식을 전파하려 노력한다.

사실 전 지구적 위기인 생태계 파괴에 직면해 인간과 자연이 공존할 수 있는 길은 인간 중심적 사고에서 벗어나 조화로운 생태사회를 건설하는 것이다. 이런 생태학적 인식은 인간의 자연에 대한 입장을 새로이 정립하게 할 뿐만 아니라, 우리의 사고방식과 존재양식도 새롭게 변화시킨다. 인간과 자연의 관계뿐만 아니라, 인간과 인간의 관계, 즉 약자와 강자, 소수와 다수, 자아와 타자의 관계도 총체적으로 인식하고 성찰하게 만든다.

중남미의 생태학적 작품들은 '자연을 파괴하는 인간의 오만함'을 비판한다. 자연과 인간의 대립, 자연과 문명의 갈등 등 환경위기를 유발하는 모든 사례를 문학적 상상력을 통해 재현하고 비판한다. 그리고 환경 문제가 비단 중남미만의 문제가 아니라 전 지구의 문제임을 지적하고 이에 대한 대안을 제시하고 있는 것이다. 중남미라는 땅이 지닌 생태학적 의미는 크다. 그리고 중남미 작가들의 생태학적 인식, 문학이라는 장르의 효용성은 인간과 자연의 조화로운 공존에 관한 치열한 인문학적 성찰을 유도한다.

참고문헌

1) 김우창. 『정치와 삶의 세계』, 서울: 삼인, 2000.

2) 김욱동. 『문학생태학을 위하여』, 서울: 민음사, 1998.

3) 송용구. 『에코토피아를 향한 생명의 시학』, 서울: 시문학사, 2000.

4) 양명수. 『녹색윤리』, 서울: 서광사, 1997.

5) 황선애. 「생태여성주의와 문학」, 『독일언어문학』, Vol. 27(2005): 223-243.

6) Goodbody, Axel. Literatur und Ökologie, Amsterdam: rodopi, 1998.

7) Todorov, Tzvetan. The Conquest of América, N.Y.: Perennial, 1992.

* 이글은 필자가 포함된 중남미연구소 연구팀의 미발표 보고서 <중남미 문학의 생태적 인식과 에코토피아>(2010)의 머리글을 일부 수정, 보완한 것임.

『수탈된 대지』에서 '약속의 땅'으로

전용갑(한국외대 스페인어통번역학과 교수)

필자가 재직하고 있는 학과의 2학년 전공수업 중에 <전공독서세미나>라는 과목이 있다. 15명 내외의 소규모 수강인원으로 편성된 4개의 분반으로 이루어져 있으며 주로 스페인, 중남미와 관련된 인문 · 사회과학 서적을 읽고 쟁점을 토론하는 방식으로 진행된다. 진정한 글로벌 인재란 능숙한 현지 언어구사능력과 정치, 경제와 같은 지역학적 지식은 물론 상생과 호혜의 가치에 기반한 세세사직 안목과 인문학적 인식을 겸비해야 한다는 학과의 지역인재 양성 취지에 맞추어 3년 전에 개설된 강좌이다.

필자가 담당하고 있는 분반에서는 세르반테스의 『돈키호테』와 가브리엘 가르시아 마르께스의 『백년의 고독』과 같은 스페인어권의 대표적인 문학작품과 1970년대 아르헨티나 군사정권 시기의 불법입양

문제를 다룬 영화 『오피셜 스토리』에 이어 최근에 『수탈된 대지』를 읽고 토론하였다. 원제가 『라틴아메리카의 절개된 혈맥 Las venas abiertas de America Latina』(1971)인 이 책(박광순 역, 범우사)은 우루과이의 작가인 에두아르도 갈레아노(Eduardo Galeano)가 쓴 대중역사서로서 콜럼버스의 신대륙 도착 이후 20세기까지 5백 년 동안 중남미에서 자행된 서구의 무자비한 수탈의 역사를 기록하고 있다. 널리 알려진 바와 같이 이 책의 요지는 한 마디로 라틴아메리카의 저개발과 서구의 개발이 동전의 양면이라는 것이다. 즉 서구세계가 라틴아메리카로부터 유입된 금과 은 등 막대한 광물자원과 노예제도에 기반한 대규모 플랜테이션 농업 덕분에 근대화와 산업화에 성공한 반면 상대적으로 라틴아메리카는 세계 자본주의 체제의 주변부로 전락하여 빈곤의 악순환을 겪고 있다는 것이다. 따라서 갈레아노는 "주변은 중추의 번영의 댓가를 부담하고 있다."(p.13)라고 단언하며 이 지역 사람들은 "세계 시장을 위해 일하고, 혹은 승리자를 위해 싸우면서 자신의 인생을 허비해 왔다."(p.118)라고 탄식한다. 사실 역사적으로 서구 제국주의 열강이 라틴아메리카에 미친 폐해를 이해하기 위해서는 이 책에 제시된 몇 개의 사례를 언급하는 것만으로도 충분하다. 즉 15세기 후반 7천만에서 9천만에 달했던 아즈테까, 잉카, 마야의 인구는 150년 후 겨우 350만으로 감소했고(p.101), 세계에서 가장 많은 것을 제공하던 도시인 볼리비아의 포토시는 오늘날 세계에서 가장 조금밖에 갖지 못한 도시(p.96)로 전락하였으며, 사탕수수나 커피, 고무 등의 단일작물 재배로 야기된 식량부족 때문에 이 지역 아이들이 - 부족한 철분을 보충하기 위해 - 흙을 먹는 습관이 생겼다고(p.138) 지적한다.

갈레아노의 책을 읽다보면 오늘날 전 지구적 관심사로 부각된 생태와 환경파괴의 문제 또한 라틴아메리카에서는 새삼스러운 일이 아님을 실감하게 된다. 예컨대 콜럼버스의 2차 항해 때 카나리아제도에서 카리브해 전 지역과 브라질 동북부로 퍼진 사탕수수의 경우를 들 수 있다. 원래 시칠리아나 마데이라제도, 카포베르데 등지에서 조금씩 생산되던 사탕수수는 오리엔트에 비싸게 팔 수 있어 유럽인들이 몹시 탐내던 작물이었으며 왕비들의 혼수용 지참금으로도 쓰였던(p.132) 소중한 물품이었다. 사탕수수재배에 적합한 라틴아메리카의 기후와 토양은 이 '하얀 황금'에 눈이 멀었던 유럽인들을 고무하여 신대륙의 비옥한 산림과 자연을 대규모로 파괴하는 계기가 되었으며, 잔악한 노예무역과 대규모 노예제도를 통해 인류애적 가치마저 훼손하기에 이르렀다.

사탕수수뿐만 아니라 면화와 고무, 용설란, 커피, 열대과일 등 중남미의 비옥한 토지가 아니었으면 불가능했을 작물들의 플랜테이션 재배는 포토시, 사카테카스, 과나후아토, 오우로프레토 등지의 금은광 개발 광풍과 마찬가지로 이 대륙의 자연환경을 무차별적으로 황폐화시키는 '죽음의 번영'(p.133)을 초래했다. 이처럼 풍부한 천연자원과 비옥한 자연환경이 역설적으로 라틴아메리카 저발전의 원인이 되었기 때문에 갈레아노는 인디오들은 "자신들의 부(富)를 저주해 왔고 지금도 계속해서 저주하고 있다"(p.115)라고 탄식하고 있는 것이다.

이 책을 읽고 난 학생들의 반응은 복합적인 것이었다. 우선 대부분의 학생들이 지금까지 라틴의 낭만과 열정이 깃든 곳으로만 여겼던 라틴아메리카의 고통스런 역사에 공분과 공감을 표했다. 하지만 한편으로 과거는 그렇다하더라도 현재까지 이어지는 라틴아메리카 저개발의 원인을 서구의 착취와 수탈 등 외재적 요인에서만 찾는 것은 무리가 아니냐는 견해도 있었다. 현재의 정치, 사회, 경제적 불평등 구조가 과거 식민시대에 만들어졌겠지만 그와 같은 잔재를 청산하려는 노력이 얼마나 뒤따랐느냐 하는 것이다. 이러한 견해를 보이는 학생들은 이 지역 지배 엘리트들의 부패와 국민의식의 부재를 탓했다. 한편, 여가를 즐길 때 마시던 부담 없는 커피 한 잔이 라틴아메리카 노동자들의 열악한 노동의 대가라는 사실에 다시는 편한 마음으로 커피를 마시기 힘들 것 같다는 곤혹감을 토로하기도 하였으며, 더 나아가 향후 이 지역 진출을 염두에 두고 언어와 지식을 공부하는 자신들 또한 행여나 '동양인의 얼굴'을 한 또 다른 수탈자가 되는 것은 아닌지 하는 우려의 목소리도 나왔다.

하지만 독서와 토론을 통해 도출된 최종적인 결론은 앞으로는 이 대륙을 '수탈된 대지'가 아니라 그들과 우리, 더 나아가 인류 모두의 '약속의 땅'으로 만들기 위한 이해와 상생의 노력이 필요하다는 점으로 귀결되었다. 물론 『수탈된 대지』가 나온 1970년대와 지금의 상황 사이에는 적지 않은 차이가 존재한다. 냉전과 이념의 시대가 저물고 세계화와 탈이념의 시대를 살고 있는 오늘날 라틴아메리카를 '갈레아노식'의 역사인식으로 해석하기에는 무언가 협소해 보이는 것이 사실이다. 하지만 갈레아노의 역사인식을 선행하지 않고서 라틴아메리카에 대한 진정한 이해와 상생을 추구하는 것 또한 불가능해 보이는 것도 사실일 것이다.

수막 카우사이와 헨리 조지의 『진보와 빈곤 Progress and poverty』를 통해 바라본 영토에 대한 관점의 변화

최명호(부산외대 중남미지역원 HK연구교수)

2008년 에콰도르에서 자연권 혹은 자연의 권리(Los derechos de la naturaleza)가 명시되면서 수막 카우사이는 하나의 대안처럼 언급되기 시작했다. 자연이 인간의 유용성만으로 판단할 수 없는 그 이상의 본질적인 가치가 있다는 점을 헌법이 인정한 것이라(Acosta y Esperanza martiñez, 2011,p.11) 평가하는 등, 이것이 마치 하나의 혁명적 사건으로 간수하는 것이 학계의 일반적인 반응이었다. 약 5년여의 시간이 흐른 지금 실질적으로 어떤 현상을 야기했는지 아닌지는 여전히 논쟁적인 부분이다. 후에 다시 언급하겠지만 수막 카우사이는 근대 국가 3요소, 주권, 국민, 영토 중 하나인 영토에 대한 강조로 해석할 수 있다. 사실 현재 국적이라는 것은 개인의 필요에 의해 획득할 수 있는 것 중에 하나이고, 식민시대 이전 그리고 스페인의 식민지배에서 독립 후 각 근대국가들의 수립까지 각 단계별 시대적 간극이 있는 역사를 지닌 라틴아메리카의 다양한 국가들의 상황은 우리나라처럼 같은 민족이 하나의 국가를 이루고 있다는 믿음이 강한 동북아의 다른 국가들과는 질적으로 다른 상황이라 할 수 있다. 그래서 우리의 관점으로 식민시대에 대한 개념이나 인종 혹은 종족을 민족의 개념으로 해석하게 되면 라틴아메리카의 현실과는 거리가 먼 이해를 할 수 있다. 쉬운 예로 라틴아메리카의 국가주의는 정치 체제로는 독재 혹은 20세기 초의 제국주의와 파시즘과 연관을 맺고 있고 민족주의는 종족주의 혹은 원주민주의와 깊은 연관을 맺고 있다. 하지만 동북아에서 민족주의는 국가주의와 구분이 안 되는 경우가 많으므로 단어의 유사성에 의해 상이한 것을 같은 것으로 인식하는 순간부터 오해를 낳게 되는 것이다. 이것은 미국의 연방주의[1]와 남아메리카의 연방주의를 동일시하는 것과 같은 오류이다.

또한 원주민주의 혹은 원주민 중심주의에 기반을 둔 사상이 라틴아메리카를 대표하는 사상으로 대두되게 되면 이것은 또 다른 소외를 야기할 수 있다. 각 국가별로 차이는 있으나 20%를 넘지 못하는 원주민들의 사상이 그 국가와 대륙을 대표하는 사상이 된다는 것은 그 자체로 그 외의 인종을, 메스티소, 백인 또한 흑인과 그 외 혼혈 인종이 소외된다는 것을 의미하는 것이기 때문이다. 이것은 적어도 60%이상의 메스티소가 살고 있는 라틴아메리카의 국가 내부의 역차별이다. 쉽게 말해 메스티소에게 자신의 DNA 반을 포기하라고 하는 것과 같다. 원주민들의 문화는 소중하고 보호해야 할 대상일 수는 있지만 그것이 라틴아메리카의 한 국가를 대표할 수는 없는 것이다. 이

1) FBI와 지역 경찰 간의 관계를 생각하면 그 차이를 알 수 있다. 미국의 연방정부를 중앙집권 형이라 단정할 수는 없지만 지역정부의 위에 존재한다는 것은 부정하기 어렵다.

것은 꼬르떼스를 지워버리고 말린체만을 주목하는 것과 마찬가지로 백인우월주의의 뒤집혀진 패러디일 뿐이다. 순혈주의의 입장에서 보면 원주민중심주의와 백인 혹은 서구유럽 중심주의는 본질적으로 다르지 않다. 게다가 혼혈이라는 가능성, DNA 자체에서 유래하는 두 세계 혹은 그 이상의 세계를 담을 수 있는 가능성을 스스로 포기하는 것이라 할 수 있다. 꼭 민주주의를 언급하지 않더라도 다양함이 스스로의 색깔을 잃지 않으면서 배타적이지 않은 공동체를 형성하는 것은 누구나 쉽게 생각할 수 있는 유토피아의 가장 단순한 모습일 것이다. 다시 말해 다양한 혼혈을 통해 가시적으로 보이는 다양성은 극복의 대상이 아니라 조화를 이루어야 할 대상인 것이다. 또한 우열의 법칙을 생각한다면 신의 축복으로 간주할 수도 있을 것이다.

헨리 조지의 『진보와 빈곤』은 우리 시대에도 여전히 해결되지 못한 문제, '물질적인 진보 속에서도, 그 풍요로움 속에서도 왜 빈곤의 문제가 해결되지 못하는가?' '여전히 지구의 한쪽에서는 기아로 죽는 사람이 있고 다른 한편에서는 간헐적 단식을 말하며 비만과 과체중으로 고생하는 사람들이 있는가?'에 대한 해답을 찾고 있다. 15세기 말, 라틴아메리카의 등장과 더불어 시작된 상업혁명과 산업혁명 이후 전 세계가 그 이전의 세계와는 확연히 차이가 나는 물질적 풍요 혹은 진보를 이루었지만 실제로 그 물질적 풍요가 선진국의 경우에도 일반 노동자들에게 돌아가고 있지 않으며 국제적으로는 일부 국가들에 집중되고 있는 것은 누구나 알고 있는 사실이다. 더 나이가 물질적 진보를 성취한 국가들 내부에서 더 극심한 궁핍과 가난이 만연해있으며 그것은 현존하는 세계 최고의 제국이라 할 수 있는 미국도 마찬가지이다. 이것을 가시적으로 표현된 것이 아마도 2008년 미국의 금융위기일 것이다. 99%라는 표현으로 대표되는 미국의 금융위기는 부의 불균형이 미국 내부에서 얼마나 극심한가를 가시적으로 보여준 사례일 것이다. 헨리 조지의 이론은 19세기와 20세기 초반의 상황을 반영한다고 할 수 있으나 현재에도 여전히 눈여겨 볼 부분이 있다. 헨리 조지의 이론을 간단히 표현하면 생산물 혹은 총 이윤이라는 것은 지대와 임금과 자본의 투자 이익이므로 결국 총 이윤에서 지대를 제외하면 임금과 자본의 투자 이익이 되며 생산력의 증가 혹은 물질적 진보가 아무리 이루어진다고 해도 이와 함께 지대가 상승한다면 임금과 자본의 투자 이익은 절대 상승할 수 없다는 것이다. 헨리 조지의 지대 개념은 인간의 노력으로 만들어낼 수도 없고 증가시킬 수도 없는 자연적 요소를 사적 소유권의 대상으로 만든 것에서 발생한 독점의 대가라고 한다. 이 독점의 대가가 교환가치를 갖는다면 언제나 지대가 존재하는 것이다. 헨리 조지는 바로 이 독점의 대가, 혹은 토지로 인한 모든 불로소득(不勞所得)을 조세 형태로 환수하게 되면 임금과 자본의 투자 이익이 증가하게 될 것이며 임금과 자본의 투자 이익에 세금을 부과하지 않고도 정부의 재정을 꾸려갈 수 있으며 결과적으로 모든 세금을 철폐할 수 있다고 주장했다. 현재의 시각에서 자본 혹은 자본의 투자이익은 국제금융이라는 환경에서 그리 단순하게 볼 수 있는 상황이 아니기에 자본의 투자이익에 대한 과세 없이 지대에 대한 과세를 통해 모든 세금을 대체할 수 있다는 생각은, 특히 복지국가를 지향하는 국가에서는 받아들이기 어려운 부분이 있을 것이다. 그럼에도 불구하고 헨리 조지의 관점은 혁신적이고 현실적인 부분이 있는 것이 사실이며 특히 우리나라처럼 부동산 버블이 문제가 된 국가들의 경우에는 더 강한 울림이 있을 것이다. 그러나 역사적으로 자본과 노동에 중점을 두었던 주류 경제학과 마르크스 경제학 중 어느 곳에서도 헨리 조지의 사상은 환영받기 어려웠다.

그런데 자연이 인간에게 제공하는 모든 것을 '지대'의 개념으로 환원하면 약간 다른 이야기를 할 수 있다. 철학적 생태학 혹은 윤리적 생태학이 그것이다. 수막 카우사이에서 말하는 대지의 여신 등의 원주민의 신화와 종교에서 유래한 개념은 그 자체로는 그리 특이한 것이 아니다. 농경문화를 겪었던 문화권에서는 보편적으로 나타는 것으로 여기에는 동서양의 구분이 없다. 하지만 이런 개념이 한 국가의 헌법에 포함되었다는 것은 무엇보다 영토의 개념에 어떤 변화가 있었다거나 혹은 변화를 목표로 했다고 가정할 수 있다. 굳이 공동체주의를 언급하지 않더라도 농경문화에 널리 퍼진 대지의 여신의 관점에서 보면 인간이라는 존재는 하나의 독립된 개체로 존재하는 것이 아니라 여신의 젖을 마시고 사는 존재로 모두가 혹은 그 단위 공동체가 하나의 가족이며 형제이고 자매이다. 모자(母子) 혹은 모녀(母女)간의 일체성은 자연을 하나의 타자적 존재로 보며 대상화하는 인식론적 관점이나 개발의 대상으로 보는 물리적 진보의 관점을 일순간 넘어서게 된다. 자연은 부모(父母)이며 생명의 원천이다. 인간이라는 존재가 모두 대지의 아이들이 되면 각 개인이 토지의 소유권을 주장하는 것도 더 나아가 일국이 자신의 영토에 대한 소유권을 주장하는 것도 유교적 관점으로 보면 아주 불효(不孝)한 행위가 된다. 권리를 중심으로 보면 인류는 생명유지에 반드시 필요한 욕구를 제외하고 개인이건 국가건 대자연의 풍요와 다양성을 감소시킬 권리를 가지고 있지 않은 것이다. 한 개별 국가의 역사가 얼마까지 이어질 지 가늠할 수 없으나 적어도 국가로 존속되는 동안 국가를 구성하는 기본적인 요소 중 하나인 영토를 이후 세대들도 점유, 영위하며 생활해야 하며 더 나아가 행복한 삶을 살아야 한다. 한 개별적 유기체로서 인간, 혹은 시민 국민의 한 사람이, 한 세대가 사망한다고 해도 영토는 존속되어야 한다는 것은 현재를 살고 있는 '우리'가 어떻게 살아야 하는지에 대한 확실한 가이드라인을 제시한다.

물론 그렇다고 현재 진행되고 있는 모든 사적, 공적 개발 사업을 포기하고 경제구조를 혁명적으로 바꾸어야 한다는 것을 의미하는 것은 아니다. 모든 혁명적 변화는 혁명적 반작용 혹은 부작용을 낳기 마련이다. 물리적 환경과 제도에 대한 혁명적인 변화보다 선행되어야 하는 것이 바로 사고의 변화이고 사고의 변화는 아무리 혁명적이라고 해도 실제 변화의 수단에 민주적이며 공리적이며 합리적 고려가 선행된다면 있을지 모르는 부작용을 예방할 수도 있을 것이다. 헨리 조지가 토지에 대한 모든 사적 소유권을 폐기하자고 주장하지 않고 조세의 방법을 통해 지대의 비율을 줄여가고 그래서 지대의 비율이 제로가 된다면 임금과 자본의 투자 이익이 증대될 것이라 주장한 것도 같은 맥락이다. 앞에서도 언급한 것처럼 임금과 자본의 투자이익이 한 개인에게 얼마나 그리고 어떻게 돌아가야 하는가에 문제 혹은 공공성을 얼마나 고려해야 하는 가와는 또 다른 문제이다. 이런 현실적인 문제보다 더 중요한 것이 바로 자연(自然)을 보는 인간의 관점이다. 바로 여기에 녹색발전, 녹색성장의 시대적 필요성이 있다. 한시적인 이익, 효율성의 관점에서 최대의 이익을 추구하는 것이 아니라 상호 호혜적 이타성을 기본으로 한 항구적 관계를 만들어야 한다는 것이 우리 시대 혹은 미래 시대 과제라면 그 수단으로는 현재 녹색발전이 유일하기 때문이다.

우리 민족은 이 땅에서 반만년 이상의 시간을 살았고 우리 민족을 살게하고 키워낸 터전이 우리의 땅이라는 것은 당연한 것이다. 생존과 경쟁의 시대가 물리적 진보를 이루어냈었다고 해도 유교적 관점으로 보면 우리 땅에 대한 불효의 시기였다. 우리의 땅, 대지 대한민국의 영토, 그 공간 안의 모든 존재와 호혜적 관계를 만드는 것에 수막 카우사이와 헨리 조지가 만들어낸 울림은 가시적 모습으로 그리 멀지 않은 미래에 드러날 것이다. 대지의 여신을 염두에 둔다면 영토에 대한 효의 시대가 시작된다고 할 수도 있을 것이다.

사회 정의 없이 환경 정의는 가능한가: 생태비평과 탈식민주의

신정환(한국외대 스페인어통번역학과 교수)

01 생태학적 제국주의와 환경테러

AP통신은 2010년 12월 19일자 보도에서 2010년은 100년에 한 번 있을까 말까한 환경재앙이 연속적으로 발생한 '지구 역습의 해'라고 보도한 바 있다. 실제로 1월의 아이티 지진을 시작으로 계속된 칠레 지진, 중국 칭하이성 지진, 파키스탄 홍수, 러시아 산불, 인도네시아의 지진과 쓰나미 등은 30만 명 이상의 사망자와 천문학적인 물적 피해를 야기했다. 이러한 사망자 숫자는 지난 30여년 역사에서 가장 많은 숫자이며 지난 40년간 전 세계에서 테러로 희생된 사람들 숫자보다도 많은 것이라 한다.[1] 문제는 '지구 역습'이라는 말이 암시해 주듯이 이러한 '환경테러(ecoterrorism)'[2]가 인류의 무분별한 개발과 착취에 대한 자연의 경고로서 근본적으로 인간이 스스로 자초한 재앙이라는 점에 있다. 그러나 보다 큰 문제는 이 재앙을 야기한 가해자와 피해자가 따로 있다는 사실이다. 얼마 전 '지구의 눈물' 시리즈를 만들었던 한 TV 방송국의 제작진은 지구 온난화의 극심한 피해를 겪고 있는 아프리카를 취재하면서 "아무런 잘못이 없는 사람들이 가장 큰 고통을 받고 있다"[3]고 말한 적이 있다. 이는 힘이 센 제1세계에 의해 저질러진 잘못이 힘없는 제3세계에 피해가 돌아가는 이러한 모순을 정확히 지적한 것이다.

이러한 모순은 역사적으로 볼 때 서구 제국주의와 더불어 본격화된다고 할 수 있다. 제국주의는 단순히 피식민지의 정치적, 경제적, 군사적 지배에 그치지 않고 문화, 사회, 그리고 환경에 이르는 피식민지 세계의 전반적인 기형화를 야기했다. 쿠바 작가인 알레호 까르펜티에르(Alejo Carpentier)는 「하프와 그림자」(1979)라는 책에서 근대를 개막한 크리스토퍼 콜럼버스에 대해 새로운 해석을 시도하면서 콜럼버스는 신비화된 인물이며 아메리카 역시 유럽에 의해 '발명'된 상상의 땅임을 주장한다. 여기서 '발명'이란 서구 중심의 세계사가 시작되면서 중심부의 필요에 의해 역사에서 배제되기 시작한 '타자'의 기형화를 포함하는 포괄적 개념임은 물론이다.

실제로 유럽인들은 아메리카 대륙을 정복하고 식민화하면서 자원

1) 세계일보, 2010년 12월 20일자 재인용.

2) '환경테러'라는 용어는 두 가지 의미를 가지고 있다. 하나는 여기서 쓰이는 경우처럼 인간의 문명에 대한 자연의 역습을 의미하지만 다른 한편으로는 주로 극단적인 환경운동가들이 특정 사람이나 기관을 대상으로 저지르는 폭력행위 혹은 사보타지를 의미하기도 한다.

3) MBC 다큐멘터리 '아프리카의 눈물'의 한학수 PD.

을 무분별하게 착취하고 원주민들을 멸절 수준으로 학살하였을 뿐만 아니라 신대륙의 동식물 생태계를 위험에 빠트려 버렸다. 예를 들어 세계적으로 유례가 드문 풍부한 동식물 서식지인 카리브 지역에서는 유럽의 식민화와 함께 성숙한 원시림들이 사라지고 많은 동식물 종이 멸종했는데 이를 가리켜 '대청소(great clearing)', '숲의 죽음(death of the forest)'라 부르고 있다.[4] 영국의 생태비평가인 조나단 베이트가 「숲의 노래」(2000)에서 식민화는 산림벌채를 동반한다고 말했듯이,[5] 제국주의와 생태계 파괴는 동전의 양면처럼 함께 나타나는 현상인 것이다.

영국의 탈식민주의 생태비평가인 알프레드 크로스비는 생태계 파괴를 동반하는 유럽인들의 식민주의를 가리켜 생태학적 제국주의(ecological imperialism)라 명명한다. 생태학적 제국주의는 보통 다음과 같은 세 가지 양상을 띠고 나타난다. 첫째, 서구의 '도구적 이성'에 근거하여 자연과 동물을 인간의 필요에 대응하고 봉사하는 '타자'로 간주한다. 둘째, 서구의 기술문명이 서구의 수요와 정치적 목적을 위한 과학으로 전락하여 원주민의 물적, 정신적 자산을 약탈하는 생물학적 약탈(biopiracy) 혹은 생물학적 식민화(biocolonisation)를 꾀한다. 셋째, 미국의 환경철학자인 딘 커딘이 정의한 대로, "인종과 환경을 이론적, 실용적으로 연결하여, 인종의 억압이 환경의 억압에 의해 지탱되고 연결"되는 환경적 인종주의(environmental racism)를 드러낸다.[6]

생태학적 제국주의는 지구 생태계의 파괴가 역사적으로 서구 제국

---

4) 올윈 불렛, 『현대 카리브의 삶과 문화』, 신정환·문남권·하상섭 역, 한국외대 출판부, 2008, p.27.

5) Jonathan Bate, *The Song of the Earth*, Picador/Harvard University Press. 2000, p.87.

6) Graham Huggan & Helen Tiffin, *Postcolonial Ecocriticism: Literature, Animas, Environment,* London: Routledge, 2010, pp.3-5.

주의에 의해 본격적으로 자행되었음을 단적으로 보여준다. 그런데 문제는 식민주의 시대가 진즉에 끝난 이 시점에서도 여전히 생태계 파괴가 계속되고 있으며 20세기 말 이후 세계화 추세와 맞물려 더욱 심각한 양상을 띠고 있다는 점에 있다. 서두에서 예를 든 제3세계의 생태학적 테러리즘은 극단화된 생태학적 위기를 잘 반증하는 것으로서 우리로 하여금 세계화 시대에 진행되고 있는 새로운 형태의 식민주의에 대해 고찰케 한다.

02 세계화와 신식민주의

세계화(Globalization)란 간단히 말해 자유무역과 시장개방, 교통 및 정보통신을 통해 상품, 서비스, 자본, 노동, 정보 등의 국가 간 장벽이 없어지고 개별 국가경제가 세계경제로 통합되는 현상을 가리킨다. 1970년대 이후 '작은 정부' 정책을 통해 국가개입을 최소화하고 무역자유주의를 통해 시장경제를 강화하는 신자유주의는 세계화의 이념적 토대가 되고 있다. 신자유주의와 세계화의 공과와 전망에 대해서는 극단적인 찬성론에서 반대론까지 매우 다양한 견해가 존재한다. 세계화를 긍정적으로 보고 찬성하는 사람들은 세계화를 통해 더욱 적은 자원을 가지고 더욱 많은 재화를 생산할 수 있으며, 개방적이고 상호호혜적인 시스템을 통해 지구상의 빈곤이 줄어들고 지속가능한 성장이 가능해 진다고 주장한다. 이들은 더 나아가 세계화가 생태계 파괴도 방지해 주며 지구상의 갈등과 분쟁을 없애고 평화로운 인류 공동체를 가능케 해줄 것이라고 믿는다. 즉 자유무역이 경제성장을 가능케 하고 경제성장은 빈곤을 감소시키며 빈곤의 감소는 환경파괴를 감소시킨다는 것이다.

그러나 세계화 반대론자들은 세계화가 생태계 파괴의 첩경이라 주장하면서 찬성론자의 논리를 정면으로 반박한다. 실제로 서구 식민주의 체제가 자신의 필요에 따라 사람뿐만 아니라 동식물의 이주와 이식을 가속화시켰고 이는 광범위한 생태계의 혼란을 야기했던 무수한 역사적 사례를 볼 때 반대론자의 주장은 설득력을 가진다. 더욱이 사회주의 진영의 몰락 후 경쟁 상대가 사라진 상태에서 독점적 헤게모니를 행사하고 있는 서구 자본주의의 권력은 경계의 대상이 되고도 남는다. 신자유주의 질서 하에 구축해 놓은 세계 단일시장은 자본의 동맥을 통해 제3세계 국가들을 옥죄는 '자본의 덫'이 되고 있으며, 이 때문에 세계화는 경제적, 문화적으로 제1세계가 제3세계를 지배하여 자신의 이득을 취하는 새로운 유의 제국주의 혹은 신식민주의(neo-colonialism)라고 비판받고 있는 것이다.

넓은 의미에서 신식민주의란 제3세계의 국가 경제가 세계화가 구축해 놓은 '덫'과 압력으로 인해 경제적 독립과 정치적 정체성을 발전시키지 못하고 무능력한 상태에 빠지는 것을 의미한다.[7] 문제는, 플람우드(Plumwood)가 지적한 대로, 식민주의의 이분법적 담론에 비추어 볼 때 현재의 세계화는 인간의 문화에 의해 자연이 타자화되는 신식민주의 시스템으로서 그 메카니즘에 의해 가동되는 글로벌 경제가 지구 환경을 회복 불가능할 정도로 파괴하고 있다는 점이다. 지구상 모든 곳을 통제하는 것이 가능해진 강대국들은 제3세계 국가들을 고부가 가치산업의 소비시상이자 사신들의 기본재화를 생신해 내는 굴뚝산업 공장 겸 쓰레기 하치장으로 전락시켜 버렸다.

다국적 자본에 의해 제3세계의 개별 국가경제가 어떻게 휘둘리고 있는지는 1993년 메탈클래드(Metalclad) 사건이 잘 보여준다. 미국의

---

7) Bill Ashcroft(co.), Post-Colonial Studies. The Key Concepts, London and New York: Routledge, 2002, p.163.

매립지 관리 기업인 메탈클래드는 1993년 4월 멕시코 산 루이스 포토시 주의 과달까사르 시 인근 계곡에 연간 16만 톤의 폐기물 매립처리장을 건설하기 위해 멕시코 기업으로부터 토지와 건설 허가권을 매입한 뒤 1995년 3월에 처리장을 준공했다. 그러나 이 지역은 물이 모두 지하로 스며드는 토양을 가지고 있기 때문에 유독성 폐기물을 묻을 경우 지역 주민들이 이용하는 지하수로 스며들 가능성이 크다는 이유로 주민들이 강력히 반대하고 나서자 시청은 1995년 12월 매립장 가동 신청을 거부했고 이 지역을 생물다양성과 종 보존을 위한 특별보호구역으로 지정해 버렸다. 이에 메탈클래드는 이러한 조치가 북미자유무역협정(NAFTA)에서 규정한 수용 조치에 해당한다면서 국제중재재판소에 제소했다. 중재재판소는 "메탈클래드가 땅을 산 목적이 매립장 건설이었고 멕시코 연방정부가 회사에 가동허가를 해줬으며 지방의회가 허가 거부 과정에서 회사가 참여할 권리를 충분히 보장하지 않았다"는 이유로 지난 2000년 메타클래드의 손을 들어주고 보상금 지급을 명했다. 이 사건은 투자대상국의 국가가 정책을 수행하거나 입법 활동을 할 경우 외국 투자가들의 수익에 영향이 없을지를 최우선적으로 살펴야 한다는 씁쓸한 사례를 남겼고 국제 자본의 막강한 힘을 확인시켜 주었으며, 특히 그것에 의한 제3세계의 환경 파괴 문제에 대해 심각하게 되돌아보게 했다.

03 탈식민주의와 생태비평: 사회 정의와 환경 정의

우리는 메탈클래드 사태에서 환경문제와 남북문제, 그리고 생태비평과 탈식민주의 비평이 별도로 논의될 수 없는 주제라는 점을 인식하게 된다. 영국의 그렉 개러드(Greg Garrard) 역시 2004년의 글에서 세계화와 생태비평의 관계 설정이 생태비평이 맞고 있는 주된 도전 가운데 하나라고 말한다. 이와 관련해 그래이엄 허간(Graham Huggan)과 헬렌 티핀(Helen Tiffin)은 녹색 탈식민주의(green postcolonialism)을 주창하면서 "문화적 차이를 역사적이고 현재적인 생태 및 생명윤리학 논의 안에 포함시킴으로써 환경 문제를 지향하는 비평"으로 정의한다. 녹색 탈식민주의 혹은 탈식민주의적 생태비평은 1990년대 들어 문학과 자연환경의 관계에 대한 연구로서 시작하여 주로 선진국, 특히 미국 문학에 적용되었던 제1세대 생태비평, 그리고 환경문제를 사회정의와 연관하여 논의하기 시작했던 2000년대 초의 제2세대 비평에 이어 범주가 더욱 확장된 제3세대의 생태비평이라 할 수 있을 것이다.

세계화의 공과에 대한 논란 속에서 생태비평과 탈식민주의는 적지 않은 공통점을 공유하고 있다. 생태비평가들은 빈부격차, 과잉소비, 저개발, 자원고갈 등 식민주의가 유산으로 남겨놓은 문제를 논의하지 않고는 환경문제가 해결될 수 없다는 것을 강조하고 있고, 탈식민주의 비평가들은 (신)식민주의 권력구조에 대한 역사적 투쟁이 근본적으로 환경 문제, 예를 들어, 토지소유권, 자원 사용, 농업생산 시스템 등을 둘러싸고 전개되어 왔던 점을 주목하여 양자 간의 접점을 찾는다.

그러나 탈식민주의와 생태비평은 시작된 동기가 달랐듯이 근본적인 시각의 차이를 보이고 있다. 탈식민주의자들은 생태비평이 의식적이든 무의식적이든 식민주의 전략을 확대하고 있으며 그 안에 내포되어 있는 적대적인 자연관에 대해서 관대하다는 점을 비판하는 반면, 생태비평가들은 탈식민주의가 전 세계적으로 자행되고 있는 환경 파괴를 묵인하고 있다고 비판한다. 이밖에도 양자 간에는 다음과 같은 세부적인 차이점들이 발견된다. 먼저, 초기의 생태비평이 주로 미국, 독일 등 선진국 내부의 이슈에 국한되었던 국내용 연구라면 탈식민주의는 전 세계적으로 확대되는 식민주의 전략을 비판하고 연구하는 국제적 연계성을 지향하고 있다. 둘째, 랍 닉슨(Rob Nixon)의 말대로, 생태비평이 본질주의적이고 순수성(purity)을 강조하는 경향이 있는 반면, 탈식민주의자들은 경계를 가로지르는 잡종성(hybridity)을 주목한다. 즉 환경주의가 주창하는 '장소의 윤리학(Ethics of place)'은 종종 이주민과 이식된 동식물의 존재에 대한 적대감으로 나타난다. 셋째, 생태비평은 인간과 다른 생물종 사이의 관계를, 탈식민주의는 주류로서의 인간과 '타자'로 정의된 다른 인간과의 관계를 주로 다룬다. 넷째, 생태비평이 지역주의(localism)와 세계주의(globalism)의 '조화로움'을 추구하고 더 나아가 그것을 우주적 차원으로까지 확대한다면, 탈식민주의는 지역주의와 세계주의의 '긴장' 관계를 주목하고 논의한다. 마지막으로, 탈식민주의의 역사관은 '역사의 회복'에, 생태비평의 그것은 '역사의 초월'에 그 바탕을 두고 있다. 즉 탈식민주의가 주류에 의해 무시되고 억압된 과거사를 벗겨낸다면, 생태비평은 자연의 무시간적 경험을 이야기한다.

이러한 차이점은 왜 제1세계의 초기 생태비평이 제3세계의 생태비평과 다른 양상을 보이는지 설명해 준다. 즉 선진국 중심의 생태비평이 주로 이상화된 자연 풍경을 대상으로 함으로써 인간의 역사와 노동을 무시하는 데에 비해, 제3세계의 생태비평은 수탈과 억압의 슬픈 기억으로 점철된 자연이 어떻게 문학적으로 형상화되고 있는지를 분석해 낸다. 제국주의적 수탈과 폭력의 무대가 되어왔던 제3세계의 자연은 그 자체로서 '역사의 메타포'이자 탈식민주의적 생태비평의 살아있는 텍스트라고 할 수 있기 때문이다.

제국주의 수탈의 무대가 되어 왔던 라틴아메리카와 카리브에도 파블로 네루다, 에르네스토 카르데날, 니콜라스 기옌, 데렉 월콧 등 많은 작가들이 식민주의와 환경 파괴가 연관되어 있는 시스템을 시적으로 형상화하였다. 탈식민주의적 생태비평은 이들의 작품에 나타난 자연에서 정복에 대한 트라우마를 읽어내고 잃어버린 기억을 찾아낸다. 에두아르 글리상(Edouard Glissant)의 말대로 땅은 증인 없는 투쟁이 무언의 형태로 새겨져 있는 역사적 기록이기 때문이다. 1980년대 들어 탈식민주의의 주요 담론으로 등장한 하위주체연구(Subaltern studies)는 식민지의 강요된 침묵의 메카니즘 분석을 통해 소외된 사람들의 목소리에 초점을 맞춰왔다. 그런데 탈식민주의적 생태비평은 실상 자연이야말로 역사적으로 가장 철저한 침묵을 당해 왔던 피해자라는 점을 주목한다. 그러나 글리상의 말대로 자연 풍경을 묘사하는 것만으로 충분하지는 않다. 즉 그것은 이해되기를 바라고 있다. 카리브를 배경으로 한 글리상의 말은 라틴아메리카, 아프리카 등의 제3세계, 더 나아가 왜곡된 세계화의 논리가 적용되고 있는 전 세계에 동일하게 적용될 것이다.

한 송이 들꽃에서 천국을 보다: 생태학자와 시인

신정환(한국외대 스페인어통번역학과 교수)

2010년 영국 석유회사 브리티시 페트롤리엄(BP)이 멕시코 만 해저에서 원유를 유출하는 사고가 발생했다. 비록 3개월 만에 기름을 차단하는 데 성공하기는 하지만 앞으로도 이런 사고가 반복적으로 발생할 것이라고 생각하면 음울한 기분을 떨칠 수 없다. 특히 한번 훼손된 자연이 원상태로 회복되는 것은 거의 불가능하다는 점에 사태의 심각성이 있다. 이런 사고가 반복된다면 우리가 깨끗한 바닷물에 해수욕을 할 수 있는 기회도 점점 줄어들 것이다. 그러나 앞으로 대규모로 계속될 환경훼손의 피해가 어찌 해수욕장에 그칠 것인가.

일본이 낳은 세계적인 영화감독인 쿠로자와 아키라(黑澤明)는 “자연의 진정한 위력을 체험한 인간은 겸손해진다”라고 말한 적이 있다. 굳이 폭풍이나 화산의 피해를 직접 경험해 보지 않고 자연의 파괴력을 다룬 재난영화만 보더라도 그 말을 실감할 수 있다. 나는 살아있다는 무의식적 안도감, 그리고 인간의 지식과 과학기술도 자연의 위력 앞에서는 무용지물이라는 허망함을 동시에 체험하게 되는 것이다. 과학기술을 통해 모든 것을 통제하고 지배할 수 있다고 믿고 있는 인간의 오만에 대해 실제로 자연은 겸손할 것을 요구하는 경고 메시지를 주기적으로 보낸다.

만물의 영장이라 자처하는 인간이 지구의 주인 행세를 하기 시작한 것은 따지고 보면 실로 최근의 일이다. 천체물리학자인 칼 세이건(Carl Sagen)이 우주의 역사를 1년의 기간으로 비유해 놓은 유명한 우주력(Cosmic Calendar)에 따르면, 정월 초하루에 우주가 탄생한 이래 지구가 생겨난 것은 9월 14일, 첫 인류가 나타난 것은 12월 31일 밤 10시 30분, 그리고 17세기의 과학혁명과 함께 본격적으로 시작되는 근대가 지속된 시간은 불과 최근 1초에도 못 미친다. 이 짧은 시간에 인간은 마치 지구의 점령군처럼 자연의 파괴를 야기하며 공멸의 무덤을 파왔다. 그리고 이는 막스 베버(Max Weber)가 서구 역사를 설명하며 말했듯이 주술로부터 해방되어 온 합리화의 역사라고 합리화되었다. 아도르노와 호르크하이머가 『계몽의 변증법』에서 말한 것처럼, 인류 역사는 곧 계몽의 역사이고 이는 곧 자연에 대한 인간의 지배가 완성되는 역사였던 것이다.

멈출 수 없는 성장의 폭주 기관차를 탄 인류가 생태계 파괴에 따른 비극적 파국을 피하기 위해 이제는 단순히 자연에 대해 겸손한 마음을 가지고 환경운동을 벌이는 정도로는 부족하게 되었다. 그렇다면 지구상의 모든 존재가 함께 살아남기 위해 인간에게 요구되는 보다 근본적이고 혁명적인 사고의 전환은 무엇일까? 그것은 이 세계의 모든 존재가 촘촘히 짜인 그물처럼 상호영향을 주고받는 인과관계를 맺고 있다는 것, 그리고 그 안에서 인간은 다른 존재를 지배하는 주인이 아니라 모든 생명체와 마찬가지로 지구상에 잠시 머물렀다가는 손님에 지나지 않는다는 인식이다. 여기에는, 그레고리 베이츤(Gregory Bateson)의 지적대로, 인간의 정신생태계가 자연생태계와 유사한 구조를 가지고 있으며, 후자의 회복은 이미 파괴된 전자의 회복이 전제되어야 가능하다는 인식이 깔려있다. 우리는 여기서 인간중심주의를 벗어나는 길만이 인간을 구원할 수 있다는 역설을 본다. 이러한 탈인간중심주의적 인식이야말로 생태학과 생태비평의 기반을 이루는 핵심 정신이다.

잘 알려져 있다시피 생태학(ecology)라는 용어는 1866년 에른스트 헤켈(Ernst Haeckel)이 처음으로 사용하였다. 생태학을 유기체가 그것을 둘러싼 외부 세계와 맺고 있는 관계를 연구하는 학문이라 정의한 이 독일의 동물학자는 동식물을 막론하고 생태계가 개체와 전체가 유기적으로 연결된 하나의 생명체라고 보았다. 생태학을 "자연이라는 가족을 연구하는 학문"이라 정의하기도 한 헤켈은 아무리 작은 자연 현상이라도 하느님이 역사하신 결과이므로 깊은 존경을 표해야 한다고 말한다. 그러나 종교적 색채를 띠는 헤켈의 유기체적 세계관은 자체 모순점으로 인해 초보적 단계에 머물러 있다고 할 수 있다. 미국의 인류학자인 린 화이트(Lynn White)를 비롯해 많은 사람들은 인간에게 땅을 정복하고 모든 생물을 다스리는(창세기 1장) 권리를 부여한 그리스도교의 인간중심적 사고야말로 오늘날 생태계의 파괴를 야기한 주된 요인이라고 비판하고 있기 때문이다.

그러나 헤켈의 생태학적 사고는 20세기에 들어서 인문사회과학, 특히 문학과 만나면서 보다 깊은 차원으로 전환한다. 생태학과 문학의 최초의 만남은 미국의 초창기 생태비평가로 간주되는 조셉 미커(Joseph W. Meeker)에 의해 이루어진다. 그는 『생존의 희극(The Comedy of Survival)』(1974)이라는 책에서 문학생태학(literary ecology)이라는 말을 최초로 사용한 학자로서 유기체적 세계관에 기반을 두고 훗날 생태비평 혹은 환경철학의 기반이 되는 이념을 정초했다. 미커는 서양 문학사를 재분석하면서 희극과 비극을 새롭게 정의하는데, 이제 이들은 유머와 슬픔 등의 전통적 요소에 의해 분류되지 않는다. 희극이란 자연 세계에 인간이 적응하는 과정에서 자연과 조화를 이루며 인간의 생존력을 증진시키는 행위를 의미한다. 반대로 자연을 착취하면서 그로부터 인간을 소외시키는 행위는 비극이 된다. 문학적 성찰과 생태학적 실천을 동일시한 미커에게 문학의 역할은 물론 희극의 창작에 있다. 우리는 미커의 생태비평이 서양의 인간중심주의에 대한 비판으로 확대되는 것을 볼 수 있다. 그가 보기에 지구 환경의 위기는 인간의 문화와 자연을 분리하고 전자가 후자보다 도덕적인 우위에 있다고 간주해 온 서양 전통에서 주로 비롯된다. 김영민 교수의 용어를 빌어 설명하자면, 인간 문화(文化)가 자연 내의 불화를 일으키는 문화(文禍)가 아니라 주변과 '무늬의 어울림'을 이루는 문화(紋和)가 될 때 '생존의 희극'이 실현된다는 것이다.

여기서 우리는 생태학 정신과 시의 정신이 근본적으로 일치하고 있음을 볼 수 있다. 모든 시인들, 특히 낭만주의 이후의 근대 시인들은 시를 통해 마치 인드라의 그물처럼 촘촘히 짜인 삼라만상 내의 사랑과 유대를 그려왔다. 이 세계는 이념도, 전쟁도, 서열도 없으며 우주와 내 몸이 대우주와 소우주로 서로 소통하는 아날로지의 원리에 기반을 두고 있다. 멕시코 시인 옥타비오 파스(Octavio Paz)의 정의에 의하면 아날로지는 "상호교감 체계로서의 우주관과 우주의 분신으로서의 언어관"을 뜻하는 것으로서, 신플라톤주의에 의해 부활한 후 낭만주의 이래 현대시의 중심 전통이 되어 왔다. 따라서 새로운 시대의 윤리 역시 아날로지에 기반을 둔 '형제애(fraternity)'로 바뀌게 된다. 파스는 프랑스 대혁명의 이념이자 근대 민주주의의 핵심적인 개념인 자유, 평등, 형제애 가운데 자유와 평등에 각각 기반을 두고 있는 자유주의와 사회주의의 갈등을 해소하는 길이 바로 형제애라고 생각한다. 즉 형제애는 근대에 등장한 적대적인 두 이념을 화해시키는 다리가 된다. 더 나아가 그것은 우주영성시대에 생명들 간에 주고받는 매혹의 시선이며 소통의 언어이다. 한 알의 모래에서 세상을 보고 한 송이 들꽃에서 천국을 보는 시인의 마음은 바로 살아있는 유기체로서의 자연에 다가가는 생태학자의 마음과 다름이 없을 것이다.

생태비평과 라틴아메리카 소설

송병선(울산대학교 스페인중남미학과 교수)

01 생태비평이란 무엇인가

지금 우리가 살고 있는 지구는 인간이 과거에 행했고 현재도 행하고 있는 자연파괴 행위로 위기에 처하고 있다. 이를 반영하듯이 20세기 말과 21세기 초 인류의 최대 화두 중의 하나는 환경위기이며, 이런 인식의 확산과 함께 환경담론은 전성기를 맞이하고 있다. 과거에 인류가 맞았던 위기는 정치적·경제적·사회적 갈등에서 비롯된 국지적 혹은 국제적 성격을 지니고 있지만, 현재의 환경위기는 인간의 생존자체와 직결되어 있다는 점에서 더욱 심각하다. 이런 시대적 흐름을 따라 1990년에 들면서 생태비평(ecocriticism)은 문학 연구에서 새로운 경향으로 자리 잡는다.

그렇다면 생태비평이란 무엇일까? 생태운동의 핵심 작품인 『생태비평 독자 *Ecocriticism Reader*』(1996)의 편집자인 체릴 글로트펠티 Cheryll Glotfelty는 이렇게 말한다. "생태비평은 문학과 물리적 환경의 관계를 연구한다. 페미니즘 비평이 젠더의 관점에서 언어와 문학을 살펴보고, 마르크스주의 비평이 생산양식과 경제계급의 관점에서 작품을 읽는 것과 마찬가지다. (……) 생태비평가들은 주로 이런 질문을 던진다. 이 작품에서 자연은 어떻게 묘사되는가? 이 소설의 구조에서 물리적 장소는 어떤 역할을 수행하는가? 이 작품에서 표현된 가치는 생태적 지혜와 일치하는가? 인종과 계급과 젠더 이외에도 생태비평은 새로운 비평적 범주를 형성하는가? 남자들은 여자들과 다른 방식으로 자연에 관해 쓰는가? (……) 환경이 현대문학과 대중문화에 어떤 방식으로 유입되고 어떤 결과를 야기하는가? 생태비평은 문학연구에 어떤 충격을 줄 수 있는가?"

이런 질문의 기저에는 현대가 환경위기에 직면하고 있다는 생각이 자리 잡고 있다. 그런데 도대체 어떤 환경 위기를 말하는 것일까? 이것에 대해 열거하자면 끝이 없을 것이다. 하지만 매일 우리가 마주치는 중요하고 심각한 생태 문제를 몇 가지만 언급하고자 한다. 가령 우리가 살고 있는 많은 집에 칠해진 페인트에 납 성분이 포함되어 있어서 우리의 아이들이 중금속의 위험에 노출되어 있는 것을 들 수 있다. 또한 모든 도시의 자동차와 굴뚝에서 내뿜는 오염도 있다. 이것은 지구 온난화의 주범으로 일컬어지고 북극의 빙하를 녹여 많은 해안 도시들을 범람시킬 수 있는 중대한 문제다. 그리고 가속화되는 석유 소비도 있다. 이것은 의심의 여지없이 이라크 전쟁의 주요 원인으로 꼽히는 유전 확보와 관련이 있다. 그 이외에도 몇몇 전문가들이 미래의 세계대전의 주요 원인이 될 수 있다고 말하는 물 부족 현상도 있으며,

'세계의 심장'이라는 아마존 밀림지역의 황폐화, 남극 바다에서의 여러 고래 종의 고갈, 원자력 발전소의 방사능 유출, 통제 불가능한 쓰레기 더미들도 있다.

이렇듯 생태 위기는 미래의 문제가 아니라 지금 우리가 당면하고 있는 문제이다. 이런 상황에서 문학가의 자세는 매우 중요하다. 무엇보다도 문제 해결을 위한 근본적인 인식의 변환을 촉구할 수 있기 때문이다. 즉, 문학은 인류가 자연을 대하는 태도에 인식의 변환을 추구하고, 상상력을 통한 새로운 패러다임을 제안하여 자연에 대한 인간의 가치관을 구현할 수 있다. 다시 말하면, 이제는 더 이상 자연-문명이라는 이분법적 세계관이 아니라, 지구중심적인 새로운 세계관을 통해 서양의 문화관이 갇혀버린 미로에서 탈출할 수 있는 길이 무엇인지 보여준다.

이 글에서는 '장소'를 중심으로 라틴아메리카의 소설의 생태적 측면을 살펴보고자 한다. 익히 알려져 있듯이, 남아메리카에는 환경과 관련된 주요한 장소가 있다. 바로 아마존 밀림지대이다. 이 지역을 중심으로 사실주의 문학에서는 자연과 문명의 개념을 어떻게 이해했고, 포스트모더니즘의 시대에 필요한 환경에 관한 관점은 어떻게 작품 속에서 표출되는지 알아보고자 한다.

02 『소용돌이』: 인간에 대한 자연의 승리

라틴아메리카 문학사에서 아마존 밀림지대를 다루는 대표적인 사실주의 작품은 콜롬비아의 작가 호세 에우스타시오 리베라José Eustasio Rivera의 『소용돌이 *La vorágine*』(1924)이다. 『소용돌이』는 아마존의 밀림을 노래하는 소설이다. 또한 열대 자연의 서사시라는 평도 받는다. 이 소설의 주역이자 작가의 관점에서 가장 중요한 것은 바로 제목 자체이다. 즉, 주역은 남자나 여자가 아니라 바로 소용돌이, 다시 말하면 자연의 통제할 수 없는 힘이 맡는다. 그러면서 인간과 아직 길들여지지 않은 자연의 처절한 투쟁이 제시된다.

줄거리는 전통적이며 거의 연재소설식이다. 도시에서 살고 교육받아서 서양적 관점에 물든 젊은이 아르투로 코바는 여자와 함께 야노스로 도망친다. 그런 다음 그녀를 잃어버리고 그녀를 뒤쫓다가 밀림으로 들어가게 된다. 이런 연재소설식 줄거리는 환경을 소개하는 데 사용된다. 이런 환경에서 인간은 인간적 식물로 축소된다. 여기서 중요한 것은 인간보다 자연이다. 밀림은 생명력을 지닌 존재로 나타난다. 그것은 죽었거나 비활력적인 것이 아니라, 괴물이나 짐승처럼 살아 움직인다. 그래서 밀림은 생명과 성(性), 힘의 은유가 된다. 자연의 이런 마술적 힘을 가장 잘 보여주는 것은 식인 개미다. 그것은 모든 것을 먹어치운다.

이 작품에서는 가장 힘없는 식물조차도 살아있는 것처럼 보인다. 이 작품의 화자는 이렇게 서술한다. "그는 그들에게 나무들이 신호를 보내니 쳐다보지 말라고 조언했다. 또한 나무가 두런거리는 소리도 무언가를 말하고 있는 것이니 듣지 말고, 나뭇잎들이 목소리를 흉내내니 말도 하지 말라고 했다." 이 대목은 애니미즘의 분위기를 풍긴다. 여기서 자연은 근본적으로 살아있는 존재이며 영혼을 지닌 것으로 제시되지만, 그것은 인간의 문명 작업에 반대되는 사악한 힘으로 작용한다. 그렇게 인간과 자연 사이의 투쟁이 탄생한다.

이 소설은 인간과 자연의 투쟁을 소개하는 것에 그치지 않고, 밀림의 정복할 수 없는 힘을 드러내는 것으로 나아간다. 그래서 이 소설은 염세적이며 숙명적 관점을 보여준다. 이런 생각을 가장 잘 보여주는 것이 다음의 인용문이다. "좌절과 저주의 운명이 초록색의 광산을 착취하는 모든 사람을 뒤쫓는다. 밀림은 그들을 말살하고 억류한다. 밀림은 그들을 불러서 먹어치운다. 도망치는데 성공한 사람들은 도시에 숨더라도, 이미 육체와 영혼에 자연의 저주를 지니고 다닌다. 시들고 늙고 좌절한 그들은 그 어떤 희망도 가질 수 없다. 죽을지 알면서도 밀림으로 돌아가는 수밖에 없다."

한편 밀림이 어떤 역할을 맡는가의 문제는 아르투로 코바의 독백에서 나타난다. "아, 밀림이여! 침묵의 아내이며, 고독과 안개의 어머니여. 당신의 푸른 감옥에 어떤 사악한 요정이 나를 가두었는가?" 여기서 특징적인 것은 밀림을 '아내'나 '어머니'로 여성화한다는 것이다. 그러나 밀림은 일단 자기의 먹이를 유혹하면, 소용돌이와 같은 힘으로 그 먹이가 빠져나갈 수 없도록 만든다. 이런 점에서 밀림은 지구 중심에서 솟구치는 힘과 같으며, 자신의 아름다움과 부를 약속함으로써 먹이를 유혹하는 시레네라고 말할 수 있다.

여기에서 감지할 수 있듯이, 아르투로 코바는 자연에 대해 적대적이다. 문명과 야만을 대립시키는 그는 자연과 분리되고자 애쓰지만, 그것은 항상 헛된 노력에 그친다. 그가 아무리 발버둥 쳐도 밀림에서 빠져나오지 못하듯이, 밀림은 항상 그의 내부에 존재한다. 그는 자기 주변을 에워싼 장소를 떠나서는 그 어떤 정체성도 없다. 이 소설의 마지막에서 "밀림이 삼켜버렸어!"라는 말은 밀림과 그곳에 갇힌 사람들이 하나가 되었음을 의미한다.

서양적 관점은 자연과 문명을 대비시켜 자연을 문명화시켜야 할 대상으로 본다. 이 작품의 작중인물인 아르투로 코바 역시 어느 정도는 그렇지만, 서양적 관점에 비해서는 상대적으로 덜 적대적이다. 그러나 그의 세계관 역시 서양의 이분법적 세계관에 젖어 있다는 사실은 부인할 수 없다. 그러나 이 소설에는 생태비평적 관점에서 깊이 생각해봐야 할 일화가 하나 등장한다. 그것은 바로 원주민 여자 마피리파나의 전설이다. 이 이야기에서 마피리파나는 샘물과 호수를 지키는 여사제이다. 그리고 그녀에게서 바로 오리노코 강과 아마존 강이 유래한다. 그런데 욕심 많고 음탕한 선교사가 도착하여 그녀를 강간하고 임신시킨다. 하지만 자연의 정의가 실현되어 쌍둥이 아들은 괴물의 모습을 띤다. 하나는 흡혈귀의 모습이고 다른 한 명은 부엉이다. 아이들이 음탕한 아버지를 위협하자, 아버지는 원주민 여자에게 자기를 지켜달라고 부탁한다. 그러나 여사제의 대답은 간단명료하다. "누가 인간을 양심의 가책에서 해방시킬 수 있겠어요?"

이 소설에 삽입된 이 전설은 원주민과 밀림의 관계가 서양인과 밀림의 관계와는 사뭇 다르다는 것을 보여준다. 즉, 자연세계의 성스러움을 인정하면서, 토착적인 접근이 미래에 대안적 패러다임을 제공한다는 교훈을 준다. 이렇게 우리의 행동에 대한 책임을 받아들이고, 자연의 역할을 존중하는 것이 이 지구에서 미래를 가질 수 있는 유일한 방법인 것임을 가르쳐준다.

03 『연애소설 읽는 노인』: 다양한 요소들의 조화를 향하여

우리나라의 독자들에게도 널리 알려진 『연애소설 읽는 노인 *Un viejo que leía novelas de amor*』(1992)은 칠레의 작가 루이스 세풀베다 Luis Sepúlveda의 첫 번째 소설이다. 앞서 살펴본 『소용돌이』처럼 아마존 밀림을 주제로 다룬 기존 작품들이 자연을 대상화하여 착취하는 서구의 세계관에 알게 모르게 젖어 있는 것과 달리, 이 소설은 인간과 자연의 균형과 조화를 강조하면서, 앞으로 환경문학이 나아가야 할 관심을 보여준다. 그의 또 다른 소설 『지구 끝의 사람들

Mundo del fin del mundo』도 일본에 의해 남극바다에서 자행되는 불법적인 고래 포획과 일본을 위해 봉사하는 타락한 칠레 정부, 그리고 이에 맞서 고독하게 싸우는 어느 노인의 의연한 삶을 그리고 있다.

이렇게 세풀베다의 작품들은 주로 환경을 문제 삼는데, 라틴아메리카에서 환경의 문제는 매우 독특한 의미를 지닌다. 그것은 역사적 수탈의 결과로 만들어진 라틴아메리카의 특정한 상황과 관련이 있다. 정복 초기부터 강제로 이식된 르네상스의 인본주의 이데올로기는 다른 세계관이 있을 수 있다는 생각을 침묵시키면서 자기들과 다른 인간과 자연자원을 착취했다. 이것은 라틴아메리카 토착문화의 파괴로 이어졌고, 환경약탈을 가속화했다. 그런데 여기서 더욱 문제가 되는 것은 바로 라틴아메리카인들 스스로 이런 서구의 이데올로기를 무비판적으로 수용했다는 사실이다. 그 결과, 1492년 이후 라틴아메리카는 서구와 동일한 약탈양식을 재생해왔다. 그리고 이런 서구사상은 원주민이나 흑인들을 경시하게 만들었을 뿐만 아니라 환경파괴를 만연시켰다.

아마존을 무대로 삼는 『소용돌이』와 같은 라틴아메리카의 사실주의 소설들 역시 이런 인본주의적 이데올로기에서 자유롭지 못하다. 그러나 1980년대 이후 라틴아메리카 문학은 뿌리 깊은 서구 인본주의 사상을 거부하면서 새로운 문학을 구성하려고 시도한다. 이런 글쓰기는 지역들마다 고유한 경험에 바탕을 둔 세계관을 보여주면서 라틴아메리카의 문화적 다양성을 탐험하는 것으로 발전한다. 환경약탈과 관련된 이데올로기적이고 정치적인 영역도 그 중의 하나를 이룬다. 특히 세풀베다의 『연애소설 읽는 노인』은 라틴아메리카 환경소설의 의미를 보여주는 대표작이다.

이 작품은 세풀베다가 슈아르족과 살던 시기에 깨달은 밀림의 의미를 전해준다. 주인공 안토니오 호세 볼리바르는 40년간 아마존 밀림에 있는 '엘 이딜리오'라는 마을의 오두막집에서 살아왔다. 그는 몇 년 전 아내가 죽은 뒤로 허전함을 달래기 위해 연애소설을 읽는다. 안토니오는 그곳에서 슈아르족에게 자연과 조화롭게 살아가는 법을 배우고, 그들의 의식에 참여하면서 그들과 어울려 지낸다. 그런데 어느 날 한 미국인이 살쾡이에게 죽임을 당한 채 발견된다. 그러자 '엘 이딜리오'의 권력층을 대표하는 읍장은 안토니오에게 밀림 안내인으로 살쾡이를 찾아낼 것을 지시한다. 안토니오는 사냥에 동참하지만 예전에 백인 사냥꾼이 살쾡이 새끼들을 쏴 죽이고 수놈에게 상처를 입혔기 때문에 암살쾡이가 사람을 잡아먹는 맹수로 돌변하여 복수한 것임을 직감한다. 이야기가 전개되면서 살쾡이 사냥이 시작되고, 소설은 공식담론의 생산자들과 그 반대편의 슈아르족의 상이한 생각을 동시에 드러낸다. 마침내 안토니오는 암살쾡이를 죽이지만, 그는 못마땅한 듯이 엽총을 강으로 던져버리면서 자기의 승리를 기뻐하지 않는다. 오히려 그는 "아마존의 처녀성을 유린하는" 백인의 비겁함과 경제적 탐욕으로 야기된 모든 것을 저주한다.

이렇게 『연애소설 읽는 노인』은 인간과 암살쾡이의 대결을 통해 인간의 약탈행위가 야생동물을 말살하고 환경을 교란시킬 지경에 이르렀음을 고발하며, 싸움의 승패를 떠나 대지와 대지의 모든 생명체는 소중하다는 진리를 간결하면서도 감동적으로 들려준다. 이런 점은 환경소설에서 흔히 볼 수 있는 특징들이다. 그런데 주인공 안토니오는 '야만적 문명'과 '문명화된 야만'을 대립시키면서 전자를 비판하지만, 후자를 무조건 옹호하는 입장을 취하지도 않는다. 오히려 그는 서양적 관점과 슈아르족의 지혜를 통합하면서 인간이 우주의 수많은 구성요소 중의 하나라는 것을 깨닫고, 모든 동식물과 인간이 공존해야 한다는 생각을 갖는다.

서양의 관점과 슈야르족의 지혜를 동시에 받아들인 주인공처럼,

세풀베다는 비열하고 타락한 관리들과 자연자원의 약탈을 고발하면서 환경파괴를 부단히 비난하지만, 서양의 가치를 모두 부정하는 것은 아니다. 그렇다고 서양문화와 원시문화의 융합을 마구 찬양하지도 않는다. 대신 주인공의 목소리를 통해 원시부족의 지혜와 자연을 존중하는 생각을 서양문명의 합리성과 통합하는 새로운 관점을 창조할 필요성이 있다고 역설하는 것으로 나아간다. 그렇게 세풀베다의 작품은 세상을 구성하는 상이한 요소들이 조화로운 균형을 찾는 것이 시급한 문제임을 반복해서 강조한다. 이런 다문화주의적 사고는 서양 중심적이고 권위적이며 체계적인 공식담론에 대한 반발과 슈아르족의 지혜라는 타자성의 인정을 통해 이루어진다.

04 『이야기꾼』: 포스트모던 생태 원주민주의

앞서 살펴보았듯이 『소용돌이』는 자연이 인간을 압도한다는 사실을 보여주면서 자연을 존중할 때에만 비로소 자연과 문명의 관계는 공존할 수 있다는 교훈을 준다. 그러나 이 작품은 거의 모든 사실주의 소설들처럼 서양 중심적 구조를 띠고 있음을 부인할 수 없다. 한편 세풀베다의 『연애소설 읽는 노인』은 이런 서양 중심적인 담론에 반발하면서 타자성을 인정해야 한다는 방향으로 나아간다. 이제 여기서는 인간과 환경 사이의 힘든 관계에 관해서 보나 현내직 사고방식을 보여주는 모델에 관심을 기울이려고 한다. 세풀베다의 소설보다 5년 먼저 출판된 페루의 작가 마리오 바르가스 요사 Mario Vargas Llosa의 『이야기꾼 *El hablador*』(1987)은 바로 그런 모델을 보여주는 작품이다.

이 소설은 두 개의 문학 작품에서 영감을 받는다. 바로 호세 에우스타시오 리베라의 『소용돌이』와 프란츠 카프카의 『변신』이다. 『이야기꾼』에서 『소용돌이』는 단 한 번만 명시적으로 언급된다. 이것은 강력한 상호텍스트성 관계가 있다는 것을 의미하지 않는다. 사실 두 작품은 매우 다르다. 리베라의 작품은 유럽중심주의에 치중하는 오류를 범하는 반면에, 바르가스 요사의 작품은 그런 한계를 최대한 극복하려고 노력하면서, 서양문화와 '타자'의 문화 사이의 진정한 대화를 수립한다. 이런 점에서 세풀베다의 작품과 일맥상통한다고 볼 수 있다. 물론 『소용돌이』에서도 타자성과의 대화를 보여준다. 바로 원주민 여인 마피리파나의 신화이다. 이것은 아르투로 코바의 도시적·서양적 관점에 대한 대안적 세계관을 보여주는 유일한 징후이다. 거기서 오리노코와 아마존 강의 기원이 설명되면서, 동시에 자연의 정의와 현명한 대지 중심적 질서의 가능성을 열어주는 교훈이 제시된다.

그런데 이 소설과 『소용돌이』 사이의 출판에 존재하는 60년이 넘는 기간 동안에 무슨 일이 일어났던 것일까? 1920년대와 1980년대 사이에 세계 역사에는 엄청난 변화가 발생했다. 라틴아메리카에서는 콜롬비아의 아비앙카 항공을 시작으로 상업 항공사들이 대륙을 누비고 다니며, 평화적이건 전쟁 목적이건 핵에너지 실험이 도처에서 일어나고, 사람들의 듣고 보는 방식을 변화시킨 라디오와 텔레비전이 멀리 떨어진 오지에도 침투했으며, 우주 탐사라는 역사적인 사건도 벌어졌다. 이 모든 것은 '세계화'라는 말로 요약될 수 있다. 이 용어 안에는 초국적 기업, 취향의 동질화, 갈수록 증대되는 생산의 효율성, 산업 발전과 관련 있는 천연자원의 수탈, 소규모의 저항문화 그룹에 대한 점증되는 압력과 그로 인한 전통적 가치와 실천의 포기와 같은 의미가 담겨 있다. 이런 세계화는 세상을 가진 자와 가지지 못한 자로 나누는 경향이 있다. 또한 세계화 체제에 참여하는 자와 참여하지 못하는 자로 나뉘기도 한다.

여기서 뉴턴 물리학의 법칙을 떠올릴 필요가 있다. 특히 제3법칙으로 알려진 "물체 A가 다른 물체 B에 힘을 가하면, 물체 B는 물체 A에 크기는 같고 방향은 반대인 힘을 동시에 작용한다."라는 작용과 반작용의 법칙을 상기하자. 지난 60년간 생성된 반작용의 법칙은 세계화 속에서 수탈된 자원에 대한 한계 사상이다. 물론 이런 관점이 생성되기는 쉽지 않았다. 그것은 특정 자원이 무한하며 고갈되지 않는 것처럼 보였기 때문이다. 가령 『소용돌이』에 나타난 밀림의 이미지를 생각해보자. 그 자연은 너무나 거대하고 흉포하고 도저히 인간의 힘으로는 감당하기 어려워서 마치 인간의 노력이 아무런 영향도 끼칠 수 없을 것처럼 보인다. 그와 동일한 관점이 석유와 산소, 물, 그리고 북극과 남극의 빙하 등에도 적용될 수 있다. 하지만 모든 것은 유한하다. 무한한 것은 상업 광고 덕택에 지배하고 소비하며 즐기려는 인간의 욕망뿐이다. 이 욕망은 갈수록 천연 자원을 고갈시킬 정도까지 가속된다. 카프카는 이런 공격적인 물질주의에 관한 명시적으로 아무 말도 하지 않았지만, 존재의 괴기스러운 의미, 즉, 인간과 환경의 관계를 비롯한 소외를 자신의 작품을 통해 드러냈다.

지난 세월 동안 문명은 인간의 괴물성을 통해 자연을 약탈한 슬픈 역사를 지니고 있다. 분명히 그것을 잘못된 것이고, 우리는 잘못된 길에 있다. 그럼 어떤 길이 잘못되지 않은 길일까? 어떤 길이 세계화 혹은 포스트모더니즘의 대안이 될 수 있는 길일까? 이런 질문에 대답하기란 쉽지 않다. 이 대답을 하기 전에, 나른 질문을 던질 필요가 있다. 이런 상황에서 문학은 무슨 도움이 되는 것일까? 마리오 바르가스 요사의 『이야기꾼』은 바로 여기서 시작한다. 우리의 지도자들, 우리 정부, 우리의 집단적 사명에 상상력이 부족할 때면, 그런 부족을 보충해주는 것이 소설이다. 특히 이런 진창에 빠진 것과 매우 다르게 행동하고 생각하는 방식이 무엇인지 보여줄 수 있는 충분히 능력을 갖춘 작가일 경우에는 더욱 그렇다. 이런 점에서 『이야기꾼』은 서양 문화가 갇힌 미로에서 나올 수 있는 길이 무엇인지를 보여주는 일종의 지도이다.

마리오 바르가스 요사의 작품은 국내에 어느 정도 번역이 되어 있지만, 이 작품은 번역되지 않았다. 그래서 우선 이 작품을 간단하게 소개하고자 한다. 화자는 이탈리아의 피렌체에서 휴가를 보내는 페루 작가이다. 그는 페루 동부 아마존 지역에 사는 마치겡가 원주민들에게 둘러싸인 이야기꾼의 사진을 보게 된다. 그 이야기꾼은 사울 수라타라는 옛 대학 친구와 너무나도 흡사하게 생겼고, 그래서 화자는 사울을 떠올리면서, 그가 이 세상에서 가장 못 생긴 친구이지만, 역시 보기 드물게 호감이 가고 선량한 사람이라고 기억한다.

사울의 별명은 '가면'이다. 이것은 그의 얼굴의 대부분을 덮고 있는 붉은 색의 반점 때문이다. 화자는 학창시절에 이렇게 질문했던 그를 떠올린다. "그들이 자동차, 총, 비행기, 코카콜라를 그들이 갖고 있지 않다고, 우리가 그들을 멸종시킬 권리가 있는 것일까? 넌 미개인을 문명화시킨다는 말을 믿어?" 사울은 페루 원주민들을 동화시키려는 생각을 혐오한다. 그는 객관적으로 그들의 문화가 다소 파괴적인 면이 있지만, 서양 세계의 물질주의만큼 파괴적이지는 않다고 평가한다.

사울은 프랑스 유학 장학금을 포기하고, 마치겡가 원주민들과 함께 사는 기회를 선택한다. 그는 부락에서 추방당한 사람들과 자기를 연관 짓는다. 그들은 신체적 결함으로 인해 태어나면서부터 파멸된 사람들이다. 그는 자기가 그들 사이에서 태어났다면 자기의 운명이 어땠을 것인지 깨닫는다. 이런 사실에도 불구하고, 그는 그 부족의 일원이 되기로 결심하고, 자기의 예전 삶을 뒤로 남겨두고 떠난다. 그는 친구와 가족에게 자기 행방에 대해 거짓말하고, 자기는 죽어가는 아버지를 돕기 위해 이스라엘에 살고 있다고 주장하면서, 아마존의 열대우림으로 들어간다. 그러나 그는 그 부족의 일원이 되는 것 이상이 된다. 그는 부족의 역사를 보존하는 책무를 띤 성스러운 멤버, 즉 이야기꾼이 되는데 성공한다.

그가 들려주는 이야기들은 타수린치의 삶을 서술한다. 타수린치는 마치겡가 부족의 창시자일 뿐만 아니라 그 부족의 모든 사람을 대표한다. 이런 방식으로 유목민인 마치겡가 사람들의 영혼이 드러난다. 그들은 걷기를 멈추면 태양은 떠오르지 않을 것이고, 세상은 질서를 잃어버릴 것이라고 믿는다. "어떻게 태양과 강들을 도와줄까? 어떻게 해야 우리가 이 세상에, 살아 있는 모든 것에 도움이 될까? 걸으면 돼." 또한 그는 사람이 사슴으로 변하고 여자는 별들로 변하는 이야기를 들려준다. 이렇게 마치겡가 원주민들은 인류와 자연이 무한하게 연결되어 있다고 믿는 부족이다.

그러자 화자는 어떻게 그가 사울이 사진 속의 이야기꾼인지 발견하게 되었는지 설명한다. 오래 전에 마치겡가 부족의 이야기를 다루는 텔레비전 프로그램에서 일하는 동안, 그는 에드윈 슈네일이라는 언어학자를 만났다. 열대우림에서 지내는 동안, 에드윈 슈네일은 자기가 부족인들 사이에서 붉은 반점을 가지고 살아가는 백인을 보았다고 주장한다. 그러자 화자는 조사에 착수하면서, 사울은 결코 이스라엘에 가지 않았고, 그의 아버지가 죽은 후에도 페루를 떠난 적이 없다는 사실을 발견한다. 소설은 이야기꾼의 사진에 매료된 피렌체의 화자로 끝을 맺는다.

여기서 주의 깊게 살펴봐야 할 사람은 바로 이야기꾼인 사울이다. 그는 페루 상류층 출신의 백인이다. 그런데 원주민 문화권과 상이한 사람이자, 세계화의 확장으로 사라지고 있는 마치겡가 원주민들에게 적대적인 계급이 어떻게 이야기꾼이라는 특권적인 역할을 맡게 되었을까? 매우 다른 문화들을 조정하는 과정은 복잡하다. 압력은 한쪽,

아니 양쪽에서만 느껴지지 않는다. 혼종 중개자로서 이야기꾼은 자기에게 부여된 모든 문화의 충격을 감내한다. 마치겡가 부족을 순수 상태로 보전하려고 아무리 노력하더라도, 그는 몇몇 유대기독교의 신화와 가치를 혼합할 수밖에 없다. 마치겡가 부족의 역사를 들려주면서, 그는 자신도 모르게 그들의 유목민적 운명을 유태인의 운명과 혼합시키고, 최고의 창조자인 타수린치의 이름은 타수린치-여호와가 된다.

여기서 작가는 분명한 교훈을 보여준다. 즉, 갈수록 거리감이 축소되는 세상에서, 그리고 갈수록 다른 문화와 접촉하는 세상에서 평화롭게 사는 유일한 방법은 관용을 통해서라는 사실이다. 여기서 관용은 상위문화도 없고 하위문화도 없으며, 단지 각각의 상황에 적절한 문화들만이 있을 뿐이라는 사실을 아무런 편견 없이 받아들이는 것이다. 그리고 모든 문화는 다른 문화와 접촉하면서 무언가를 배워야 한다는 사실이다. 이것이 바로 현재에 이르는 과정에서 취하지 않았던 잊혀버린 교훈이다. 이것이 바로 생태 원주민주의이다. 즉, 현대 문화가 비서구적 문화, 기술적으로 발전하지 않은 문화, 세계화가 되지 않은 문화, 천연자원을 마구 소비하지 않는 문화와 비옥한 관계를 가질 수 있는 가능성이다. 그럼으로써 현대의 문화관은 우리의 제한된 관점이 보지 못하게 하는 것을 그들에게서 배울 수 있는 것이다.

우리의 현재 조건이 환경 파괴라는 슬픈 현실에 직면하고 있다는 것은 분명한 사실이다. 또한 우리를 지탱시켜주는 자연환경에서도 유리되어 있다. 우리는 자연을 존중하지도 않고, 자연의 목소리도 들을지 모르며 자연이 무엇을 필요로 하는지도 해석할 수 없다. 물론 순수 원주민 상태로 돌아가 애니미즘을 숭앙하며 마법의 세계로 돌아갈 수는 없는 일이다. 인간은 과학을 만들었지만, 이제 우리의 사고방식은 과학에 의해 만들어졌다. 생태비평과 생태문학은 국지적이지만 보다 균형적인 다른 문화들을 평가하면서 그 가치를 전하는 것이다. 이렇게 전반적으로 사고의 패러다임이 변해야만 천연 자원의 보호라는 물질적 차원을 넘어 비로소 우리 지구의 참된 현재와 미래가 보장될 수 있다는 것을 보여준다.

아마존과 라틴아메리카 환경소설: 서양문화관의 극복과 새로운 패러다임

송병선(울산대 스페인중남미학과 교수)

지금 우리가 살고 있는 지구는 인간이 과거에 행했고 현재도 행하고 있는 자연파괴 행위로 위기에 처해 있다. 이를 반영하듯이 20세기 말과 21세기 문학의 최대 화두 중의 하나는 환경위기이며, 이런 인식의 확산과 함께 환경담론은 전성기를 맞이하고 있다. 과거에 인류가 맞았던 위기는 정치적·경제적·사회적 갈등에서 비롯된 국지적 혹은 국제적 성격을 지니고 있었지만, 현재의 환경위기는 인간의 생존 자체와 직결되어 있다는 점에서 더욱 심각하다.

환경 위기는 미래의 문제가 아니라 지금 우리가 당면하고 있는 문제이다. 이런 상황에서 문학가의 자세는 매우 중요하다. 무엇보다도 문제 해결을 위한 근본적인 인식의 변환을 촉구할 수 있기 때문이다. 즉, 문학은 인류가 자연을 대하는 태도에 인식의 변환을 추구하고, 상상력을 통한 새로운 패러다임을 제안하여 자연에 대한 인간의 가치관을 구현할 수 있다. 다시 말하면, 이제는 더 이상 자연-문명이라는 이분법적 세계관이 아니라, 지구중심적인 새로운 세계관을 통해 서양의 문화관이 갇혀버린 미로에서 탈출할 수 있는 길이 무엇인지 보여줄 수 있다.

이 글에서는 '장소'를 중심으로 라틴아메리카의 소설의 생태적 측면을 살펴보고자 한다. 익히 알려져 있듯이, 남아메리카에는 환경과 관련된 주요한 장소가 하나 있다. 바로 아마존 밀림지대이다. 이 지역을 중심으로 사실주의 문학에서는 자연과 문명의 개념을 어떻게 이해했고, 포스트모더니즘의 시대에 필요한 환경에 관한 관점은 어떻게 작품 속에서 표출되는지 알아보고자 한다.

01 『소용돌이』: 인간에 대한 자연의 승리

콜롬비아의 작가 호세 에우스타시오 리베라의 『소용돌이』(1924)는 라틴아메리카 문학사에서 아마존 밀림지대를 다루는 대표적인 작품이다. 『소용돌이』는 아마존의 밀림을 노래하는 소설이며 열대 자연의 서사시라고 평가된다. 이 소설에서 가장 중요한 것은 바로 제목 자체이다. 즉, 주역은 남자나 여자가 아니라 바로 소용돌이, 다시 말하면 자연의 통제할 수 없는 힘이다. 이 힘과 함께 인간과 아직 길들여지지 않은 자연의 처절한 투쟁이 제시된다. 이 소설은 인간과 자연의 투쟁을 소개하는 것에 그치지 않고, 밀림의 정복할 수 없는 힘을 드러내는 것으로 나아간다. 여기서 아마존 밀림은 일단 먹이를 유혹하면, 소용돌이와 같은 힘으로 그 먹이가 빠져나갈 수 없도록 만든다. 이런 점에서 밀림은 지구 중심에서 솟구치는 힘과 같으며, 자신의 아름다움과 부를 약속함으로써 먹이를 유혹하는 시레네라고 말할 수 있다.

서양적 관점은 자연과 문명을 대비시켜 자연을 문명화시켜야 할 대상으로 본다. 이 작품의 작중인물인 아르투로 코바 역시 어느 정도는 그렇지만, 서양적 관점에 비해서는 상대적으로 덜 적대적이다. 그러나 그의 세계관 역시 서양의 이분법적 세계관에 젖어 있다는 사실은 부인할 수 없다. 그러나 이 소설에는 생태비평적 관점에서 깊이 생각해봐야 할 일화가 하나 등장한다. 그것은 바로 원주민 여자 마피리파나의 전설이다. 이 이야기에서 마피리파나는 샘물과 호수를 지키는 여사제이다. 그리고 그녀에게서 바로 오리노코 강과 아마존 강이 유래한다. 그런데 욕심 많고 음탕한 선교사가 도착하여 그녀를 강간하고 임신시킨다. 하지만 자연의 정의가 실현되어 쌍둥이 아들은 괴물의 모습을 띤다. 하나는 흡혈귀의 모습이고 다른 한 놈은 부엉이이다. 아이들이 음탕한 아버지를 위협하자, 아버지는 원주민 여자에게 자기를 지켜달라고 부탁한다. 그러나 여사제의 대답은 간단명료하다. "누가 인간을 양심의 가책에서 해방시킬 수 있겠어요?"

이 소설에 삽입된 이 전설은 원주민과 밀림의 관계가 서양인과 밀림의 관계와 사뭇 다르다는 것을 보여준다. 즉, 자연세계의 성스러움을 인정하면서, 토착적인 접근이 미래에 대안적 패러다임을 제공한다는 교훈을 준다. 이렇게 우리의 행동에 대한 책임을 받아들이고, 자연의 역할을 존중하는 것이 이 지구에서 미래를 가질 수 있는 유일한 방법인 것임을 가르쳐준다.

02 『연애소설 읽는 노인』: 다양한 요소들의 조화를 향하여

우리나라의 독자들에게도 널리 알려진 『연애소설 읽는 노인』(1992)은 칠레의 작가 루이스 세풀베다의 첫 번째 소설이다. 앞서 살펴본 『소용돌이』처럼 아마존 밀림을 주제로 다룬 기존 작품들이 자연을 대상화하여 착취하는 서구의 세계관에 알게 모르게 젖어 있는 것과 달리, 이 소설은 인간과 자연의 균형과 조화를 강조하면서, 앞으로 환경문학이 나아가야 할 관심을 보여준다.

이 소설은 주로 환경을 문제 삼는데, 라틴아메리카에서 환경의 문제는 매우 독특한 의미를 지닌다. 그것은 역사적 수탈의 결과로 만들어진 라틴아메리카의 특정한 상황과 관련이 있다. 정복 초기부터 강제로 이식된 르네상스의 인본주의 이데올로기는 다른 세계관이 있을 수 있다는 생각을 침묵시키면서 자기들과 다른 인간과 자연자원을 착취했다. 이것은 라틴아메리카 토착문화의 파괴로 이어졌고, 환경약탈을 가속화했다. 그런데 여기서 더욱 문제가 되는 것은 바로 라틴아메리카인들 스스로 이런 서구의 이데올로기를 무비판적으로 수용했다는 사실이다. 그 결과, 1492년 이후 라틴아메리카는 서구와 동일한 약탈양식을 재생해왔다. 그리고 이런 서구사상은 원주민이나 흑인들을 경시하게 만들었을 뿐만 아니라 환경파괴를 만연시켰다.

아마존을 무대로 삼는 『소용돌이』와 같은 라틴아메리카의 사실주의 소설들 역시 이런 인본주의적 이데올로기에서 자유롭지 못하다. 그러나 1980년대 이후 라틴아메리카 문학은 뿌리 깊은 서구 인본주의 사상을 거부하면서 새로운 문학을 구성하려고 시도한다. 이런 글쓰기는 지역들마다 고유한 경험에 바탕을 둔 세계관을 보여주면서 라틴아메리카의 문화적 다양성을 탐험하는 것으로 발전한다. 환경약탈과 관련된 이데올로기적이고 정치적인 영역도 그 중의 하나를 이룬다. 특히 세풀베다의 『연애소설 읽는 노인』은 라틴아메리카 환경소설의 의미를 보여주는 대표작이다.

이 작품은 인간과 암살쾡이의 대결을 통해 인간의 약탈행위가 야생동물을 말살하고 환경을 교란시킬 지경에 이르렀음을 고발하며, 싸움의 승패를 떠나 대지와 대지의 모든 생명체는 소중하다는 진리를 간결하면서도 감동적으로 들려준다. 이런 점은 환경소설에서 흔히 볼 수 있는 특징들이다. 그런데 주인공 안토니오는 '야만적 문명'과 '문명화된 야만'을 대립시키면서 전자를 비판하지만, 후자를 무조건 옹호하는 입장을 취하지도 않는다. 오히려 그는 서양적 관점과 슈아르족의 지혜를 통합하면서 인간이 우주의 수많은 구성요소 중의 하나라는 것을 깨닫고, 모든 동식물과 인간이 공존해야 한다는 생각을 갖는다.

서양의 관점과 슈아르족의 지혜를 동시에 받아들인 주인공처럼, 세풀베다는 비열하고 타락한 관리들과 자연자원의 약탈을 고발하면서 환경파괴를 부단히 비난하지만, 서양의 가치를 모두 부정하는 것은 아니다. 그렇다고 서양문화와 원시문화의 융합을 마구 찬양하지도 않는다. 대신 주인공의 목소리를 통해 원시부족의 지혜와 자연을 존중하는 생각을 서양문명의 합리성과 통합하는 새로운 관점을 창조할 필요성이 있다고 역설하는 것으로 나아간다. 그렇게 세풀베다의 작품은 세상을 구성하는 상이한 요소들이 조화로운 균형을 찾는 것이 시급한 문제임을 반복해서 강조한다. 이런 다문화주의적 사고는 서양 중심적이고 권위적이며 체계적인 공식담론에 대한 반발과 슈아르족의 지혜라는 타자성의 인정을 통해 이루어진다.

03 『이야기꾼』: 포스트모던 생태 원주민주의

앞의 두 작품과 달리, 2010년 노벨문학상 수상자인 페루의 작가 마리오 바르가스 요사가 1987년에 발표한 『이야기꾼』은 인간과 환경 사이의 힘든 관계에 관해서 보다 현대적 사고방식의 모델을 제시한다. 이 소설은 호세 에우스타시오 리베라의 『소용돌이』에서 영감을 받는다. 하지만 이 작품과 『소용돌이』는 단 한 번 매우 다르다. 리베라의 작품은 유럽중심주의에 치중하는 오류를 범하는 반면에, 바르가스 요사의 작품은 그런 한계를 최대한 극복하려고 노력하면서, 서양 문화와 '타자'의 문화 사이의 진정한 대화를 수립하기 때문이다. 이런 점에서 세풀베다의 작품과 일맥상통한다고 볼 수 있다.

그런데 이 소설과 『소용돌이』 사이의 출판에 존재하는 60년이 넘는 기간 동안에 무슨 일이 일어났던 것일까? 이 기간 동안 인간의 괴물 같은 문명은 자연을 약탈한 슬픈 역사를 지니고 있다. 분명히 그것을 잘못된 것이고, 우리는 잘못된 길에 있다. 그럼 어떤 길이 잘못되지 않은 길일까? 어떤 길이 세계화 혹은 포스트모더니즘의 대안이 될 수 있는 길일까? 이런 질문에 대답하기란 쉽지 않다. 그렇다면 이런 상황에서 문학은 무슨 도움이 되는 것일까? 마리오 바르가스 요사의 『이야기꾼』은 바로 여기서 시작한다. 우리의 지도자들, 우리 정부, 우리의 집단적 사명에 상상력이 부족할 때면, 그런 부족을 보충해주는 것이 소설이다. 이런 점에서 『이야기꾼』은 서양 문화가 갇힌 미로에서 나올 수 있는 길이 무엇인지를 보여주는 일종의 지도이다.

이 작품은 이야기꾼인 사울을 통해 타수린치의 삶을 서술한다. 타수린치는 마치겡가 부족의 창시자일 뿐만 아니라 그 부족의 모든 사람을 대표한다. 여기서 이야기꾼은 마치겡가 부족의 역사를 보존하는 성스러운 책무를 띤 사람이다. 사울은 페루 상류층 출신의 백인이다. 그렇다면 원주민 문화권과 상이한 사람이자, 세계화의 확장으로 사라지고 있는 마치겡가 원주민들에게 적대적인 계급이 어떻게 이야기꾼이라는 특권적인 역할을 맡게 되었을까? 그가 서로 다른 문화들을 조정하는 과정은 복잡하다. 중개자로서 이야기꾼은 자기에게 부여된 모든 문화의 충격을 감내한다. 마치겡가 부족을 순수 상태로 보전하려고 아무리 노력하더라도, 그는 몇몇 유대기독교의 신화와 가치를 혼합할 수밖에 없다. 마치겡가 부족의 역사를 들려주면서, 그는 자신도 모르게 그들의 유목민적 운명을 유태인의 운명과 혼합시키고, 최고의 창조자인 타수린치의 이름은 타수린치-여호와가 된다.

여기서 작가는 분명한 교훈을 보여준다. 즉, 갈수록 거리감이 축소되는 세상에서, 그리고 갈수록 다른 문화와 접촉하는 세상에서 평화롭게 사는 유일한 방법은 관용을 통해서라는 사실이다. 여기서 관용은 상위문화도 없고 하위문화도 없으며, 단지 각각의 상황에 적절한 문화들만이 있을 뿐이라는 사실을 아무런 편견 없이 받아들이고, 모든 문화는 다른 문화와 접촉하면서 무언가를 배워야 한다는 사실이다. 이것이 바로 이 소설이 추구하는 생태 원주민주의이다. 즉, 현대 문화가 비서구 문화, 기술적으로 낙후된 문화, 세계화가 되지 않은 문화, 천연자원을 마구 소비하지 않는 문화와 비옥한 관계를 가질 수 있는 가능성을 제시한다.

우리의 현재 조건이 환경 파괴라는 슬픈 현실에 직면하고 있다는 것은 분명한 사실이다. 또한 우리는 자연을 존중하지도 않고, 자연의 목소리도 들을지 모르며 자연이 무엇을 필요로 하는지도 해석할 수 없다. 물론 순수 원주민 상태로 돌아가 애니미즘을 숭앙하며 마법의 세계로 돌아갈 수는 없는 일이다. 인간은 과학을 만들었지만, 이제 우리의 사고방식은 과학에 의해 만들어졌다. 이 세 편의 라틴아메리카 환경소설은 국지적이지만 보다 균형적인 다른 문화들을 평가하면서 그 가치를 전하고 있으며, 이렇게 전반적으로 사고의 패러다임이 변해야만 천연 자원의 보호라는 물질적 차원을 넘어 비로소 우리 지구의 참된 현재와 미래가 보장될 수 있다는 것을 보여준다.

05

라틴아메리카 환경기구와 국제환경 네트워크

[라틴아메리카]
라틴아메리카에너지기구(OLADE)

변은향(한국외대 국제지역대학원)

<그림 1> 홈페이지: http://www.olade.org/

01 라틴아메리카에너지기구(OLADE)란?

라틴아메리카에너지기구(OLADE)는 1970년대, 중남미·카리브 지역 내 선진국 및 개도국 간 더욱 균등한 경제적 관계를 탐색하는 과정에서 탄생한 에너지협력기구다. 회원국들은 역내 천연자원의 보호와 지속가능하고 포괄적인 발전을 위한 정책논의 및 기술 협력과 에너지위기 대응 방안에 대한 공동의 노력을 위하여 1973년 11월 2일 페루 리마에서 회의를 개최했고, 본 회의에서 라틴아메리카에너지기구 창설에 관한 리마협정(Convenio de Lima)을 체결, 비준함으로써 1974년에 정식 출범되었다.

02 라틴아메리카에너지기구(OLADE) 회원국 현황 (정회원: 27개국, 참가국: 1개국)[1)]

정회원: 아르헨티나, 볼리비아, 브라질, 칠레, 콜롬비아, 에콰도르, 파라과이, 페루, 우루과이, 베네수엘라, 멕시코, 벨리즈, 코스타리카, 엘살바도르, 과테말라, 온두라스, 니카라과, 파나마, 바베이도스, 쿠바, 도미니카공화국, 그레나다, 가이아나, 아이티, 자메이카, 트리니다드토바고, 수리남

참가국: 알제리(2001년 가입)

(*참가국은 장관급 회의 및 기타 공식 회의에 참석 가능하나, 투표권은 없음)

---

1) http://www.olade.org/ (2015년 4월 13일 조회)

03 라틴아메리카에너지기구(OLADE) 주요 조직 소개

장관급회의: 최고 의사결정기구로 연 1회 정례회의 개최
이사위원회: 동 기구 계획 및 정책 수립, 이행과 분석 그리고 평가 등을 담당
상임사무국: 장관급회의 및 이사위원회 결정 사항 집행을 담당
전문가회의: 장관급회의 자문기구

04 라틴아메리카에너지기구(OLADE)의 사명과 지향점

동 기구는 라틴아메리카 국가 간 통합 및 지속가능한 발전 그리고 동 지역 에너지 안보 기여를 주요 목적으로 한다. 이를 달성하기 위해 회원국 간 협력을 장려하고, 분쟁을 조절하며, 공동의 목표를 달성하기 위해 다양한 조언을 제공하고 있다. 다시 말해, 동 기구는 회원국 간 에너지 통합을 위한 정책 및 기술을 지원하고 공동업무를 수행함으로써 동 지역 내 전술한 목적 달성을 지향점으로 삼는다.

05 라틴아메리카 환경기구로서 'OLADE'의 중요성 및 영향력 분석

동 기구는 현존하는 중남미 유일의 에너지협력기구로서 지역 내 에너지통합 달성을 위한 정치적·기술적 지원의 제공 및 에너지 안보 기여 그리고 자문 제공 등을 통해 동 지역 내 중요성과 영향력을 확대해가고 있다. 현재까지 달성한 주요 성과로는 정보시스템(Information

Systems), 계획시스템(Planning Systems), 교육(Training), 남남협력(Sur-Sur Cooperation) 등이 있다. 구체적으로 정보시스템은 ① 경제-에너지정보 시스템(SIEE) ② 에너지-법률정보시스템(SIEL) ③ 국가-에너지정보시스템(SIEN) ④ 지역-에너지정보시스템(Regional SIE)가 있으며, 계획시스템에는 ① 에너지매트릭스 분석 및 시뮬레이션(SAME) ② 지역에너지계획통일시스템(SUPER)가 있다. 교육의 경우, ① 가상 에너지교육 프로그램(CAPEV Online) ② 이-러닝(E-learning) ③ 전문가 양성(Professional Actualization)이 있다.

[라틴아메리카] 아마존와치(Amazon Watch)

이지선(한국외대 일반대학원)

<그림 1> 홈페이지: http://amazonwatch.org

01 아마존 와치(Amazon Watch)란?

열대 우림은 지구의 기후를 조절 하도록 도와주고 지구의 균형을 유지하는데 필수적이며 인간들이 살아가는 데 있어서 여러 역할을 한다. 아마존은 세계 최대의 열대 우림이며, 미국 본토보다 더 큰 영역을 차지하는 세계 최대 생물다양성 우림이다. 지구 동식물 종의 3분의 1을 수용하고 있고, 전세계 담수의 5분의 1이 이곳에서 생성된다. 약 400개의 원주민공동체의 물리적 및 문화적 생존은 아마존 열대 우림에 따라 달라진다. 하지만, 현재 산림 벌채의 속도라면 2020년에는 거의 50%의 아마존이 사라지거나 심하면 일부는 분해될 것이며, 대다수는 더 이상 초기의 상태로도 존재하지 않을 것이라는 경고의 목소리가 들린 이미 오래이다.

세계적 규모로 이루어지고 있는 산림벌채는 온실가스 배출의 20-25% 수준에 달하며 Amazon Watch와 원주민공동체는 열대 우림을 보호하기 위해서 노력하고 있다. 인간들의 삶과 영감을 대체할 수 없듯이 우리는 아마존 지역 문화와 생태계의 유산을 보호할 수 있는 기회를 갖은 마지막 세대일지도 모른다.

02 아마존 와치(Amazon Watch)의 사명

Amazon Watch는 열대 우림을 보호하고 아마존 지역에서 원주민의 권리를 증진하기 위해 1996년에 설립된 비영리 단체이다. 인간들의 인권, 기업의 책임과 Amazon의 생태계 보전을 위한 캠페인을 원주민공동체, 다양한 국내외 환경단체가 연대하여 시행하고 있다.

03 아마존 와치(Amazon Watch)의 비전

Amazon Watch는 열대우림이 다양한 문화가치와 생물다양성, 생물들의 생명유지를 위해 큰 기여를 하고 있고 이런 인식을 사람들과 공유하기 위해 노력하며, 파트너들(정부, 다국적기업, 사회적 기업 등)의 협력과 상호존중을 통하여 아마존 원주민공동체의 삶, 자연 생태계, 문화를 보호하기 위해 이바지하고 있다. Amazon Watch 구성원들은 토착지식, 전통문화와 관습을 유지하는 것이 미래 세대들에 대한 책임이며, 그들의 활동이 크게 기여할 것이기 때문에 중요하다고 생각한다. Amazon Watch는 정부, 기업, 시민사회와 이러한 활동들이 원주민의 집단적 권리(사회권, 환경권)를 존중되는 세상이 되도록 노력하고 있다.

04 라틴아메리카 환경기구로서 '아마존 와치'의 중요성 및 영향력 분석

아마존 열대우림 보호를 목적으로 설립된 이 기구는 브라질, 콜롬비아, 에콰도르, 페루 등의 원주민공동체들과 직접적인 커뮤니케이션 통로를 두고 원주민공동체들의 자치능력 개발은 물론 장기적 관점에서 이들 공동체의 토지 보호를 위해 다양한 활동을 수행 중이다.

다국적기업이나 국제기구들 그리고 개별 국가 정부의 정책 결정자들에게 아마존 지역의 개발보다는 원주민공동체의 보호에 더 정책 선호도를 가져 줄 것을 요청하는 동시에 이의 중요성을 시민사회에 홍보하면서 미디어의 영향력 확대를 강화하고 있는 중이다. 예를 들어 아마존 유역에서 석유 개발에 참여하고 있는 글로벌 다국적 기업들의 개발 과정에서 문제점들(환경파괴, 원주민 권리침해, 원주민공동체의 전통문화 파괴 등)에 대해 문제를 제기하고 이의 법적 저항을 도우며 원주민공동체들의 권리(사회권, 환경권 등) 회복에 다양한 연대 활동(기금모금, 교육 프로그램 운영, 미디어 활동, 국제협력 네트워크 강화 등)을 통해 힘을 보태주고 있다.

<그림 2>

AMAZON WATCH | Our Work | News | Blog | Take Action | Get Involved | About Us | Donate

News & Multimedia

March 5, 2015 *The Guardian*

Indigenous Peruvians Win Amazon Pollution Payout from US Oil Giant

Out-of-court settlement ends long legal battle for compensation for deaths, birth defects and environmental damage allegedly caused by Occidental's pollution

Members of the indigenous Achuar tribe from the Peruvian Amazon have won an undisclosed sum from Occidental Petroleum in an out-of-court settlement after a long-running legal battle in the US courts.

RELATED

Resistance! Facing Down Goliath Oil Companies

Peruvian Indigenous Communities Pleased with Settlement of Pollution Lawsuit Against Occidental Petroleum

[라틴아메리카]
아마존 보호협회(ACA)

오경미(한국외대 국제지역대학원)

<그림 1> 홈페이지: http://www.amazonconservation.org

01 아마존 보호협회(ACA)란?

아마존 보호협회(Amazon Conservation Association: ACA)는 페루와 볼리비아에서 활동하는 비영리 기구로서 1999년 아마존 분지 지역의 생물다양성 보존을 목적으로 설립되었다. 이후 동 기구는 열대 생태학자 및 환경 보호 활동가를 중심으로 동 국가에 위치한 아마존 서남쪽 지역을 주요 활동 무대로 삼고 있다. 동 기구는 자연생태계를 깊이 있게 연구함으로서 생물다양성 보존에 힘쓰고, 지역민들의 생계를 지원하는 방식을 통해 해당 지역의 보존 및 획기적인 보존 방법을 찾아내는데 노력을 기울이고 있다.

02 아마존 보호협회(ACA) 목적

정부와 지역사회 및 개인 사유지를 아우르는 네트워크 형성을 통해, 동 기구는 지속가능한 자원 이용 및 환경 보호를 목표로 하고 있다. 희귀생물과 그들 서식지 보호 역시 주요 목적 중 하나이며, 열대우림을 삶의 터전으로 간직한 지역민의 보호 역시 중요한 목적 대상이다. 이를 위해 동 기구는 과학적이고 체계적 그리고 수치화할 수 있는 연구를 진행하고 있다.

03 아마존 보호협회(ACA) 활동

동 기구의 주요 활동 지역은 아마존 열대 우림이 안데스 산맥과 만나는 페루의 남동쪽과, 북부 볼리비아 부근에 위치한 아마존 상류 지역이다. 이곳은 지구에서 생물학적 요소들이 가장 풍부한 지역으로, 아직까지도 많은 부분이 외부에 의해 손상되지 않았고, 재규어(아메리카 표범), 맥(중남미와 서남아시아에 사는 코가 뾰족한 돼지 비슷하게 생긴 동물), 수달 등 기타 지역에선 이미 멸종된 수많은 종이 보존되어 있다. 기후변화에 따른 생태계 변화를 방지하기 위해, 동 기구는 동부 안데스 산맥의 경사지를 보호하며 전술한 희귀종에 안전한 서식지를 제공하고자 노력하고 있다.

04 라틴아메리카 환경기구로서 'ACA'의 중요성 및 영향력 분석

전술했듯 동 기구는 지구에서 생물학적 요소가 가장 풍부한 지역을 보존시키려는 중요한 역할을 담당하고 있다. 멸종위기에 처한 동·식물을 보호함으로서 지구의 생물다양성 유지 및 보존에 관해 중요한 임무를 수행 중이다. 좀 더 효과적이고 체계적인 시스템 및 프로그램을 생산함으로서 기구로써의 입지도 다져가고 있다. 지금까지 진행된, 그리고 진행 중인 주요 프로그램으로는 ① 브라질 호두 프로그램(Brazil Nut Program) ② 친구 보존 양허(Los Amigos Conservation Concession) ③ 와이께차 열대우림 생물학지점(Wayquecha Cloud Forest Biological Station) 등이 있다.

[멕시코]
국경 환경 협력위원회(BECC)

이지선(한국외대 일반대학원)

<그림 1> 홈페이지: http://www.becc.org/

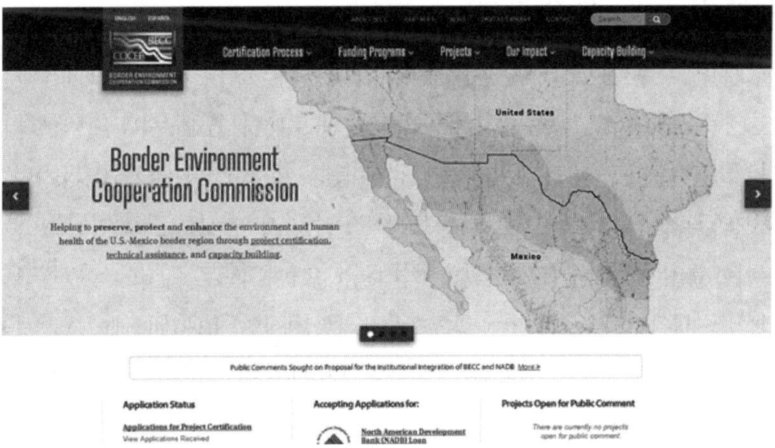

01 국경 환경 협력위원회(BECC)란?

멕시코, Chihuahua 지역의 Ciudad Juárez에 본사를 둔 국경 환경 협력위원회(Border Environment Cooperation Commission: BECC)는 북미자유무역협정(NAFTA)에 따라서 미국과 멕시코 정부에 의해 1993년에 설립된 협회이다.

02 국경 환경 협력위원회(BECC) 임무

미국과 멕시코 국경지역의 환경과 인간의 건강을 강화하고 보호하고 보존하기 위해서 이해 관계자 간의 협력을 강화하고 투명한 양국 과정의 긴밀한 협조를 통해 NADB, 연방, 주 및 지방 정부 기관, 민간 부문과 국립기관과 함께 지속 가능한 프로젝트를 지원한다.

03 국경 환경 협력위원회(BECC) 비전

BECC는 환경 및 공중 보건 목표를 달성하기 위해 국경 지역 사회의 노력을 선도할 수 있는 전략적 비전을 가진 혁신적인 조직이다. BECC 리더십은 기술적 우수성, 팀 작업과 효과적인 프로그램, 프로젝트 관리에서 나온다.

04 국경 환경 협력위원회(BECC) 프로젝트

BECC는 NADB 및 연방, 주 그리고 지역 기관, 민간 부문과 공공기관과 긴밀한 협력관계로 환경 인프라를 확인하고 개발하고 구현하기 위해서 5가지 핵심 분야인 ① 수질&폐수 ② 고형폐기물 처리 ③ 대기질 ④ 청정&효율 에너지 ⑤ 신흥분야의 프로젝트를 진행한다.

05 라틴아메리카 환경기구로서 'BECC'의 중요성 및 영향력 분석

미국과 멕시코 국경지역의 환경과 인간의 건강을 강화하고 보호하고 보존하기 위한 프로젝트를 지원하는 환경 기구인 BECC는 주기적인 포럼을 주최하여 환경문제와 보건문제를 공유하며 국가 간 협력을 강화하는 역할을 하고 있다.

BECC는 멕시코 국경 지역 주민들의 건강뿐만 아니라 경제 발전과 공동체 향상에 기여한다. 기술 및 공익 서비스를 제공하는 동시에 사회적, 경제적, 환경적 이점을 제공하는 새로운 전략을 제공한다. 뿐만 아니라, 공공기관 및 여러 지역과의 긴밀한 환경 인프라를 형성하여 친환경적인 도시 녹색 산업을 구현한다.

멕시코 환경부(SEMARNAT)

최다미(한국외대 국제지역대학원)

<그림 1> 홈페이지: http://www.semarnat.gob.mx/

01 멕시코 환경부(SEMARNAT)란?

환경 천연 자원 사무국 (SEMARNAT)은 멕시코의 환경부로서 지속

가능한 개발을 추구하며, 멕시코의 생태계, 천연 자원, 자산 및 환경 서비스를 보호, 보존하는 것을 목표로 한다. 이러한 업무를 수행하기 위해, SEMARNAT의 세 사무국과 산하의 다양한 부서들은 연방정부의 일부를 구성하며, 네 개의 우선순위를 두고 일하고 있다.

①생태계의 지속 가능한 개발과 생물 다양성.
②오염 관리 및 예방.
③수자원 통합 관리.
④기후 변화에 대한 대응

뿐만 아니라, 생태계에 미치는 영향과 개발 환경을 연구하여, 공공 사회 및 개인 의사 결정에 도움이 되는 환경 영향 지표를 제공하기도 한다.

02 멕시코 환경부(SEMARNAT)의 미션 및 비전

SEMARNAT은 지속 가능한 개발을 위해 지방 정부와 중앙 정부 간의 협력을 도모하며 민간 부문의 참여 또한 장려하고 있다. 이를 통해 종합적인 환경 정책을 결정하고, 지역에 적합한 보호, 보존방향 설정을 지향하는 한편, 기후 변화와 오존층 보호에 관한 국가적인 정책 구현에 힘쓰고 있다.

03 라틴아메리카 환경기구로서 'SEMARNAT'의 중요성 및 영향력 분석

SEMARNAT은 멕시코 내에 환경서비스에 대한 수요가 증가하면서, 멕시코 수질처리, 폐기물 수거 및 처리, 매연관리 등 발생되는 폐기물에 비해 처리 시설이 미흡한 지역을 모니터링하고 지원하는 역할을 하고 있다. 환경서비스 분야는 폐수처리, 위험폐기물 처리, 대기오염 관리 등 다양하며, 환경설비 설치, 조사 등의 방법을 통해 서비스를 제공한다. 특히, 정부 기관으로서 멕시코 전역에 걸친 상수 인프라 건설과 같은 규모가 큰 사업을 추진하며, 위생관리, 하수로 건설, 농수로 개발, 그리고 홍수 예방 등의 프로그램을 동시에 추진하는 등의 효율성도 보이며, 공공의 이익에 도움이 되고자 노력하고 있다.

[멕시코]
멕시코 대기환경 보존 기관(OMCA)

최다혜(한국외대 국제지역대학원)

<그림 1> 홈페이지: http://omca.org.mx/blog/

01 멕시코 대기환경 보존 기관(OMCA)이란?

멕시코 대기환경 보존 기관(Organizacion Mexicana Conservacion Ambiental: OMCA)은 2009년 11월 27일에 환경프로젝트를 기획하고, 젊은이들의 지속가능한 천연자원 보호와 관리를 촉진시키며, 공기, 땅, 물의 오염을 피하기 위한 활동을 실현하고자 하는 목적으로 설립되었다. 2010년 초반에 OMCA는 Quintana Roo주의 Municipio de Solidaridad지역에서 10헥타르에 이르는 밀림을 20년 동안 관리했으며, 산림 생태계를 보존 및 복원하기 위해 국가 임업위원회와 함께 활동을 시작하게 되었다. OMCA는 현재 "ANDO, Con los pies en la Tierra"라는 프로젝트와 마야 숲을 보호하는 프로그램을 통해 환경보호를 위해 노력하고 있다. 또한, 사람들에게 그들의 생각을 변화시킬 수 있고, 지속 가능한 해결책을 제공하는데 도움이 되는 정보와 지식을 제공하기 위해 힘쓰고 있다.

02 멕시코 대기환경 보존 기관(OMCA)의 목적

지속가능한 천연자원에 대한 관리, 보호, 교육, 보존을 촉진시키는 것을 목표로 한다. 특히, 생태 균형을 보호하고 환경 정책을 개선한다.

03 멕시코 대기환경 보존 기관(OMCA)의 비전

창의성과 화경분야의 사회적 프로젝트의 실현을 통하여 환경 분야에서 두드러지게 교육과 보존을 전문으로 하는 사회적으로 책임감 있는 기구가 되는 것이다.

04 멕시코 대기환경 보존 기관(OMCA) 주요활동

① 마야 정글의 사회적 인식 연구

마야 정글을 보호하기 위한 캠페인의 첫 번째 단계의 일환으로 사회 인식에 관한 연구를 시작했다. 이 마야 정글의 보호 캠페인의 목표는 마야정글의 지속 가능한 경영과 보호에 대한 중요성을 Playa del Carmen 주민들에게 일깨워 주기 위함이다.

② 어린이와 자연의 주말

ANDO와 마야 정글 보호 프로젝트 활동의 일부로서, Centinelas del Agua A.C와 All Tour Native와 함께 "어린이와 자연의 주말" 행사를 개최했다. 이 행사 동안 ANDO 회원인 어린이들에게 두 가지를 강조했다. 한 가지는 어린이들이 행사 동안 능동적으로 참여하게 하기 위한 정체성과 또 하나는 행사의 주제에 대한 기본적인 개념을 배워가면서 고체 폐기물 분리를 강조했다.

[아르헨티나]
환경과 천연자원 재단(FARN)

강민욱(한국외대 국제지역대학원)

<그림 1> 홈페이지: http://farn.org.ar

01 환경과 천연자원 재단(FARN)의 사명과 목적

환경과 천연자원 재단(Fundacion Ambiente y Recursos Naturales: FARN)은 비영리적이고 비정치적인 성격의 비정부기구(NGO)로서, 1985년에 설립되었다. 기구의 최우선적인 목표는 정책과 법률 그리고 제도권 내에서의 활동을 통해 지속가능한 발전을 촉진하는 것이다. 원칙적으로 FARN의 활동은 공공 부문 및 민간의 정책결정자들을 대상으로 하고 있다.

시민사회의 참여는 FARN 활동에서 매우 강조되는데, 이는 시민들이 법률의 시행과 준수뿐만 아니라 정책에 대한 합의와 각종 환경 문제를 방지하기 위한 자원의 할당에 대해서도 의무가 있기 때문이다. 재단의 다양한 활동들은 민간 지원(개인, 기업 및 국내외 기금)은 물론 국내외 공공 기구들에 의해서도 재정적인 지원을 받는다.

02 환경과 천연자원 재단(FARN)의 비전

이 기구는 공공 정책에서의 지속가능한 발전전략을 가지고 민주적이고 참여가 보장되는 사회를 구성하고자 한다.

03 환경과 천연자원 재단(FARN)의 제도적 목표

① 기구는 환경권 및 지속가능한 개발 권리에 대한 행사와 보호를 촉진한다.

② 기구는 지속가능한 개발, 국제적 변화, 정부의 운영, 정치적 환경, 환경 보존, 책임 있는 소비, 시민권, 환경 정의 및 사회 화합 분야와 관련된 의식을 형성한다.

③ 기구는 공공 혹은 민간 정책들의 실현을 위한 합의를 조성한다.

④ 기구는 공공 혹은 민간 수준에서의 지속가능한 발전 분야에서의 사회 지도자들의 역량을 강화한다. 또한 정보에 대한 접근성을 향상시키고 정책결정과정에의 참여를 촉진한다.

⑤ 시민들이 스스로 그들의 권리를 적극적으로 보호할 수 있도록 하는 법적 장치들을 보급하고 장려한다.

⑥ 더 나은 권위의 이행과 시민권의 적용, 그리고 환경 기준의 강화 등을 위한 제도적 장치들의 조성을 도모하며, 이는 국가 내에서의 사회적 불평등과 지리적, 인구 구성적으로 상이한 환경에서 시행되고 있는 현행 제도를 고려하여 추진한다.

04 환경과 천연자원 재단(FARN)의 가치

① 지속가능한 발전과 환경오염 방지를 위한 실천.

② 권리와 투명성의 제도화된 정부를 지향.

③ 혁신적이고 열려 있는 학제 간 융·복합 연구 환경에서 제기될 수 있는 의견들에 대한 학술적 기초를 마련.

05 라틴아메리카 환경기구로서 'FARN'의 중요성 및 영향력 분석

FARN은 그들의 가치와 목표를 달성하기 위한 수많은 활동들을 지속해 오고 있다. 최근까지도 아르헨티나 국내 수준에서 광범위한 문제 상황들을 분석하고, 이를 공론화시키고자 노력하고 있다. 이 기구에 의해서 최근까지도 제기된 현안들은 아르헨티나의 재생에너지 관련법이 가지고 있는 근본적인 문제들에서부터, 농업에 사용되고 있는 제초제의 발암 가능성 문제, 삼림 보존에 할당될 뚜꾸만 주(州)의 예산 부족 문제에 이르기까지 매우 다양하다.

아르헨티나를 비롯한 대부분의 라틴아메리카 국가들에서 아직까지도 발전과 그에 따르는 개발 논리가 주요하게 논의되고 있는 현 시점에서, 환경 현안은 당연하게도 후순위로 밀려날 수밖에 없다. 그러나 이와 같은 상황에서도 환경 기구로서 끊임없이 문제를 분석·제기하고, 그린피스와 같은 국제적 노력과의 연대하는 등의 지속적인 활동을 하고 있을 뿐만 아니라, 환경 문제에 대한 제도권 내에서의 변화를 촉구하고 있다는 점 등은 환경기구로서의 중요성 및 영향력을 평가하는 데에 긍정적으로 고려될 수 있는 부분일 것이다.

[아르헨티나]
환경법률 및 천연자원센터(CEDARENA)

최다미(한국외대 국제지역대학원)

<그림 1> 홈페이지: http://www.ambiente.gov.ar/

Cedarena

Centro de Derecho Ambiental y de los Recursos Naturales

01 환경법률 및 천연자원센터(CEDARENA)의 역할

환경법률 및 천연자원센터(Centro de Derecho Ambiental y de los Recursos Naturales: CEDARENA)는 환경과 지속 가능한 개발을 위해 관련 법률 및 문제를 관리하는 코스타리카 비영리 단체이다. 사회 환경적인 문제 증가로 인한 대응책으로서 1989년 변호사 그룹에 의해서 설립되었으며 이들은 코스타리카 환경 법률 제정과 보급을 위해 노력하고 있다. 설립 20년 후에는, CEDARENA내에 연구와 컨설팅을 전문으로 하는 다양한 학제 팀을 형성하였으며, 그 동안 일부 지역의 토지 이용 계획, 보호지역의 통합에 관한 정책형성 과정, 국내법 발현 이전 과정 일부에 참여하게 되었다. 또한, 코스타리카와 해외에서 컨설팅, 연구, 워크숍, 출판, 교육, 환경 법률 교육을 통해, 자국과 라틴아메리카에서 비공식적으로 환경 보호를 위한 법적 장치 마련을 위해 선구자적 역할을 하고 있다. 이들의 환경보존사업에 대한 노력은 지역의 생물 다양성을 보호하는데 큰 도움이 되고 있다.

02 환경법률 및 천연자원센터(CEDARENA)의 미션

환경 정책을 변경, 제정하며, 생태학적으로 균형 잡힌 환경을 추구한다. 또한, 공정하고 포괄적인 사회를 건설하기 위해 통합과 참여의 장을 마련하고 환경 경영을 추진한다.

03 라틴아메리카 환경기구로서 'CEDARENA'의 중요성 및 영향력 분석

PES는 CEDARENA에서 제공하는 주 업무 중 하나로서, CEDARENA는 환경서비스지불제도의 혜택을 받기 원하는 전국의 농장 소유자들에게 법적, 기술적 조언을 제공하는 역할을 하고 있다.

환경서비스지불제도(PES: Payments for Environmental Services, 스페인어로 PSA) 간단히 말하면, 환경서비스의 혜택을 입는 사람이 환경서비스를 제공한 사람에게 서비스의 대가를 지불하는 제도이다. 코스타리카와 같은 몇몇 국가에서 이 제도를 시행하고 있다. 특히, 코스타리카에는 땅에 법적인 제약이 있기 때문이거나 제한된 재정으로 인해 공인된 PES에 해당되지 않는 소농과 중농들 있는데, 이들에게 또한 제도적 혜택이 돌아가도록 노력하고 있다. 이 제도를 통해, 생태계를 보호하는 것은 깨끗한 물과 공기 등을 통해 혜택을 받는 모든 사람들에게 이익이 되는 행동임을 알고, 우리 대부분은 간접적으로 혜택을 받으므로 재정적인 지원을 해야 하며 이를 통해 환경보존사업을 유지하는 데 실질적인 노력을 하고 있는 사람들이 우선적으로 혜택을 볼 필요가 있다는 의식전환의 기회를 마련한다.

[아르헨티나]
국립 농업 기술 연구소(INTA)

최다혜(한국외대 국제지역대학원)

<그림 1> 홈페이지: http://inta.gob.ar/

01 국립 농업 기술 연구소(INTA)란?

국립 농업 기술 연구소(INTA)는 농업, 축산 및 수산부의 산하, 분산된 정부 기관으로 운영 및 재정적으로 자립된 기관이다. 1956 년에 설립되었으며, 이후 국가의 경쟁력과 지속 가능한 농촌 개발을 개선하기 위해 가치 사슬, 지역과 지역 간 연구와 기술 혁신을 위해 개발되었다. 그들의 노력은 각 부처 간의 협력을 촉진하고 지식과 기술을 생성하고 확장 시스템, 정보 및 커뮤니케이션을 통하여 개발 및 통합 기능의 핵심으로 혁신에 초점을 맞추고 있다.

연구소는 각 기관으로 구성된 구조를 통하여 아르헨티나의 다섯 생태(Noroeste, Noreste, Cuyo, Pampeana y Patagonia)의 기관이 있다: 본사, 15개의 지역 센터, 5개의 연구소, 50개의 실험기관, 16개의 기관, 300개 이상의 확장된 기관을 가진다. 한편, 1993년 기관에 의해 만들어진 두 개의 사적 기관인 Intea S.A. y Fundación ArgenINTA는 Grupo INTA에 결합된다. INTA의 연구 결과는 국가가 국제시장과 지역시장의 고부가가치 서비스와 상품에 접근 할 수 있는 기회와 가능성을 얻을 수 있도록 한다.

02 국립 농업 기술 연구소(INTA)의 농촌 개발 프로젝트

INTA 확장 시스템은 농촌 지역, 도시와 교외의 구성원의 혁신 역량의 개발을 위한 정보 교환 프로세스 및 기술 지원을 목적으로 한다. 미래 세대를 위한 환경 보전과 사회적 자본의 틀 안에서 성장하며 농업생산자가 경쟁력을 가질 수 있도록 돕는다. 지역의 더 나은 통합을 위하여, 전국에 330개 이상의 확장된 기구가 있다. La Coordinación

Nacional de Transferencia y Extensión은 지속 가능한 농촌 개발 지원(PROFEDER) 등 INTA의 지역 센터의 의해 실행된 전략과 결과를 인도할 책임이 있다.

03 국립 농업 기술 연구소(INTA)의 2000년 이후 기구 현황

2000년 초, 법률 25.641는 설립 법에 의해 INTA에 부여 된 권한을 복원시켰다. 현재, INTA는 농업과 목축업, 농업과 공업, 농업과 산업의 부문에서 중요한 역할을 하고 있다. 연구와 개발은 국가의 모든 지역의 요구를 충족하기 위해 장기적인 비전을 배포하는 기관 전략 계획(IEP)에서 구현되는 작업의 중심이다. INTA가 공공 및 민간 부문의 다양한 기관들이나 단체들과 맺은 국가 및 국제 협약은 전국의 지속 가능한 지역 개발을 강화하기 위하여 가치 사슬의 참여의 증가와 성장을 가능하게 한다. INTA는 주목 받을만한 가치가 있는 사회부문에 참여할 필요성과 생산자가 있는 글로벌 농업 기술의 선두 기관이다. 따라서 국가의 환경적 지속 가능성을 우선순위로 하여 경쟁력을 가지기 위하여 계획을 수립한다.

04 라틴아메리카 환경기구로서 'INTA'의 중요성 및 영향력 분석

INTA는 1956년에 설립된 아르헨티나 정부 기관으로 운영 및 재정적으로 자립된 농업과 목축업, 농업과 공업, 농업과 산업의 부문에서 중요한 역할을 하는 농업 기술 연구소이다. 이들의 연구 결과는 아르헨티나가 국제시장과 지역시장에서 높은 부가가치 서비스와 상품에 접근 할 수 있는 기회와 가능성을 얻을 수 있도록 도와준다. 또한 농촌지역, 도시와 교외의 구성원의 혁신 역량의 개발을 위한 정보 교환 및 기술 지원을 도와주며 미래 세대를 위하여 환경 보전과 농업생산자의 경쟁력을 기르기 위한 기구이다.

또한, INTA는 많은 공공 및 민간 부문의 다양한 기관들이나 단체들과 국가 및 국제 협약을 맺고 있으며 이는 국가의 환경적 지속 가능성을 우선순위로 하여 경쟁력을 가지기 위하여 계획을 수립함으로, 주목받을만한 글로벌 농업 기술의 선두 기관이라 할 수 있다.

[콜롬비아] Alexander von Humboldt 생물학연구소 (Institute for Research on Biological Resources Colombia)

정재호(한국외대 국제지역대학원)

<그림 1> 홈페이지: http://www.humboldt.org.co/

01 Alexander von Humboldt 생물학연구소란?

Alexander von Humboldt 생물학연구소는 National Environmental System (Sina) 부속 기관으로 생물다양성 연구를 목적으로 1993년에 설립되었다. 동 연구소는 민간이 운영하는 비영리 연구소이며, 환경 및 지속 가능한 발전에 관한 정부부처 (Ministry of Environment and Sustainable Development)와 연계되어 있다. 동 연구소는 주로 콜롬비아 생물다양성을 과학적으로 조사하고 있으며, 유전자 자원에 대한 연구도 병행하고 있다. 덧붙여, 국가 차원의 생물다양성에 관한 정보 및 인벤토리 구축에 힘을 쓰고 있다.

02 Alexander von Humboldt 생물학연구소의 목적 및 역할

동 연구소는 콜롬비아 국민의 삶의 질 향상을 위해 생물다양성의 지속가능한 발전 및 보전에 기여하며, 이를 위해 과학적 연구의 증진과 협력에 매진하고 있다. 이는 생물다양성에 대한 연구야말로 인간의 건강과 발전에 있어 매우 필수적인 요소이기 때문이다. 덧붙여, 생태계가 기후, 수자원, 영양분, 재생 능력 그리고 질병 확산 등을 조절하여 언제나 정상상태를 유지할 수 있도록 한다. 따라서 동 연구소는 콜롬비아의 생물다양성에 관한 평가를 위해 필요한 조사를 수행하며, 위 주제와 관련하여 중요한 결정사항에 직접 참여하고 있다.

03 Alexander von Humboldt 생물학연구소의 6가지 원칙

① 생명보존(Affirmation of life)

생물다양성의 내재된 가치를 인식하고, 그들의 생명을 보존하기 위해 노력함

② 협력(Cooperation)

다른 기관과 공동으로 생물다양성의 지식과 연구를 강화하며, 그 결과는 서로 교환함

③ 기술 및 과학적 기준 제공(Technical and scientific criteria)

정책 입안 및 생물다양성 관련 의사 결정을 위한 기술 및 과학적 기준을 제공함

④ 선행 연구의 존중과 통합(Recognition and integration of know-how)

기존 선행된 연구의 다양한 결과를 존중하며, 이를 바탕으로 생물다양성에 관한 정보 제공과 보전 그리고 지속가능한 사용을 위해 기존 지식을 통합함

⑤ 문화적 다양성 존중(Recognition of cultural diversity)

생물다양성 관리와 활용 및 인식에 관한 다른 문화를 인정하고 존중함

⑥ 주의사항 준수(Principle of precaution)

연구 발제 및 개발 중 생물다양성에 위험요소로 작용하는 요소들

을 예방하고자 정립한 주의사항은 반드시 준수해야함

04 라틴아메리카 환경기구로서 "Alexander von Humboldt 생물학연구소" 중요성 및 영향력 분석

콜롬비아의 생물다양성 연구를 주요 목적으로 설립된 동 연구소는 다양한 활동을 통해 라틴아메리카 내 중요한 환경기구로서 점점 입지를 강화하고 있다. 특히 다양한 하위기관과 프로젝트 등을 통해 그 영향력을 확대하고 있다. 과학부속사무소(Subdirección Científica) 또는 특수프로젝트 및 과학서비스에 관한 부속사무소(Subdirección Servicios Científicos y Proyectos Especiales) 등을 통해 생물다양성 보존과 연구 혹은 환경 위험요소의 해결 등 많은 부분에 영향력을 행사하고 있다. 현재까지 실행된 주요 프로젝트로는 ① 콜롬비아의 유전자 자원 및 파생상품 접근을 위한 정책 제안 ② 숲에서 발생하는 안개현상에 관한 연구 ③ 콜롬비아 국영석유회사(ECOPETROL) 활동 지역의 생물다양성 보전을 위한 계획 등이 있으며, 최근에는 생물다양성 주제 뿐 아니라 기후변화나 가뭄에 관한 프로젝트도 진행 중이다.

[콜롬비아] 수질, 기상, 환경문제 연구소(IDEAM)

박정은(한국외대 국제지역대학원)

<그림 1> 홈페이지: http://institucional.ideam.gov.co/

01 수질, 기상, 환경문제 연구소(IDEAM)란?

수질, 기상, 환경문제 연구소(Instituto de Hidrología, Meteorología y Estudios Ambientales: IDEAM)는 콜롬비아의 환경과 지속가능한 개발을 위한 부서의 정부 부속기관으로 1995년부터 활동을 시작하였다. 콜롬비아의 환경에 대한 과학적, 기술적 정보를 연구하고 관리하는 역할뿐 아니라 콜롬비아의 기후와 관련한 기상학 기관으로서의 책임도 맡고 있다. 특히 기후변화로 인한 엘니뇨, 라니냐 현상, 콜롬비아 내 기후변화에 대한 정보를 분석하고 그에 따른 비상체계를 구축할 수 있도록 한다. 그 외, 수질학, 수리지질학, 기상학, 지리학, 생물물리학, 지형학적 부분에 대한 정보와 국가의 자원의 보호와 사용을 향상시키기 위한 초목관리와 토지에 대한 정보를 수집, 관리, 생산, 배포하는 역할도 하고 있다.

02 수질, 기상, 환경문제 연구소(IDEAM)의 사명

① 환경부와 그 외 국가 환경 시스템(SINA)의 기관들이 요구하는 환경과 관련한 지식, 데이터, 정보를 제공한다.

② 국가의 환경자산을 구성하는 환경시스템과 관련한 과학기술정보를 관리하고 향상시킨다.

③ 토지환경 관리와 계획을 위해서 국토의 사용을 위한 지역을 지정하고 분류하기 위한 기술 기반을 구축한다.

④ 국가의 자원의 관리하고 이용하기 위해 수질학, 수질지리학, 기상학, 지리학에 관련한 기본 정보 관리, 저장, 분석, 연구, 처리, 분배한다.

⑤ 지역사회에 정보제공, 예측, 경고 및 자문서비스를 제공하기 위하여 국가의 해양, 기상학, 갯벌 인프라를 구축한다.

⑥ 오염 및 성능 저하와 관련한 국가 생물물리학적 차원에서, 또한 환경 행정당국의 의사결정에 필요하기 때문에 자원의 관리를 지속적으로 실행한다.

03 수질, 기상, 환경문제 연구소(IDEAM)의 비전

모든 콜롬비아 국민들과 세계시민들, 국가, 지역의 행정당국, 생산부문에 수질기상학적, 해양학적, 환경학적 정보를 제공하며 지속가능한 발전, 환경시스템의 보존과 국가 토양에 대한 위험을 줄일 수 있는 시의적절하고 신뢰할 수 있는 결정을 내릴 수 있도록 돕는 것을 목적으로 한다.

04 라틴아메리카 환경기구로서 'IDEAM'의 중요성 및 영향력 분석

IDEAM은 환경과 지속가능한 발전을 위한 부서의 정부 부속기관으로 콜롬비아 기상청으로서의 역할도 하고 있다. 특히 기후변화와 관련한 연구를 적극적으로 진행하며 콜롬비아 기후예측과 그에 대한 대응을 컨퍼런스를 통해 발표하기도 하였다. 이 컨퍼런스에서는 IDEAM이 2년 넘게 연구해온 결과가 '새로운 시나리오: 콜롬비아의 기후변화2011-2100'라는 제목으로 발표되었다. IDEAM은 이에 따른 지역별 대응을 요구했으며 콜롬비아 환경부는 이 연구가 기후변화에 대한 대응능력을 키우고 효율적 위험관리를 위한 계획에 착수하는데 중요한 시발점이 될 것이라고 강조하였다.

기후변화에 따른 환경문제가 국제적 이슈로 부각되고 글로벌 사회의 협력이 요구되는 분야인 만큼 IDEAM의 역할은 콜롬비아 내의 기후문제를 다루는 데 그치지 않고 국제사회의 다양한 행위자들과 지식을 공유하여 국제적 협력관계를 형성하는 데 중요한 역할을 할 것으로 기대된다.

[콜롬비아]
환경 교육과 방지 기관(OpEPA)

정재호(한국외대 국제지역대학원)

<그림 1> 홈페이지: http://www.opepa.org/

01 환경 교육과 방지 기관(OpEPA)이란?

환경 교육과 방지 기관(Organizción para la Educación y Protección Ambiental: OpEPA)은 콜롬비아 내 비영리 단체로, 아이들을 자연이나 환경 관련 행사에 연결시켜주는 역할을 수행한다. 이를 통해 이들이 환경에 관심을 갖고, 미래 콜롬비아의 지속가능한 환경 발전에 중요한 역할을 수행할 것을 기대한다.

동 기관의 교육은 생태적, 사회적, 경제적 그리고 문화적 관점이 통합되어 있으며, 위 과정을 통해 환경 보존에 관한 행동양식과 태도를 배울 수 있다. 또한, 동 기관은 환경에 관련한 특별 프로젝트 및 캠페인을 추진한다. 이는 생물다양성에 대한 아이들의 즐거움과 이해도를 높이고, 보존의 필요성을 인지하게 하는 데 그 목적을 둔다.

02 환경 교육과 방지 기관(OpEPA) 내 진행 중인 프로그램

① 야외 체험학습

동 기관은 오랜 기간에 걸쳐 광범위한 야외 체험학습 프로그램을 진행하고 있다. 현재까지 약 2만 명의 아이들이 위 프로그램에 참가했다. 이들은 직접적인 교감과 경험을 통해 환경과 인간의 관계를 성찰할 수 있는 기회를 갖는다. 동 야외 체험학습 프로그램은 아이들의 나이와 지역 그리고 세부 목적에 따라 다양하게 구성되고 있다.

② 환경동아리(Ecoclub) 운영

동 기관은 콜롬비아 국제 환경동아리(Ecoclub) 활동을 적극 장려한다. 위 동아리는 콜롬비아 내 모든 아이들이 참여할 수 있으며, 환경 관련 활동을 통해 각 지역 삶의 질 향상에 관한 일반적인 임무를 수행하고 있다. 동 기관은 2006년부터 전국에 약 20개의 환경동아리를 설립했고, 지속적으로 모니터링하고 있다. 동 기관은 미래에 아이들이 환경 변화를 이끄는 활동가 또는 정책가가 될 수 있도록 노력하고 있다.

③ 자연보호 홍보 캠페인

동 기관은 자연환경 보존에 관한 개개인의 책임을 일깨우기 위해 노력한다. 이는 교육 사업, 학문 및 예술의 융합, 그리고 출판 등을 통한 캠페인으로 나타난다. 주로 콜롬비아에서 여러 캠페인을 진행 중이며, 최근에는 콜로라도에서 "미국 내 코카인 소비를 줄이기 위한 방법"에 대한 주제로 캠페인을 개최했다.

03 환경 교육과 방지 기관(OpEPA)가 추구하는 가치

동 기관은 아래에 명시된 가치 형성을 바탕으로 효과적인 학습 프로그램을 제시할 수 있다고 생각한다.

① 지역 사회 삶의 질 개선
② 정직하고 투명한 활동
③ 통합적인 관점에서 바라보는 인간과 자연의 관계
④ 미래 세대의 삶의 질 향상을 이끄는 대안 기술 존재
⑤ 자신의 행동에 대한 책임
⑥ 비폭력적이며 긍정적인 활동

04 환경 교육과 방지 기관(OpEPA) 강사 조건

동 기관의 강사는 야외활동과 교육에 전문 경험이 풍부한 전문가로 구성된다. 이들은 미국 야생의료 훈련 단체(Wilderness Medicine Institute)에서 응급 처치 교육을 받는다. 이 외에도 아래와 같은 조건을 만족해야 동 기관의 강사가 될 수 있다.

① 그룹 관리 및 야외 교육 체험을 제공할 수 있는 능력
② 환경 조사 및 보존에 관한 전문적인 경험 보유
③ 체험 교육과 같은 다양한 프로그램에 관한 전문적인 경험 보유
④ National Outdoor Leadership School(USA)의 인증 필요
⑤ 고급 응급 처치에 관해 콜롬비아 적십자사 또는 Wilderness Medicine Institute of National Outdoor Leadership School의 인증 필요

[코스타리카] 국립생물다양성연구소(INBio)

강민욱(한국외대 국제지역대학원)

<그림 1> 홈페이지: https://www.inbio.ac.cr

INBio
Instituto Nacional
de Biodiversidad

01 국립생물다양성연구소(INBio)란?

코스타리카의 국립 생물다양성 연구소(Instituto Nacional de Biodiversidad: INBio)는 생물다양성과 환경보전을 위한 국가 기관이다. 1980년대 말에 설립되었으며, 비록 국가 기관이지만, 별도로 국가 안팎의 다양한 정부, 대학, 기업 부문 및 여타 공공단체와 민간 기업들과도 긴밀한 협력관계를 유지하여 왔다. INBio의 목적은 코스타리카의 천혜의 생태자원을 완벽히 데이터베이스화하고, 생태계 보존 활동을 장려하며, 의약품이나 화장품 혹은 그 외 다른 산업 분야에서 활용될 수 있는 생물체의 화학 물질과 유전 형질 등을 규명하는 데에 있다.

연구소는 수만 가지의 곤충류들로 대표되는 300만 종 이상의 생물종의 정확한 서식지(GPS좌표를 포함하여), 수집일, 수집자와 수집일 등의 데이터베이스를 'Atta'에 기록하고 있다.

02 국립생물다양성연구소(INBio)의 구성

INBio는 생물자원탐사부(Bio-prospecting), INBioparque, INBio 편집부(editoral) 와 같이 다양한 산하기관으로 구성되어 있으며, 연구대상 역시 절지동물류, 균사류 및 식물류 등 다양한 분야에 걸쳐 있다. 생물자원탐사부는 채취된 견본으로부터 유용한 물질을 찾아내는 일을 담당하는 부서이다. INBio는 Merck, Bristol-Myer Squibb와 University of Messachusetts Amherst 등의 기관과도 협력 관계를 맺고 있다.

INBioparque는 San Jose 시내로부터 북동쪽으로 불과 85km 떨어져 있는 Heredia주 Santo Domingo 내에 위치한 국립공원이다. 이곳에서 이루어지는 연구 프로그램은 알거미과 연구에서부터 중앙아메리카 지역에서 지금까지 알려진 파리의 종속을 집대성하여 책으로 편찬하는 것까지에 이르고 있다. 지금까지 이렇게 다양한 생물다양성을 보유한 열대 지역에서 이러한 프로젝트들이 수행되었던 적은 없었다.

03 국립생물다양성연구소(INBio)의 연구분야

INBio의 주요 사업은 다음과 같다.

① 데이터베이스의 구축과 감시: INBio는 코스타리카의 생물다양성과 생태계에 대한 정보 데이터베이스를 구축하고 있다. 연구소는 현재 절지동물류, 식물류, 균사류 및 연체동물류를 포함한 300만 종 이상에 달하는 생물종을 식별하였고 이를 데이터베이스화하였다. 또한, 코스타리카의 다양한 생태계에 대한 정보들 역시 데이터베이스화되어 있다.

② 생태계 보존: INBio에 의하여 구성된 정보들을 정책결정과정에 반영함으로써, 공공 및 민간부문에서 생물다양성을 보존하고 지속 가능하게 활용할 수 있는 방안을 모색한다. INBio는 SINAC(Sistema de Areas de Conservacion)과 긴밀한 협업 관계를 유지하고 있으며, 국가 지정 보호구역의 보존 문제에서의 전략적 파트너로서의 역할도 수행하고 있다.

③ 커뮤니케이션 및 교육: INBio는 보유하고 있는 생물다양성에

대한 정보와 연구들을 생물다양성에 대하여 폭넓은 지식을 얻고자 하는 공공 부문들에게 공유하고 있다. 이러한 노력들의 대부분은 주로 일반 시민들 및 방문객들에게 코스타리카의 자연을 더욱 친숙하게 접할 수 있도록 할 목적으로 2000년에 개관한 INBioparque에 집중되어 있다. 또한 의사결정 및 행위 단계에서의 환경적 요소들을 강조하는 방법 역시도 강구하고 있다.

④ 생물정보기술(Bioinformatics): INBio는 생물다양성 정보의 창출, 조정, 분석 및 보급 과정을 지원하기 위한 기술 도구들을 개발하고 응용하고 있다. 각각의 생물종에 대한 정보 데이터베이스는 INBio의 웹페이지를 통해 제공되는 Atta를 통해 제공되고 있다.

⑤ 생물자원탐사(Bioprospecting): INBio는 또한 생물다양성 자원의 지속가능하며 상업적인 적당한 사용처를 모색한다. INBio는 식물류, 곤충류, 해양 생물 및 미생물을 통해 얻을 수 있는 화학 물질, 유전자와 같은 생태자원을 의약업계, 생명 공학, 화장품 산업, 영양과 농업 산업에 활용하기 위한 연구 계약을 수립하는 데에 있어서 선구자적인 역할을 수행해왔다.

04 라틴아메리카 환경기구로서 'INBio'의 중요성 및 영향력 분석

INBio의 활동이 비록 국가전략에 의해 주도되기는 하지만, INBio는 생태계 보존과 발전을 병립시키고자 하는 국제적 노력에 일조하고 있다. 생태 관광, 의학, 농업 또는 환경서비스에 소요되는 비용 메커니즘의 발전과 같은 경제활동에 대하여 생물다양성 분야의 과학적 지식을 응용하는 것은, 국제 사회의 관심을 이끌어 낼 수 있는 하나의 활동 사례로 평가되고 있다.

[코스타리카]
열대지방 연구기구(OTS)

최다미(한국외대 국제지역대학원)

<그림 1> 홈페이지: http://www.ots.ac.cr/

01 열대지방 연구기구(OTS)란?

열대지방 연구기구(Organization for Tropical Studies: OTS)는 라틴아메리카와 미국, 호주의 63개 대학과 연구 기관의 비영리 컨소시엄으로 1960년대 초반 열대지방의 생태학에 대한 교육과 연구를 강화하기 위하여 미국의 여러 대학이 코스타리카 대학(Universidad de Costa Rica)의 교수 및 연구자들과 협력관계를 맺으면서 시작되었다. 그 결과 1963년 OTS가 설립되었으며, 열대지방의 연구와 교육을 선도하고 천연자원의 책임 있는 사용을 이끌어가고자 한다.

02 열대지방 연구기구(OTS)의 미션 및 비전

전략적 목표(Plan Estratégico): 교육과 관련한 폭 넓고 다양한 기회를 제공하여 그에 대한 기여도를 향상시킨다. 다음 세대의 과학자, 연구자, 정책입안자들을 대상으로 하는 교육을 통해 제도적 역량을 계발하여 열대지방에 대한 연구를 강화한다. 열대지방 연구를 개척하여 이에 대한 혁신적인 연구를 촉진할 수 있도록 한다.

03 라틴아메리카 환경기구로서 'OTS'의 중요성 및 영향력 분석

OTS는 코스타리카에 연구소 세 곳이 있으며, 각 지역에서 중요한 역할을 하고 있다.

① 열대우림 생태 실험소(La Selva Biological Station)는 브라울리오 카리요 국립공원(Braulio Carrillo National Park)의 북쪽에 위치한 캐리비안 저지대에 자리하고 있으며 국제적으로 열대우림지역 연구의 주요한 거점으로 인정받고 있다.

② 빨로 베르데 생태 실험소(Palo Verde Biological Station)는 태평양 저지대의 북서쪽에 위치한 빨로 베르데 국립공원의 중심에 위치하고 있으며 구과식물의 건조림과 담수성 습지, 넓은 지역의 습지로 유명하다.

③ 라스 크루스 생태 실험소(Las Cruces Biological Station) & 윌슨 수목원은 코스타리카 태평양 경사지의 남쪽에 위치하며 야자과, 브로멜리아드와 멸종위기의 식물들로 알려진 곳이다. 또한 라스 크루스 지역은 생물권 보전지역의 일부로 포함되어 있다.

이러한 연구소를 통해, OET는 열대 생태학과 삼림 생태계의 연구에 큰 영향을 주었으며 25개국의 300명이 넘는 과학자들이 참여하고 있다. 또한 교육과 연구의 주요 역할이 확대되면서 방문하는 지역 학생들과 방문객들에게도 자연 역사에 대해 학습할 수 있는 기회를 제공할 수 있게 되어 있다.

[볼리비아]
야생동물 치료기관(CIWY)

강민욱(한국외대 국제지역대학원)

<그림 1> 홈페이지: http://www.intiwarayassi.org

01 야생동물 치료기관(CIWY)이란?

야생동물 치료기관(Comunidad Inti Wara Yassi: CIWY)은 질병을 앓거나, 학대를 당하거나 혹은 버려진 야생동물의 치료와 환경교육에 전념하고 있는 비정부기구이다. CIWY는 볼리비아에 설립되어 운영되고 있는데, 공간적인 한계가 있음에도 불구하고 볼리비아 내에서 구조된 모든 야생동물들의 최종 종착지가 되고 있다. 이 기구는 또한 환경활동 및 교육의 역할도 수행하고 있는데, 그 내용은 특히 야생동물의 권리와 보존에 집중되어 있다. 기구의 이름은 태양, 별, 달을 각각 뜻하는 3종의 원주민 언어; 께추아어, 아이마라어 및 치리과노 과라니어로 구성되어 있다.

Comunidad Inti Wara Yassi는 합법적인 기구로서 젊은 전문 인력들과 볼리비아 국적의 자원봉사자들뿐만 아니라, 전 세계에 걸친 국제적 자원봉사자들과도 팀을 구성하고 있다. 최소 2주 이상 머무르는 자원봉사자들은 동물들을 돌보고, 사육장을 새로 짓거나 청소하고 먹이를 준비한다.

이 기구는 1992년에 창설되었으며 국가적으로 인정받는 환경운동의 원동력이 되었다. 초기에 CIWY는 고아와 빈곤층 자녀들과 일을 했는데, 그들의 자기계발을 지원하고 일반인들에 대하여 자연 보존과 생물다양성 존중의 중요성을 제기하는 등의 다양한 참여활동을 통해 기구의 정체성을 확립해 나갔다.

수년 후 CIWY는 야생동물들의 권리가 존중되지 않은 채 수많은 종의 동물들이 불법 밀매되는 실태를 밝히고 비판하였다. 웹사이트를 통해, 기구는 관련 법 조항이 있음에도 불구하고 당국이 이러한 문제에 대하여 무관심한 점에 책임감을 느끼고, 피해를 입은 야생동물들에게 새로운 삶의 기회를 주고자 한다. 1996년에 이르러 CIWY는 야생동물 관리 시스템 구축과 현장 외 보존사업 촉진 분야에 있어 명실공히 선구자적 위상을 갖게 되었다.

CIWY는 현재 Machía(Cochabamba), Ambue Ari(Santa Cruz)와 Jacj Cuisi(La Paz 북부)의 3개 공원을 운영하고 있으며, 이는 야생동물 보호센터로 활용되고 있다.

02 야생동물 치료기관(CIWY)의 주요활동

야생동물 구조 및 관리(Wildlife Rescue & Care): CIWY의 주요 관심사는 야생동물의 밀매이며, 기구는 이러한 행태를 근절하기 위해 노력하고 그 과정에서 피해를 입은 동물들에게 피난처를 제공하고 있다.

야생 방사(Rehabilitation): 수년간의 꾸준한 노력으로, CIWY는 Parque Machia와 Ambue Ari등을 통하여 수많은 종의 야생동물들을 야생으로 돌려보내는 방사 과정을 관리하여 왔다. 야생동물 밀매의 증가와 그들의 서식지 감소로 인하여, 야생동물 방사 활동이 일시적으로 중단되었으며, 이에 기구는 주로 새로운 법과 규제의 준수를 보장하고, 야생동물 방사 프로그램들을 개선하고, 적절한 방사 지역을 찾고자 한다. 이러한 목적을 위해서 이들은 다음과 같은 일을 하고 있다.

① 적절한 인프라를 구축하고 필요한 임상실험을 수행하기 위한 자금의 조달

② 현재의 직원들과 함께 일할 전문적이고 경험이 풍부한 직원의 채용.

③ 국가적, 국제적 차원에서의 법과 규제를 완벽하게 준수.

환경 교육(Environmental Education): CIWY는 설립 초기부터 환경 문제에 대한 대중적 인식을 제고하기 위하여 비공식 교육 프로그램들을 수행해 오고 있으며, 특히 최근에는 야생동물 밀매에 초점을 맞추고 있다.

① 야생동물에 대한 교육
② Roots & Shoots Programs

지역사회 봉사활동(Community Outreach): 기구는 정보 부스를 설치하거나 조직 활동에 대한 공청회를 개최하는 등의 행사를 주관하고 있다. 또한 야생동물 보존과 보호를 슬로건으로 하는 가두시위에 참석하고, 신문에 전면광고도 내고 있다.

03 야생동물 치료기관(CIWY)의 목적

수십년간의 조직 활동과 다양한 동물군 관찰을 통하여, CIWY는 동물 생태와 적절한 관리 방식에 대한 지식을 축적하여 왔다. 이들은 현재 이러한 지식들을 과학계와 공유하고자 한다.

① 현장 외 야생동물들의 행태에 대한 연구 전반에 기여.
② 종자의 확산과 재조림에 있어서 이러한 야생종들의 중요성 제시.
③ 생물학, 생태학 및 수의학 분야의 전문가 양성에 도움 제공.
④ CIWY 센터에서의 전문 학술인력의 논문 작성과 인턴십 수행을 장려.

04 라틴아메리카 환경기구로서 'CIWY'의 중요성 및 영향력 분석

대부분의 라틴아메리카 국가들에서 저발전의 문제가 가장 시급한 현안인 상황에서, 환경 문제에 있어서는 현실적으로 불가능하거나 제한된 정부 혹은 공식 부문의 노력보다는 비정부기구의 활동이 더욱 강조되고 있다. 이와 같은 맥락에서 CIWY의 주요 활동 및 목적은 환경 영역에서 요구되는 비정부기구로서의 역할을 충분히 수행하고 있다고 할 수 있다.

그러나 또 한편으로, 최근의 활동 내역이 두드러지게 확인되고 있지 않다는 점에서 '비정부기구'로서의 한계 역시 명확하다고 볼 수 있다. 기부로 운영되는 비정부기구의 특성상 야기되는 재정 문제는 많은 한계점 중에서도 매우 심각한 문제일 것이다. 또한 이들 기구들의 활동이 사회의 문제인식 환기 혹은 사회 전반적인 합의 등을 도출해내지 못하고 자원봉사 및 개인구호활동에 머물러 있다는 점 역시 한계점으로 지적될 수 있을 것이다.

[볼리비아] 임업 및 농목업 기술청(INIAF)

강성지(한국외대 국제지역대학원)

<그림 1> 홈페이지: http://www.iniaf.gob.bo/index.php/es/

01 임업 및 농목업 기술청(INIAF)이란?

볼리비아 임업 및 농목업 기술청은 농촌지구개발부의 지지 하에 2008년 6월 25일 D.S. No 29611을 통해 설립된 행정 재정 법정 기술적관리경영 공법 자치체와 자체 사법인을 두고 있으며, 자체 고유 자산으로 운영되는 지방 분권화된 기관으로 연구, 혁신, 기술원조의 절차를 관리 및 실행하고, 종자생산, 재이용, 관련지식의 보급 및 유전자원 기술·관리를 지원하는 등 여러 가지 역할을 수행하고 있다.

02 임업 및 농목업 기술청(INIAF)의 사명

최고권위 각령 29611의 틀 안에서, 볼리비아 임업 및 농목업 기술청은 "볼리비아 임업 및 농목업 시스템으로부터 관할권 및 통할권을 지니는 자치기관이며, 국가 재산으로써 지식적 담화의 테두리 안에서 사회적 참여, 농업생물다양성의 유전자원 관리, 식량안전 및 식량주권보장에 기여하고자 하는 목적으로 임업 및 농목업에 관한 기술을 개발하고 방침을 정립하며 공적 정책을 수행하는 역할을 한다.

03 임업 및 농목업 기술청(INIAF)의 비전

INIAF는 임업 및 농목업 생산자와 볼리비아 사회 전체를 위하여 기술개발의 생산 및 발전, 공적 정책 및 지식 관리, 접근 가능한 양질의 서비스 공급을 위해, 강화되고 조직화된 운영 모델을 통하여 임업 및 농목업 기술개발에 있어서 국내 및 국제적으로 관련되어 있다.

04 라틴아메리카 환경기구로서 'INIAF'의 중요성 및 영향력 분석

INIAF는 볼리비아 임업 및 농목업 시스템으로부터 관할권 및 통할권을 지니는 자치기관으로써 임업 및 농목업에 관한 기술을 개발하고 방침·정책을 수행한다.

안데스지역에서 중요한 곡물중 하나인 끼누아는 볼리비아는 물론 국제적으로 중요한 식물자원이다. 요즘 전 세계적으로 그에 대한 수요가 증가하는데 발맞추어 INIAF는 끼누아 종자의 다양한 생태형의 특성을 분석하는 등 활발한 기술개발 활동을 펼치고 있다. 이러한 활동은 끼누아 농업생태계의 전반적인 관리를 위한 기술을 개발하려는 노력을 보여준다.

UN이 2000년 채택한 밀레니엄 선언은 인류가 직면한 전쟁과 평화, 건강과 질병, 부유함과 가난함의 문제를 살펴보고 인간이 살아갈 수 있는 환경을 개선하기 위한 일련의 과제를 제기했었다. 극단적 빈곤과 질병, 결핍을 줄이기 위한 8개항의 밀레니엄 개발목표(MDGs)는 '극단적 빈곤과 기아의 퇴치'로 시작한다. 이런 MDGs와 관련하여 볼 때, INIAF의 역할과 수행하는 활동의 중요성은 더더욱 의심의 여지가 없다고 할 수 있다.

[칠레]
환경기술교육센터(IDMA)

최다혜(한국외대 국제지역대학원)

<그림 1> 홈페이지: http://www.idma.cl

01 환경기술교육센터(IDMA)란?

칠레의 환경기술 교육센터인 IDMA는 칠레의 환경기술 교육을 담당하는 첫 번째 기관으로서, 지속 가능한 사회에 공헌하기 위해 환경과 지구에 대한 관심을 바탕으로 고등 교육에 대한 대안으로 부상하며 1996년에 설립되었다. 교육부에서 인정을 받은 이후에는, 2005년에 주 감독 없이 독립적으로 학위를 수여 할 수 있는 자치단체로 인정을 받았다.

02 환경기술교육센터(IDMA)의 임무

전문적인 단체인 IDMA는 환경기술 분야의 전문가들과 뛰어난 학술 우수성을 가진 학생들을 포함하여 행동 전략을 수행해왔다. 따라서 연구소의 설립 이후에는 환경 관리, 생태 관광, 유기 농업, 건강, 신재생 에너지 및 에너지 효율성 등의 분야에서 처음으로 환경 기술을 형성하고 있다. 또한, 해당 기관 개발 지역을 통해 연구소는 전문가와 공공 및 민간 기업에 대한 교육을 실행하고 노동자, 기술자, 전문가 및 관리자를 위한 교육 과정을 개발한다. 또한, 환경 관련 모든 종류의 프로젝트들을 실행하고, 실험 결과들을 분석하며, 환경 자문 및 컨설팅을 제공한다.

03 환경기술교육센터(IDMA)의 미션 및 비전

IDMA의 꿈은, 즉, 비전은 "환경 분야에서 국가 범위와 고등 교육의 네트워크가 되는 것"이다. 그리고 IDMA는 이를 지속적으로 구축하고 있다. 2005년은 자치를 취득하고 2010년 12월에는 칠레의 국가 인증위원회에서 IDMA에 2013년 12월 1일까지 인증을 부여했다. 이러한 인증은 IDMA의 업무와 질을 제도적으로 보증하는 것이다. IDMA의 사명, 즉, 정체성은 "칠레의 지속 가능한 발전에 기여하여 노동 시장에서 요구하는 기술을 개발하기 위해 종합적인 교육 프로젝트를 통해 환경 전문가가 되는 것" 이다.

04 환경기술교육센터(IDMA) 목적

IDMA는 환경 전문가를 양성하기 위한 임무를 수행하기 위해 설립되었다. 자세하게는, 모집 및 개발 전문가들이 학생들에게 필요한 기술 교육을 하고, 품질 보증을 위한 정책과 효과적인 메커니즘을 가지고 할 수 있는 선택 정책을 구현하는 것이다. 또한, 각 개인에게 사회적 책임의 중요성을 부각시키면서 윤리적 사고방식과 현실참여의 중요성을 가르치는 것이다. 2005년 자치단체로 인정받은 이후부터는 IDMA연구소는 자신의 학생들에게 우수한 서비스를 제공하기 위해 더 나은 결정을 내릴 내부 관리 프로세스를 지속적으로 발전시켜 왔다. 이러한 목적들이 잘 실현되기 위해서 2006년부터 2016년에 걸친 전략계획을 세웠다.

05 환경기술교육센터(IDMA) 교육 프로젝트

IDMA 교육 프로젝트는 명확하게 명시된 사명과 높은 환경 의식을 갖추어 기술교육을 증진시키는 것을 기반으로 한다. 교육 모델은 교육의 효율성을 보장하기 위해 체험 방법을 고려하여 경험에서 학습을 이끌어내는 "aprendizaje-enseñanza"로 정한다.

06 라틴아메리카 환경기구로서 'IDMA'의 중요성 및 영향력 분석

IDMA는 1996년에 설립된 칠레의 환경 기술 교육을 담당하는 가장 중요한 기관으로서, 환경기술 분야의 전문가들과 뛰어난 학생들을 포함하고 있다. 이들은 노동자, 기술자, 전문가 및 관리자를 위한 교육과정을 개발하여 노동 시장에서 요구하는 기술을 개발하기 위해 종합적인 교육 프로젝트를 통하여 환경 전문가를 양성한다.

칠레의 자치단체중의 하나로서, 나아가 라틴아메리카의 환경 전문가를 만들어내는 교육 기관으로서, 지속 가능한 사회에 공헌하기 위한 환경과 지구에 대한 관심을 바탕으로 세워진 중요한 기관이다.

[파라과이] 생물다양성연구소(Guyra)

정재호(한국외대 국제지역대학원)

<그림 1> 홈페이지: http://www.guyra.org.py/

01 생물다양성연구소(Guyra Paraguay)란?

파라과이의 생물다양성연구소(Guyra Paraguay)는 해당 국가의 생물다양성을 보호하고, 이에 긍정적 또는 부정적 영향을 미치는 인간의 여러 가지 활동을 연구하기 위해 1997년 11월 20일 설립된 비영리민간단체이다. 동 연구소는 후손들에게 파라과이에 존재하고 있는 풍부한 생물다양성과 자연자원을 알리고 전달하기 위해 미래지향적인 태도로 다방면에서 노력하고 있다. 또한, 연구소 자체의 연구계획 및 프로젝트 뿐 아니라, 파라과이의 일반시민과 환경단체 등의 적극적인 참여를 유도함으로써 동 주제에 대한 사회적 인식을 확대하는데 힘을 쏟고 있다.

02 생물다양성연구소(Guyra Paraguay)의 임무

동 연구소의 가장 큰 임무는 파라과이 내 생물다양성을 유지하는 것으로, 이에 주로 환경 친화적인 방법을 연구하고 실행하고 있다. 이미 파라과이 내에선 생물다양성 분야 전문 기관으로 인정받고 있으며, 유지 및 보호에 관해선 마치 하나의 지침서와 같은 역할을 수행하기도 한다. 한편, 생물다양성에 관한 많은 분야 중 동 연구소는 조류연구에 더욱 적극적인 모습을 보이고 있다.

03 생물다양성연구소(Guyra Paraguay)의 사회적 원칙

동 연구소는 환경 친화적인 개발을 촉진시키는 것이야말로 인간

삶의 질을 궁극적으로 향상시키는 척도라 믿는다. 이 때문에 동 연구소 내 임·직원 및 회원 등 모든 구성원이 환경 문제에 관해서는 윤리적, 전문적 그리고 질적으로 우수한 원리원칙을 지키도록 유도하고 있다. 덧붙여, 동 연구소는 기타 환경기관 및 단체와의 협업 역시 중요한 원칙으로 강조하고 있다. 협업이야말로 생물다양성 유지 및 보호를 달성하는데 있어 필수불가결한 요소라 생각한다. 또한, 모든 업무 과정 시 항상 시기적절하고, 과학적이고, 투명한 방법을 통해 진행할 것을 강조한다.

04 라틴아메리카 환경기구로서 "Guyra Paraguay"의 중요성 및 영향력 분석

라틴아메리카 환경기구로서 동 연구소의 중요성과 영향력은 점점 커지고 있다. 특히, 조류 분야에서만큼은 수준 높은 연구 결과를 지속적으로 보여주고 있다. 동 연구소는 2008년부터 매년 그간의 활동을 담은 전문연구 보고서를 지속적으로 발간하고 있으며, 홈페이지 내 환경뉴스라는 섹션을 통해 대중에게 지속적으로 환경에 관한 정보를 제공하고 있다. 파라과이 열대우림 보존기금(Fondo de conservacion de Bosques Tropicales Paraguay)과 유엔환경계획(United Nations Environment Programme: UNEP)과 같은 단체에서 후원을 받고 있으며, 도서 발간 역시 진행하고 있다. 소셜 네트워크 시대를 맞이하여 트위터, 페이스북, 유튜브 등의 매체 역시 적극적으로 활용하여 파라과이를 떠나 라틴아메리카 및 전세계에 생물다양성의 중요성을 강조하고 있다.

[페루]
환경 법률 협회(SPDA)

강성지(한국외대 국제지역대학원)

<그림 1> 홈페이지: http://www.spda.org.pe/index.php

01 환경 법률 협회(SPDA)란?

페루 환경 법률 협회(SPDA)는 1986년에 설립되어 현재까지 활동 중에 있는 비영리 민간협회로, 페루 내 환경관련 법률 및 정책제정을 장려, 촉진하는데 있어 영향력 있는 기관으로 자리매김해왔다. 현재 SPDA는 환경 법률 및 정책 분야를 전문으로 하는 중요한 라틴아메리카의 기관이라고 할 수 있다.

SPDA는 기관의 다양한 전문가를 통해 여러 주제와 초점의 연구를 추진 및 실행하기 위해, 자연환경과 관련된 여러 테마 중에서도 주로 '물, 자연 보호 지역, 바이오 연료, 기후변화, 환경 보호, 탄화수소 및 수력 발전'에 대한 연구를 다루고 있다.

02 환경 법률 협회(SPDA)의 사명

SPDA는 환경과 관련된 부분들을 개발 정책과 통합시키는 일을 하고 있다. SPDA는 공정하고 능력 있는 기관으로서 자연 존중과 윤리의 원칙하에 책임감 있는 시민정신을 장려하는 것을 목적으로 하고 있다.

03 환경 법률 협회(SPDA) 프로그램 및 이니셔티브

SPDA는 협회의 임무와 비전 및 일반적인 업무의 조정을 하도록 임명 받아, 기관지휘의 책임을 맡는 '책임 위원회'를 두고 있다. 이 책임위원회 산하에는 5가지 기관 프로그램을 지휘하는 각 책임자가 있다. 집행위원회는 기관 설립 이후로 윤리적 가치와 원칙하에, 협회 각 일원의 리더십을 장려하고, 또한 그들의 활동 하나하나를 객관적으로 살피도록 협회를 고무하는 역할을 해오고 있다. SPDA가 펼치는 활동은 협의의 조직구조를 형성하고 있는 5가지의 기관 프로그램을 통하여, 집행되는 분야에만 그치지 않고 가능한 범위 내에서 환경과 관련된 일련의 교육, 연수 및 훈련 활동 또한 펼치고 있다.

04 라틴아메리카 환경기구로서 'SPDA'의 중요성 및 영향력 분석

SPDA는 환경관련 법률 및 정책 제정에 관여하고 장려하는 영향력 있는 법률·정책 전문기관으로서 자연·환경과 관련된 여러 분야의 연구에 끝나지 않고, 개발 정책과 통합시키는 전문적인 역할을 수행한다. 큰 환경의 범위 안에서 연구, 법률, 정책이외에도 교육, 연수 등과 같은 프로그램을 시행하는 등 활발한 활동을 펼치고 있다. 또한 SPDA 내의 '정보·통신 센터'를 통해 환경정보소식지를 제공하고 있다. 이 소식지는 주요 환경 보도기관이 작성한 정보를 싣는다. 이를 통해 국가의 자원에서 발생하는 주요한 환경이슈에 대한 정보를 시민사회에 제공함으로써 환경문제를 좀 더 친숙하게 알리는데 기여한다.

SPDA는 '환경 시사' 라는 자체 뉴스서비스를 제공하는데 웹사이트를 통해서 신청하여 접할 수 있다. 페루뿐만 아니라, 세계의 환경관련 최근 소식을 알림으로서 지구보호에 대한 의식을 일으키고 실천하도록 하는 데 일조한다.

찾아보기

ㅂ

ㅅ

ㅇ

ㅈ

ㅊ

ㅋ

ㅌ

ㅍ

ㅎ

저자 소개

이름	소속
강민욱	한국외국어대학교 국제지역대학원 중남미학과 석사 과정
강성주	한-중남미협회 선임 이사
강성지	한국외국어대학교 국제지역대학원 중남미학과 석사 졸업
김경춘	대한민국 육군 교육사령부 교환교관
김은중	서울대학교 라틴아메리카연구소 HK교수
박일수	한국외국어대학교 한 · 중남미녹색융합센터 연구교수
박정은	한국외국어대학교 국제지역대학원 중남미학과 석사 과정
변은향	한국외국어대학교 국제지역대학원 중남미학과 석사 과정
손혜현	한국외국어대학교 중남미연구소 초빙연구원
송병선	울산대학교 스페인중남미학과 교수
신정환	한국외국어대학교 스페인어통번역학과 교수
연정화	볼리비아 공공투자국 기획전략부
오경미	한국외국어대학교 국제지역대학원 중남미학과 석사 졸업
이지선	한국외국어대학교 일반대학원 환경학과 석사 과정
이창원	외교부 중남미협력과 서기관
장수환	한국외국어대학교 한 · 중남미녹색융합센터 연구교수
장유운	한국외국어대학교 한 · 중남미녹색융합센터 연구교수
전용갑	한국외국어대학교 스페인어통번역학과 교수
전의찬	세종대학교 대학원장
정경원	한국외국어대학교 중남미연구소장
정상희	계명대학교 스페인어중남미학과 조교수
정재호	한국외국어대학교 국제지역대학원 중남미학과 석사 과정
조성권	한성대학교 행정대학원 교수
차경미	부산외국어대학교 중남미지역원 HK 연구교수
최다미	한국외국어대학교 국제지역대학원 중남미학과 석사 과정
최다혜	한국외국어대학교 국제지역대학원 중남미학과 석사 과정
최명호	부산외국어대학교 중남미지역원 HK 연구교수
추종연	전 콜롬비아 대사
하상섭	한국외국어대학교 한 · 중남미녹색융합센터 연구교수

라틴아메리카 환경이슈와 국제협력

초판 인쇄 2015년 6월 25일
초판 발행 2015년 6월 30일

지은이 정경원 외
발행인 김인철
발행처 한국외국어대학교 지식출판원
130-791 서울특별시 동대문구 이문로 107
전화 02)2173-2495~7
팩스 02)2173-3363
홈페이지 http://press.hufs.ac.kr
전자우편 press@hufs.ac.kr
출판등록 제6-6호(1969. 4. 30)
디자인 · 편집 (주)이환디앤비 02)2254-4301
인쇄 · 제본 상지사피앤비 031)955-3636

ISBN 978-89-7464-005-7 94080 정가 19,000원
978-89-7464-619-6 (세트)

*잘못된 책은 교환하여 드립니다.

HUINE은 한국외국어대학교 지식출판원의 어학도서, 사회과학도서, 지역학 도서 Sub Brand이다. 한국외대의 영문명인 HUFS, 현명한 국제전문가 양성(International+Intelligent)의 의미를 담고 있으며, 휴인(携引)의 뜻인 '이끌다, 끌고 나가다'라는 의미처럼 출판계를 이끄는 리더로서, 혁신의 이미지를 담고 있다.